I
Will
Teach You

我来教你

变富

to Be Rich

［美］拉米特·塞西 • 著

肖志清 • 译

中信出版集团 | 北京

图书在版编目（CIP）数据

我来教你变富 /（美）拉米特·塞西著；肖志清译
. -- 北京：中信出版社, 2022.11
书名原文：I WILL TEACH YOU TO BE RICH
ISBN 978-7-5217-4504-7

Ⅰ.①我… Ⅱ.①拉… ②肖… Ⅲ.①投资－基本知
识 Ⅳ.① F830.59

中国版本图书馆 CIP 数据核字（2022）第 124898 号

我来教你变富
著者：　　［美］拉米特·塞西
译者：　　肖志清
出版发行：中信出版集团股份有限公司
（北京市朝阳区惠新东街甲4号富盛大厦2座　邮编　100029）
承印者：　北京盛通印刷股份有限公司

开本：880mm×1230mm　1/32　　　印张：12.75　　　字数：306千字
版次：2022年11月第1版　　　　　印次：2022年11月第1次印刷
京权图字：01-2022-5293　　　　　书号：ISBN 978-7-5217-4504-7
定价：76.00元

谨以此书献给我的妻子卡桑德拉，
你是我每天的精彩所在。

目录

CONTENTS

- 第1章

优化你的信用卡

- 第2章

战胜银行

- 第5章

连睡觉时都在理财

让账户自动为你工作。

- 第6章

超越金融专家

为何专业品酒师和选股师对此一无所知？普通人如何超越他们？

我来教你变富

致新读者的一封公开信

如果听从一众网红对每天早上"需要"做的事情的建议，你的一天大概会是这样的：

凌晨 4:00 醒来

凌晨 4:01 冥想

凌晨 5:00 喝 37 加仑[1] 水

凌晨 5:33 写感恩日记

上午 10:45 吃早餐（仅生酮饮食）

上午 11:00 记录过去 16 年里每一笔花销

上午 11:01 离开人世

各位，不知道你们对这样的生活有何看法，我还是更喜欢实在一点儿的建议。认真审视一下 10 年前我在这本书中给出的建议，我觉得我是对的。

如果你 10 年前买了这本书，并完全按照书中的建议去做了，

1　1 加仑（美制）≈3.79 升。——编者注

你可能会有以下收获。

· 如果每月仅投资100美元，那么你定投10年后，1.2万美元到现在至少能变成2万美元（在过去的10年里，标准普尔500指数的平均年回报率为13%）。

· 如果再激进一点儿，你每月投资1 000美元，那么10年间你买入的12万美元现在将升值到20万美元以上。

· 你每个月花在理财上的时间不会超过90分钟。

· 你可以享受很多假期，并用信用卡积分兑换免费的商务舱机票。

· 金钱曾经让你产生无数焦虑和困惑，现在却能让你内心无比平静，并使你的生活有了无限可能。

读完本书你会发现，我的行事风格跟那些所谓的理财"专家"不同。我不会劝你少买拿铁（你想买多少就买多少），我也不会试图说服你要精打细算（因为我有更好的方法）。还有一点，我也是一个活在现实里的人，几乎每天都会更新 Instagram（照片墙）和推特，在个人的博客和网站上为数百万读者写文章。所以从现在开始，让我们尝试做出一些改变，我想听听大家的意见。拜托了！请你们给我发电子邮件（ramit.sethi@iwillteachyoutoberich.com，在邮件主题上请标明新读者），并回答以下两个问题：

1. 是什么让你决定从现在开始理财的？

2. 你梦想的富足人生是什么样的？（请具体描述！）

每封邮件我都会阅读，并尽可能回复。

▪ 《我来教你变富》给你带来了什么改变？

我人生最大的乐趣之一就是，听你们讲述自己是如何用我的方法改变生活的。我曾请一些读者分享他们的故事。

我还清了失业时欠下的1万美元信用卡债务，在旧金山买了一套公寓，现在不仅没有负债，还在缴存退休基金。

——朱莉安娜·布罗斯基，38岁

我现在有20万美元的退休储蓄金，还有数不清的假期，所有度假的花销都通过特定的储蓄账户支付，具体金额很难说。

——凯尔·斯莱特里，30岁

我每年要出国旅行一两次。去年去了南非，今年去了韩国。

——艾斯利·蕾盖娅，34岁

富足人生关乎自由。我的富足人生就是一年可以休假9个月，在阿根廷、哥伦比亚和美国各地旅行。现在我的妻子也可以休假6个月，并思考下一步的人生计划。

——肖恩·威尔金斯，39岁

我们仅靠一份全职工作就能供三个孩子上私立学校。

——布莱恩·迪尔伯特，32岁

尽管如此，但是我承认我并不完美。10年前，我在撰写本书第一版时犯了三个错误。

第一个错误是没有考虑到人们理财时的情绪，而是花了很多时间研究个人在理财时的其他种种问题——我给你提供了一套完美的投资理财计划，只要按部就班去实践这一"脚本"，你就可以免交滞纳金。你也可以了解我投资的确切资产分配情况，甚至你还能与伴侣一起理财——但是，在你处理理财的"无形脚本"之前，这些都不重要。

"无形脚本"指的是，你从父母和社会那里获得的信息，这些信息几十年来指导着你做出决定，而且你往往并没有意识到。下面这些话听起来是不是很熟悉？

- 你把钱都浪费在房租上了。
- 在家里我们不谈钱的事。
- 信用卡都是骗局。
- 别花钱买拿铁了。
- 钱能改变人。
- 不做几笔不光彩的交易，你就赚不到那么多钱。
- 投资股市就是赌博。
- 学生贷款都是骗人的。

在这一版中，我会告诉你，什么是投资理财中潜伏最深、影响最大的"无形脚本"，以及如何打破这种偏见。

我犯的第二个错误就是我太武断了。事实上，选择什么样的"富足人生"以及如何实现它取决于你自己。我在第一版确实写到了"富足人生"的不同定义，但当时我并不认为我们有实现"富足人生"的不同途径。

例如，你理想的"富足人生"可能是住在曼哈顿，也可能是一年有 40 天在犹他州滑雪，或者存钱给孩子买一栋有大院子的豪宅，抑或资助克罗地亚的一所小学。这都是你的选择。

但如何实现"富足人生"也是你的选择。有些人选择了储蓄 10%、投资 10% 的传统途径，然后慢慢地努力过上舒适的富足生活。另一些人则把 50% 的收入存起来，并很快到达"交叉点"，即他们的投资可以永保生活无忧。这叫作"FIRE"，即"财务自由，提前退休"（Financial Independence, Retire Early）。

你可以选择自己的"富足人生"。但在这一版中，我想给你们介绍不同的变富途径。为此，我举了很多人的例子，他们用非传统的方式实现了"富足人生"。

最后，来看看我犯的第三个错误。我只想说，我这辈子搞砸过不少事情：雇错了人，也炒错了"鱿鱼"。我受邀做 TED 演讲，却毫无准备地走进演讲会场。25 岁时，我身高 6 英尺 [1]，体重才 127 磅 [2]，看起来就像一个体毛浓密、身材修长的印度版"冈比"（美国一个绿色黏土动画人物）。但在我犯下的最大错误面前这些都是小巫见大巫：

我把银行的实际利率写进了本书的第一版。

当时我是这样写的：

网上银行为储蓄账户提供的利率更高，为 2.5%~5%，也就是说，存 1 000 美元每年将有 25~50 美元的利息，而如果存在大银行里每年只有 5 美元的利息。

这些信息在当时是准确无误的……问题是利率会浮动，这一点我忘了说。这本书的第一版出版后没几年，银行利率从 5% 下降到0.5%。我想当然地认为人们自然会算账，能意识到利率其实并不重要。例如，一笔 5 000 美元的银行存款的月利息从 21 美元降到 2 美元，总的来看，这没什么大不了的。

但当储蓄账户的利率降低时，读者不淡定了。他们把怒气撒在我身上。以下是我收到的几封邮件：

1　1 英尺 =30.48 厘米。——编者注

2　1 磅 ≈0.45 千克。——编者注

- 这本书就是个骗局，哪里有5%的利率？
- 什么银行有3%的利率？
- 邮件主题：你书中提到的银行在哪里？

过去 10 年，我每天都会收到 20 多封这样的邮件，不过以后再也不会了。在这本书里，你会看到我最喜欢的银行名录，而非这些银行的利率。银行利率哪有稳定不变的？在这个版本中，我不仅纠正了这些错误，还补充了一些新的内容。

1. **新的理财工具、新的投资选择和新的理财方法。**如果你想更加积极地投资，那么我会教你怎么做。你问我对机器人投资顾问有什么看法，我会告诉你。我对婚前协议有什么看法？书中也分享了我的观点。

2. **你可能会面临的新的投资理财问题。**如何处理人际关系和金钱？我补充了新的内容。你一旦建立起自己的理财系统，我希望你知道下一步应该关注什么。最后，如果你认识这样一类人，他们总把债台高筑、人生失意归咎于政治环境和婴儿潮一代，那么他们应该读一读我对受害者文化的看法。

3. **来自本书其他读者的精彩故事。**我举了大量的新例子，包括形形色色的人：既有二三十岁的年轻人，也有四五十岁的中年人；既有男性，也有女性；既有白手起家的人，也有事业有成但希望取得更大成就的人。他们的成功故事鼓舞人心。此外，书中还讲述了那些拖延执行方案的人，以及他们为此付出的代价，这些故事读起来令人揪心。

我在适当的地方加入了新的素材，但保留了那些仍然奏效的致富方法。许多人想要得到"新"的建议，但这本书的价值不在于建议是否新颖，而在于是否实用。

十年来，我的人生也发生了变化。我结了婚，事业蒸蒸日上，对投资理财和心理学也有了更多了解。现在我有机会与你分享我学到的东西。在尘世喧嚣、商业炒作、应用程序层出不穷的当下，这本书介绍的个人理财系统是成功有效的，长期的低成本投资是有效的，自动理财也是有效的。你可以像其他成千上万的人一样，用这本书来创造你的富足人生。

拉米特·塞西

你希望自己更有魅力
还是更有钱?

我一直在想，为什么那么多人在大学毕业后会发福。我说的不是那些身患肥胖症的人，而是在大学时身材苗条并宣称"永远不会长胖"的普通人。然而，大多数美国人的体重渐渐增加到了不健康的水平。

在我写完这本书之后的 10 年里，体重和健康成为备受争议的话题，有人建议我在书里删除相关内容。但在学习了营养、健康和金钱知识后，我更加相信它们之间是相互联系的，也相信你可以处理好这些问题。

体重不是突然增加的。如果真是这样，我们会很容易觉察出来，并采取措施不让自己长胖。我们每天开车去上班，然后坐在计算机前工作 8~10 个小时，长此以往，我们的体重会不知不觉地增加。读大学时，校园里到处可见骑自行车的人、跑步的人以及校队运动员，他们会激发我们的运动热情。可是毕业进入社会后，我们就开始发福了。试着与你的朋友谈论大学毕业后的减肥问题，看看他们是否会说出这样一些建议：

- 别吃碳水化合物！
- 睡觉前不要吃东西，因为睡觉时脂肪不会有效燃烧。
- 生酮饮食是唯一正确的减肥方法。
- 喝苹果醋可以加速新陈代谢。

听到这些我总是忍不住笑。他们说的这些也许是对的，也许不对，但这不是重点。

重点是我们喜欢争论细节。

说到减肥，99.99% 的人只需要知道两件事：少吃，多运动。除非你想做职业的顶级运动员，否则这两样就够了。但我们并没有接受这些简单的道理并付诸行动，而是在讨论反式脂肪和晦涩难懂的补充剂，对比 Whole 30 饮食法与原始人饮食法的优劣。

为什么理财和饮食如此相似？	
谈到饮食，我们……	谈到个人理财，我们……
不记录卡路里摄入量	不记录花销
吃得比我们意识到的要多	花得比我们意识到的（或承认的）要多
讨论卡路里、饮食和锻炼的细枝末节	讨论利率和热门股票的细枝末节
宁信传闻，不信科学	听信朋友、父母和电视名嘴的话，而不愿读一些好的个人理财书

在理财问题上，我们大多数人会分成两大阵营：要么因对其视而不见而深感内疚，要么就是争论利率和地缘政治风险，执迷于财务的细枝末节，却从不付诸行动。这两种做法都会产生相同的结果：一事无成。事实上，绝大多数人并不需要理财顾问帮助他们致富。我们需要在可靠的银行设立账户，将我们的日常资金管理自动化（包括账单、储蓄，甚至偿还债务）。我们需要了解一些投资领

域的事，投资能让我们的钱增值 30 年。但这样做并不酷也不刺激，对吧？相反，我们在网上读到一些所谓"专家"写的文章，他们虽然对经济和"今年最热门的股票"做了无数次预测，却从不对自己的预测结果负责（有超过 50% 的概率是错误的）。"要涨了！""不，要跌了。"别人一说什么，我们就会信以为真。

这是为什么？因为我们喜欢争论细枝末节的东西。

这样的争论会让我们多少感到满足。我们可能只是在白费力气，却无法改变任何人的想法，但我们自认为在表达自己的想法，而且自我感觉良好。我们觉得自己取得了进展。问题是，这种感觉完全是一种幻觉。回想上次你和朋友聊完健身或理财之后，你去跑步了吗？你把钱转到储蓄账户了吗？没有。

人们喜欢争论一些小问题，部分原因是，他们觉得这样就可以不用付诸行动了。你觉得呢？让那些傻瓜去争论细节吧。我决定采取一些小行动来管理自己的开销，以此学习理财知识。就像不一定要成为注册营养师才能减肥，也不一定要成为汽车工程师才能开车一样，你也不一定要知道个人理财的所有知识才能变得富有。我重申一遍：你不必成为专家才能致富。你必须知道如何屏蔽一切无用的信息，然后开始行动。顺便说一句，这也有助于减少负罪感。

我知道我应该为退休存钱，但除了"往 401K 计划账户里存一些钱"，我真不知道还应该做些什么。我还认为，存钱就是不花钱。结果，即使存了钱，我也对花钱买东西感到非常内疚。我从未真正想过要加薪，也不知道该怎样争取。我以为公司给我的起薪是固定不变的。

——伊丽莎白·沙利文·伯顿，30 岁

▪ 为什么理财这么难?

人们有很多不理财的理由,有一些是合理的,但大多数是因为懒惰,或者不想花 10 分钟去研究,他们对这些借口几乎不加掩饰。我们来看看其中的一些理由。

信息过剩

信息过剩是一个真实、合理的理由。"但是,拉米特,"你可能会说,"这与所有的美国文化格格不入!我们需要更多的信息,才能做出更好的决定!电视上的专家都这么说,所以这肯定是真的!"对不起,不是这样的。看看实际的数据,你会发现过多的信息会导致决策瘫痪,这是一种有趣的说法,意思是信息太多,到最后我们会一事无成。巴里·施瓦茨在《选择的悖论》一书中提到这一点:

随着"401K 计划"提供给员工的共同基金数量的增加,他们选择任何一只基金的可能性都会下降。每增加 10 只基金,参与率就会下降 2%。对那些做投资的员工来说,基金选择的增多增加了他们投资极端保守的货币市场基金的机会。

你在网上可以看到各种股票、401K 计划账户、罗斯个人退休账户、保险、"529 教育基金计划"以及国际投资的广告。你从哪里开始?投资是不是太晚了?你该怎么做?答案往往是,到最后什么都没做——这是你最糟糕的选择。如下表所示,及早投资是你能做的最佳选择。

仔细看下面的表格。聪明的萨莉实际上投资期限短于傻瓜丹，但最终多赚了大约 6 万美元。从 35 岁到 45 岁，萨莉每个月投资 200 美元，然后再也没有碰过这笔钱。傻瓜丹在 45 岁之前根本没想过理财的问题，45 岁之后他才开始每月投资 100 美元，直到 65 岁。换句话说，聪明的萨莉投资了 10 年，而傻瓜丹投资了 20 年，但聪明的萨莉最后拥有的钱更多，而且每个月只需要投资 200 美元！要想变富，最重要的一件事就是尽早行动。

如何花更少的精力，比朋友多赚 6 万美元？		
	聪明的萨莉	傻瓜丹
开始投资时的年龄	35 岁	45 岁
每个人每月分别投资 200 美元和 100 美元的期限	10 年	20 年
以 8% 的收益率计算，到 65 岁时，他们的账户价值	181 469 美元。瞧，这就是尽早行动的价值	118 589 美元。尽管投资的时间加倍，他还是少赚了大约 6 万美元

如果你更年轻，你会赚得更多。如果你年纪比他们还大，也不要气馁。最近，我收到一位 40 多岁的女士发来的信息，她表达了对这些数字的不满。"写这个有什么意义？"她问，"我已经落后太多了，这让我感觉很糟糕。"

我理解她的感受，但我们无法逃避数字。我认为，与其粉饰事实，不如告诉你真相，包括增加储蓄的方法。没错，开始投资的最佳时机是 10 年前，但现在投资也不算太晚。

媒体应该承担部分责任（我喜欢指责媒体）

打开任意一家金融网站，我敢打赌，你肯定会看到诸如"轻松掌握 10 个节俭技巧，助你变成理财达人""今天的参议院投票如何影响遗产税"之类的文章。看到这些标题，你就会明白为什么网络专栏作家喜欢这样写标题，这样做就是为了获得访问量和卖广告赚钱。

我们都心知肚明，即使读再多教你如何节俭的文章，也不会让你有任何行为上的改变。虽然受遗产税影响的人不到 0.2%，但这两个标题让人感觉良好，也可以说让人感到愤怒。

够了！我不在乎浏览量，也不想引起众怒。如果你和我一样，你应该关心的是自己的钱去了哪里，以及怎么把钱转到我们想分配的地方。我们希望把钱存进不收费的账户，还能自动增值。我们不希望成为理财专家后才致富。

受害者文化的兴起

有一群人，主要是心怀不满的年轻人，认为愤世嫉俗比提升自我更容易：

- 投资？搞笑！我连买比萨的钱都不够呢。
- 找份工作？哈哈！你是从古代来的吗？
- 如果婴儿潮一代没有把我们所有人的生活给毁了……

实际上，人都爱比惨，看谁是更大的受害者。哦，你 26 岁还买不起四居室的房子吗？我连纸箱都住不起啊！哦，你喜欢在聚会时认识新朋友？那一定很棒，但我有社交恐惧症（我没看过医生，只是自己诊断），所以我做不到。

你知道谁才是真正的受害者吗？

我！我和你一样感到生气，但我气的是整个愚蠢的受害者文化。

我不想听你抱怨说什么每个月连20美元都存不下。这本书最初出版时，我收到了数百封愤怒的电子邮件，写邮件的人指责我是精英主义者，鼓动人们手上哪怕有一笔微不足道的钱，也要用来储蓄和投资。那些愤世嫉俗的人错了，他们和其他爱唱反调的人站在一起，相信了一些站不住脚的论据，并为这种信念付出惊人的代价：错过了几十万美元的收益。与此同时，我的读者却在努力创造他们的富足人生。

你自己选择吧，是继续愤世嫉俗，还是仔细评估自己的选择。你心里清楚，将来你可能还会犯错的，但吃一堑长一智，我选择向前看。

我知道这是一个复杂的问题。是的，社会经济政策、是否拥有技术和运气都很重要。如果大学毕业，而且双亲健在，那么你已经比地球上大多数人都幸运了。

但我们要打好自己手中的牌，我相信，专注于自己能控制的事情就能成为王者。

例如，刚读幼儿园时，我就明白我永远也进不了NBA（美国男子篮球职业联赛）。但在拼字比赛中，我能把同学赢得心服口服，这也不错啊。

然后是介于两者之间的地带，比如创业、健身，以及学习如何更好地与人约会。我必须学习这些技能，并且非常努力地工作。

这就是受害者心态产生的原因。很多人抱怨政客和社会问题，却没有审视自己的行为。他们一看到失败的迹象就立刻放弃了。如果你只想做人生的过客，那就随波逐流吧。我发现当自己人生之船的船长要有趣得多，即使有时我会偏离航向。

正如你所看到的，我对那些抱怨生活处境却对此无动于衷的人没有多少同情。这就是我写这本书的原因！无论当前的生活处境如何，我都希望你能够掌控自己的人生。我希望你能有一个公平的竞争环境来对抗那些华尔街巨头和没有思想的文章，尤其是要调整你的心态。

以下是一些受害者文化在理财方面的例子：

"我没钱存。" 几年前经济崩溃之际，我发起了一项名为"30天存1 000美元挑战"的活动，我给大家展示了如何利用新颖的心理学技巧来省钱的策略。成千上万的人参加了这个活动，也通过努力存了很多钱。

不过也有少数人是例外。

虽然大多数人都很支持这个活动，但令我惊讶的是，许多人实际上对"30天存1 000美元挑战"这一口号持反感态度，因为他们一个月甚至都赚不到那么多钱，或者他们认为我的建议"太没新意了"——尽管我把"储蓄"定义为削减成本、增加收入和优化支出。

以下是他们的一些抱怨：

· 这对我来说不可行……我哪有钱来尝试。

· 想法不错，但俄亥俄州目前的家庭收入中位数是5.8万美元/年，每月税后收入大约是3 400美元。请注意，这是中位数，也就是说，俄亥俄州有整整一半的家庭生活水平低于这个数！我怀疑他们中有很多人如果不卖掉自己的孩子，每个月能否攒下1 000美元。

· 太好了……如果一个月能赚1 000美元，我也许会试试。但我还在上大学……

首先，请注意，疯狂的人有一种特殊的写作方式：他们在造句的时候总喜欢先扬后抑。如果有人写信给你说，"这一定很棒……"，或者"这听起来很难……"，那么他很可能是连环杀手，很快就会来敲你的门，然后把你的皮剥下来当雨衣穿。

此外，人们喜欢拿自己的特殊情况（住在俄亥俄州或马来西亚、没有上过常春藤盟校）来解释为什么他们没有得到和别人一样的结果。我曾经给他们举例，告诉他们来自同一地方的其他人所取得的惊人成就。他们听后反问："那么，这些人是否小时候搬过三次家，或者长了11根手指？"这种质疑真是越来越离谱。我一说不，他们就说："看到没？我就知道这对我没用。"愤世嫉俗的人想要的不是结果，而是一个不付诸行动的借口。颇具讽刺意味的是，即使赢得了自己捏造的争论，但总的来说，他们也输了，因为他们被困在了自己建造的思想牢笼里。

"全世界都在和我作对。"当今社会确实存在很多问题，但在个人理财方面，我关注的是我能控制的东西。那些怨天尤人的人却不这么想，你要他们改变自己的处境，他们的自然反应是找出一大堆不作为的理由。以前还只是个人方面的一些借口（如"没时间"），现在，随着受害者文化的兴起，政治上更正确的做法是将其归咎于一些外部因素，比如收入中位数或经济政策。没错，要理顺你的财务生活确实需要付出一些努力，但你得到的回报远超你付出的努力。

事实是，这些抱怨者没有抓住重点。虽说一个月存1000美元非常合理，但这也是一个难以企及的目标。如果存1000美元不行，那么存500美元呢？或者存200美元？最后，一年前就在抱怨的人现在很可能还在抱怨，而接受挑战的人已有很多存了几百甚至上千美元。

我们把理财问题归罪于别人

我们不理财还有其他常见的借口，但大多数都经不起推敲。

- **我们的教育系统不教这些知识。** 20多岁的大学生非常希望所读的大学能提供一些个人理财方面的培训。但你可能想不到，大多数大学开设了这些课程，只是你没有选修！

- **信用卡公司和银行都想从我们身上获利。** 是的，没错！所以别再抱怨了，你应该学会如何击败它们，而不是让它们击败你。

- **我怕赔钱。** 这很正常，尤其是在全球经济危机之后，头版头条纷纷使用"彻底崩盘"和"迷惘的一代"这样的字眼。但你需要把眼光放长远：经济增长和萎缩是有周期的。如果在2009年从股市撤资，你就错过了历史上持续时间最长的一段增长期。恐惧不应成为不理财的借口。记住，你有许多不同的投资选择，你可以选择激进投资，也可以选择保守投资，这完全取决于你愿意冒多大的风险。事实上，通过自动理财以及持续不断地储蓄和投资，你可以获得别人不具备的优势。当别人担心害怕的时候，你可以找到划算的投资机会。

- **如果我不知道每个月从哪里多赚100美元该怎么办？** 你不需要再多赚一分钱。我会教你如何缩减现有的支出，从而获得投资所需的资金。请遵循我的CEO大法：削减成本（Cut costs）、增加收入（Earn more）和优化现有的支出（Optimize your existing spending）。

- **我不想要平均收益。** 我们的文化将平庸视为耻辱。谁想要维系一段普通的关系，获得一份平均工资？金融公司已把这种对平庸的恐惧变成了它们的武器，暗示你平庸是不好的，平庸是无聊的，你可以做得更好。有一家广受欢迎的机器人投资顾问公司，正是基于这一理念，推出了一系列广告宣传，其标语是"拒绝平庸"。但事实上，你很可能无法超越平均收益，能获得平均8%的收益率已经很不错了。具有讽刺意味的是，害怕"平庸"的人恰恰做了比平庸还糟糕的事情：频繁交易，下奇怪的赌注，支付高额税收和不必要的费用。记住：无论是处理感情关系还是完成工作，我们都想比一般人做得更好，但在投资方面，达到平均水平就已经难能可贵了。

你不是受害者，而是掌控者。一旦真正内化了这一点，你就可以出击了。以前你可能认为，理财之前必须把个人财务的方方面面安排得井井有条，现在不用被这样的想法束缚了。

你需要成为料理达人才能做出香烤奶酪三明治吗？当然不是，一旦做了第一顿饭，你下次再做更复杂的饭菜就容易多了。致富最重要的是开始行动，而不是成为房间里最聪明的人。

▪ 别找借口了

听着，爱哭鬼们，这不是你们奶奶家，我不会烤饼干给你们吃，更不会溺爱你们。很多财务问题都是你自己造成的。不要把你的财务状况归咎于社会环境和企业，你需要关注能改变自己的东西。就像饮食行业给了我们太多选择一样，个人理财也是一团混乱，充斥着大肆炒作、谬论和彻头彻尾的欺骗，还有我们因为做得不够或做得不对而感到的内疚。如果对自己的财务状况不满意，并且愿意认真审视自己，你就会发现一个无法回避的事实：问题出在你身上，如何解决要靠你自己。

别再找借口了。如果你能有意识地决定如何花钱，而不是说"我想这就是我上个月花的钱"，那会怎么样？如果你能建立一个自动理财系统，激活所有的账户，并使储蓄自动化，那会怎么样？如果你能毫无顾虑地进行简单、定期的投资呢？你当然可以做到！我会告诉你如何把你赚到的钱转到你想要投资的地方，而且无论经济形势如何，长期来看你的资金都会大幅增长。

▪ 本书的要点

我相信不积跬步，无以至千里。我想减少那些束缚我们手脚的理财选择。比起花大量时间研究世界上最好的基金，开始行动更重要。本书就是要教你如何迈出第一步——了解理财的障碍，然后破除这些障碍，把钱投资到正确的地方，这样就可以实现我们的目标。坦率地说，你的目标可能不是成为一名金融专家，而是过好自己的生活，让金钱为你服务。所以不要问"我需要赚多少钱"这样的问题，而要问："我想要怎样度过我的一生？我该怎样利用金钱实现这样的人生？"你将不再被恐惧驱使，而是会受到投资和增长的历史经验的启发和引导。

我会奉行简单路线。太多的书试图涵盖所有的理财知识，你拿起一本"必读书"却发现读不下去，因为内容太庞杂，你会茫然不知所措。我希望教给你不多不少的理财知识，让你知道怎么开始投资和设置自动理财账户，即使只有 100 美元也可以。以下是本书的要点。

85% 解决方案：开始行动比成为专家更重要。 有太多的人认为，理财就要做到完美，这种追求完美的想法会让我们最后一事无成。这就是为什么最简单的理财方法是一步一步来，不要担心是否完美。我宁愿行动起来，把事情做对 85%，也不要什么都不做。想想看：做对 85% 是不是比什么都不做要好得多？一旦建立了良好的理财系统，比如收益率达到 85%，你就可以过你想要的生活，去做你真正想做的事情。

犯错误也没关系。 最好现在就犯错，交一点儿"学费"也可以，这样当资金更多的时候，你就知道该避免什么了。

我犯过的最好的错误

我还在上高中的时候，父母就告诉我，如果想上大学，我就要靠奖学金来支付学费。于是，像所有优秀的印度裔学生一样，我开始不停地申请奖学金。最后，我申请了大约 60 个奖学金，资助金额达到几十万美元。

但最好的奖学金还是第一笔，虽然只有 2 000 美元。这所大学直接给我开了一张支票。我拿着这笔钱投资了股市，结果马上亏了一半。

哎哟，真是见鬼！因为这件事，我决定好好学习如何理财。我阅读个人理财书籍，看电视节目，买理财杂志。一段时间后，我开始分享我学到的东西。我曾经在斯坦福大学给朋友们上一些非正式的课程（尽管一开始没有人想听）。然后，到了 2004 年，我开始写"我来教你变富"的博客，内容涵盖储蓄、银行、预算和投资的基本知识。后来的事，套用一句俗话来说，就是路人皆知的历史了。

在喜欢的东西上花多少钱都不嫌贵，不喜欢的东西花一分钱也
嫌贵。这本书不是告诉你不要再买拿铁了，相反，我希望你花更
多钱在你喜欢的东西上，而不是愚蠢地把钱花在你不喜欢的东西
上。我们都想得到最美好的东西，如外出游玩、住豪华公寓、买新
衣服、开新车、来一场说走就走的旅行，但是你必须分清主次。我
的朋友吉姆有一次打电话告诉我，他加薪了。但就在同一天，他搬
进了一间较小的公寓。为什么？因为他不太在乎住在哪里，不过
在露营和骑自行车上花起钱来他却毫不吝啬，这叫作有意识消费。
（看看**我的一个朋友是如何有意识地每年花 2.1 万美元在外出娱乐
上的**。）

　　有魅力和有钱是有区别的。当听到人们谈论他们上周买入、卖
出或做空的股票时，我觉得自己的投资风格相当无聊："嗯，我 5
年前买了几只不错的基金，此后除了自动增持，就什么也没管了。"
但投资不是为了让你更有魅力，而是要赚钱。阅读相关投资文献你
会发现，长期来看，投资采取买入并持有策略每次都能让你成为大
赢家。

　　不要活在电子表格中。我建议你选择适合自己的理财系统，继
续过好自己的生活，这就是说，你不能"活在电子表格中"，也不
要纠结于支出和市场的每一个微小变化。现在要你做到这一点似乎
有些强人所难，但等你看完这本书，你会对你的财务和投资感到非
常满意。我认识太多的人，他们总在跟踪自己净资产的每一次波
动，在 Excel 表格中测算不同的情形，并估算自己多久可以退休。
不要这么做，不然你会变成别人眼中的社会怪胎，更重要的是，这
样做根本没有必要。如果我教的方法得当，你应该可以实现自动理
财，过上富足的生活，这绝对不是靠电子表格测算就能实现的。

　　进攻，而不是防守。有太多的人在理财问题上是非常被动和保

守的。很多人好不容易熬到月底，看着高昂的月支出，往往会耸耸肩说："我猜我是花了这么多钱。"我们通常对那些名目繁多的费用习以为常，而从来不去质疑复杂的建议，因为我们根本就听不懂这些建议。在这本书中，我将教你如何转守为攻，充分利用你的信用卡、银行、投资，甚至是你的理财心理。我的目标是，希望你在读完这9章内容后创造出属于你自己的富足人生。积极行动起来！财富之路需要自己探索。

本书的主题是教你如何理财，从而实现富足人生。我会教你如何设置账户，创建自动理财系统，使它在几乎不用干预的情况下平稳运行。你还会学到投资理财应该避免的一些事项、财经类文章中的一些惊人发现（如房地产投资真的是一项好投资吗？），以及如何避免常见的理财错误。你会开始采取行动，而不是争论一些细节上的东西。完成这一切只需要6周，然后你就能走上致富之路了。听起来不错吧？

· 你为什么想变富？富有对你意味着什么？

在过去的15年里，通过我的网站和演讲活动，我和100多万人讨论过个人理财的话题。我总喜欢问他们两个问题：

· 你为什么想变富？

· 富有对你意味着什么？

大多数人从未花10分钟思考过"富有"对他们意味着什么。给你个提示：每个人对"富有"的定义都不一样，金钱只是财富的一小部分。例如，我的朋友都看重不同的东西：保罗喜欢去米其林星级餐厅吃饭，一顿饭可能要花500美元；妮可喜欢旅行；尼克喜欢买衣服。如果对"富有"没有清醒的认知和定位，你就很容易盲从别人的想法。我认为自己很"富有"，因为我可以：

- 从兴趣出发选择职业，而不是为了赚钱；

- 给父母养老，这样他们不想工作的时候就可以退休了；

- 在喜欢的东西上花多少钱都不嫌贵，不喜欢的东西花一分钱也嫌贵（比如，在纽约买一套舒适的公寓，但不买车）。

每年 12 月，我都会和妻子坐下来讨论下一年的计划。我们想去哪里旅行？想邀请谁同行？我们能想象在下一年做些什么，以至将来 50 年都永远记得？这个计划过程，其实就是我们在有意地设计我们的富足人生，这也是我们俩一起做的最有趣的事情之一。

在进一步行动之前，我建议你思考一下自己的富足人生。你为什么想变富？你想如何利用你的财富？

请回答得具体一点儿。如果你的富足人生包括"我想坐出租车而不是公交车"，那就写下来！我发现，我虽然住在纽约，但并没有享受到那里丰富的文化活动，所以我决定每季度逛一次博物馆，或者看一场百老汇演出。一旦有了这个打算，它就成了我富足人生的一部分。理想无论大小，都不要为此感到尴尬。例如，当我第一次为"富足人生"列清单时，其中一个重要的人生理想就是在餐馆点餐时能够点开胃菜，这是我小时候从未做过的事情。随着时间的推移，我的理想越来越大。

你会怎么描绘自己的理想生活？

富足人生的十大法则

1. 富足人生意味着，在喜欢的东西上花多少钱都不嫌

贵，不喜欢的东西花一分钱也嫌贵。

2. 要着眼于大赢面，即把注意力放在 5~10 件能给你带来超出预期回报的事情上，包括自动储蓄和投资、找到一份喜欢的工作以及跟雇主谈薪资。如果这些都做到了，你以后想点多少拿铁就可以点多少。

3. 从长期来看，投资应该是非常无聊的，但也大有回报。比起查看投资回报，还是吃玉米饼让我更开心些。

4. 能削减的开支很有限，但能赚多少却是无限的。我的读者中有年薪 5 万美元的，也有年薪 75 万美元的，但他们都买同样的面包。控制支出很重要，但你的收入会变成超线性的。

5. 一旦开始理财，你的朋友和家人就会给你很多"建议"。你可以有礼貌地倾听，但要坚持自己的计划。

6. 建立一个"支出框架"，以便在决定购买某样东西时使用。大多数人都会墨守一些限制性规则（比如"我需要减少外出就餐的次数……"），但你也可以反过来，决定你要花钱的地方，就像我的买书规则一样：如果想买一本书，那就买吧。不要浪费哪怕 5 秒钟在那里纠结。如果能应用一本书中的哪怕一个新想法，那就是值得的（就像这本书）。

7. 不要无休止地寻求"高阶"建议。很多人都在寻找所谓的秘诀，不想脚踏实地、一步一步地真正提高和改进。梦想赢得波士顿马拉松比赛比每天早上出去慢跑 10 分钟要容易得多。有时候，你能做的最"高大上"的事情恰恰是那些最基本的、需要你始终如一坚持的事情。

8. 你是掌控者。这不是迪士尼电影，没人会来救你。

幸运的是，你可以掌控自己的财务状况，创造你的富足人生。

9. 创造富足人生的部分原因是，你希望与众不同，这很正常。一旦钱不再是主要的制约因素，你就可以自由地设计不同于常人的富足人生。拥抱你的富足人生，这才是人生最精彩的部分！

10. 不要活在电子表格里。一旦使用本书的建议实现了自动理财，你就会发现富足人生中最重要的部分不是电子表格，而是感情关系、新的体验和回报。这是你努力后得到的。

▪ 你将从本书中获得什么？

大多数人认为，投资就是"买股票"，随便买些股票再卖掉，然后就能神奇地大赚一笔。因为一开始就从错误的假设（投资就是选股）出发，那些决定学习更多炒股知识的人便陷入了"对冲基金"、"衍生品"和"看涨期权"等花哨术语的陷阱。

实际上，他们的基本假设是错误的。投资不仅仅是选股，你的投资计划其实比你的任何个人投资都重要。可悲的是，大多数人都认为，投资这种事情好像要搞得很复杂才能发财，因为他们每天都能看到人们在网上谈论这些话题。但你要知道，对你我这样的个人投资者来说，这些选择权都无关紧要。

这听起来很酷，但个人投资者谈论这些复杂的概念，就像两个学打网球的小学生在争论各自球拍的弦张力一样。当然，可能有一点儿关系，如果每天出去打几个小时的球，他们可能会成为更好的网球运动员。

简单的长期投资是可行的。不过这种想法只会让人听后打哈欠和翻白眼。决定权在你手里：你是想坐下来用高深的专业术语炫耀自己，还是想和我一起坐在金色宝座上，一边享用着仆人递来的葡萄，一边有人用棕榈叶扇风？

本书将帮你弄清楚你的钱到底花在了哪里，并告诉你应该把钱投向哪里。存钱出国度假？举行婚礼？还是说你只想让手里的钱增值？这个为期6周的行动步骤可以让你解决这些问题。

▪ 6 周行动步骤

☞ **第1周：** 你将设置信用卡，还清债务（如果适用），并学习如何掌握你的信用记录和免费的信用奖励。

☞ **第2周：** 你将设立正确的银行账户。

☞ **第3周：** 你将设立一个401K计划账户和一个投资账户（即使一开始你只有100美元）。

☞ **第4周：** 你将算出你的开支，并且知道如何掌控金钱的流向。

☞ **第5周：** 你的个人理财系统将实现自动化，各个账户之间能够相互协调。

☞ **第6周：** 你将了解为什么投资和选股不同，以及如何轻轻松松就能从市场上获得最大的收益。

你还将了解一种低成本的自动投资组合，这种投资组合优于典型的华尔街投资组合。你可以了解如何通过建立一个系统来保持投资，它能让你在尽可能不主动干预的情况下，实现资金自动增值。此外，我还会回答许多具体的理财问题，包括如何买车，如何支付婚礼费用，以及如何跟雇主谈薪资。

读完这本书，你会比其他99%的人更懂理财。你会知道开什么账户，如何规避银行的额外费用，如何投资理财，以及如何识破每天都能在网上看到的各类虚假信息。

致富没有什么秘诀，只需要一步一个脚印，再加上一些自律。稍加努力，你也可以做到。现在就开始行动吧！

优化你的信用卡

如何在信用卡公司自己设计的游戏中击败它们？

你绝对看不到印度人开两门跑车。想想是不是这么回事，如果你有一位邻居是印度人，我们就叫他拉吉吧，这家伙开的是一辆经济实用的四门汽车，比如本田雅阁或丰田凯美瑞这样的日系车。然而，印度人的理智并不只体现在对汽车品牌的选择上，还体现在买车时不把价格砍到最低决不罢休上。就拿我父亲来说，为了买一辆车，他可以连着几天不停地讨价还价。我之前陪他买车，他整整一周都在跟别人谈价钱。等到在合同上签字时，他却突然停下来，要求人家免费赠送价值50美元的地垫。在遭到拒绝后，他扭头就走。在这之前，他可是花了7天和人家讨价还价啊！他把我从经销店拉出来时，我直愣愣地看着前方，震惊无比。

你可以想象，等我买车的时候，我也变成了经验丰富的砍价专家。我知道如何板着脸孔提出不合理的要求，而且绝对不接受拒绝。但我采取了一种更现代的方法：不用浪费一周的时间和经销商一个个去谈，我直接邀请北加州17家经销商过来竞价，我只要坐在家里，不慌不忙地查看邮件和收发传真就可以了（真的是这样）。

最后，我确定了帕洛阿尔托的一家经销商，谈妥后只要过去签字就可以了。在经销商查我的信用之前，一切都进展顺利。经销商面带微笑朝我走来，说道："先生，在您这个年龄段，您是我见过的人中信用最好的。"

"谢谢，"我答道，其实我心里想说，"这个我早知道。"我是一个在别人眼中有些奇怪的印度人，20多岁，出门代步开一辆本田雅阁，对自己的信用评分甚为自豪。

经销商"嗯"了一声。

"怎么了？"我问。

"是这样的，"他说，"您的信用看起来不错，但没有足够的信贷来源。"因此，他们不能给我提供之前谈好的低息方案，也就是说，我要支付的利率不是1.9%，而是4.9%。这听起来不算太高，但我还是掏出了记事本，快速算了一下。在我的汽车贷款期限内，两种利率的差额将超过2 200美元。考虑到总价上已享受了很大优惠，所以我说服自己利率高一点儿也可以接受，于是我签了贷款文件。但我还是很恼火，既然我的信用很好，为什么还要多付2 200美元呢？

大多数人的成长环境和我不一样，所以我知道你们可能不喜欢讨价还价，大多数美国人就是如此。当讨价还价时，我们不知道该说什么，担心别人会说我们很吝啬，然后自问："值这个价吗？"在汗流浃背的惴惴不安中，我们大多数人都会得出否定的结论，但最后还是付了全价。

我有一个新观点：生活中并非什么东西都要讨价还价，但有一些领域，谈判的确能让你成为大赢家。在本章中，我将告诉你如何化被动为主动，尽可能多地从信用卡中获取奖励和好处。这样，你就可以立于不败之地。你还会发现，原来谈判也可以很有趣。

· 不要被你的信用吓倒

几乎每本书介绍信用卡的章节都以三个恐吓策略作为开始。

可怕的统计数据。根据 Prosperity Now Scorecard 的数据统计，美国家庭信用卡债务的中位数为 2 241 美元，学生贷款债务的中位数为 17 711 美元。美联储指出："2017 年，在面临 400 美元的紧急开支时，每 10 个成年人中就有 4 个不得不借钱、典卖家产，或者根本无力支付。"

可怕的头条新闻。"迫在眉睫的债务危机将对这些美国人伤害最大。"CNBC（美国消费者新闻与商业频道）报道。《华盛顿邮报》刊出这条新闻："一场债务危机即将来临。"《商业内幕》报道："美国的学生债务危机比我们想象的还要糟糕。"

可怕的心理情绪。媒体知道，只要善用困惑、焦虑和谎言，就能获得页面浏览量和卖出广告。

读了这些恐吓信息，你有什么感受？我们大多数人的反应是充耳不闻，或者直接忽略。

债务与恐惧相关。我不想谈论，也不想面对，我会避免谈论或思考这些问题。

——沃伦·科普，36 岁

债务总是萦绕在我的心头。我体验不到花钱的乐趣，因为负债这种念头总是挥之不去。

——克里斯·贝伦斯，45 岁

我记得申请信用卡被拒时的尴尬……当追债人打电话过来催债时，我都不敢接电话，真的很尴尬，压力也很大，毕竟欠了人家钱，但又还不起。

——阿利森·雷诺兹，28 岁

媒体热衷于制造对债务恐惧和焦虑的气氛，给大众制造债务不可避免、后果很严重的假象。但媒体自身又很少提出解决方案——即使提了，通常也是建议你"少出去吃饭"。谢谢啊！

负面情绪的龙卷风正是从他们那里刮起的，这让我们感到无助和愤怒。该怪谁？我不知道，但总得有人负责。

最糟糕的是，我们对此都无动于衷。这就是"愤怒文化"的由来——它让你感到愤怒和疲惫，然后你回到老样子，什么都不做。

我有不同的方法。

· 挑选最好的信用卡

信用卡可以给你价值几千美元的优惠。如果你能按时还清账单，信用卡可以说是免费的短期贷款。相较于用现金支付，信用卡可以帮助你更方便地记录消费情况，还可以免费下载交易记录。大多数信用卡还免费为你提供产品延保服务和租车保险。许多信用卡会提供价值数百甚至数千美元的奖励和积分。

但信用卡在给我们带来方便的同时也带来了诸多问题。几乎每个人都有被加收滞纳金、记账未经授权或透支这样的糟糕经历。毫不奇怪，许多专家对信用卡有一种下意识的反应："使用信用卡是最糟糕的财务决定。"他们大声疾呼："把信用卡全剪掉！"对那些想要简单解决方案，却没有意识到拥有多种信贷来源好处的人来说，这是一场多么简单的战斗啊。

信用卡的真实情况介于这两个极端之间。只要你能管理好，它们就值得拥有。但是如果月底没有按时还清账单，你就会欠下一大笔利息，通常是14%左右。这就是所谓的年利率，也叫APR。信用卡公司会在你每次逾期还款时收取一笔高额费用，通常是35美元左右。你也很容易将信用卡刷爆，一不小心就沦为卡奴，许多美国信用卡用户都是如此。

这并不是要吓唬你不要用信用卡。事实上，我建议你，与其完全避免使用信用卡进行消极防范，还不如负责任地使用信用卡，并尽可能从中获得好处。要做到这一点，你需要优化你的信用卡，以此作为提高整体信用的先期行动。读完本章，你将学会如何在不支付不必要费用的前提下，榨取信用卡公司的一切价值，以及如何使用信用卡来提高对你来说至关重要的信用评分。我将告诉你如何与信用卡公司谈判，并揭露那些无人提及的秘密福利。我还会告诉你，我是如何最大限度地利用信用卡获得额外优惠和返现的，包括如何用积分换取免费机票和入住高端酒店。

我和未婚妻去迪拜看望她家人时，我给了她一个惊喜。我们在沙漠中一个相当于七星级的高档度假村住了三晚。我们住在一个传统贝都因风格的私人别墅，带一个私人游泳池，可以俯瞰迪拜沙漠，度假村还包餐饮。这样的条件，每晚需要2 000多美元，但我用积分免费享受到了全套服务。

——内森·拉胥梅耶，29岁

我最近订了两张今年秋天从旧金山到意大利度假两周的往返机票。有了信用卡积分，航班完全免费！

——雅内·菲利普斯，30岁

在过去的一年里，我坐商务舱去了西班牙，在豪华酒店住了一个星期，和女朋友坐商务舱往返泰国，还让我母亲坐商务舱去德国给外公过80岁生日。我还准备兑换里程数，明年春天去布达佩斯！

——乔丹·佩蒂特，27 岁

学生贷款也许是个很好的决定。记者们喜欢报道学生的债务"危机"。然而学生贷款可能是最好的投资之一，拥有学士学位的人能比只有高中文凭的人平均多赚 100 万美元。是的，学生债务糟糕透顶，但与此同时，许多大学和研究生院唯利是图，不遗余力地向美国年轻人撒谎并鼓吹其学位的含金量——这是一个完全不可原谅的问题，却得到了产学合作联盟的支持。许多学习认真但内心天真的学生被辅导员、学校，甚至他们的父母误导，认为一旦背负学生贷款债务，就永远无法还清。

其实你可以更快还清贷款（要了解如何还清学生贷款，请参见第 9 章）。即使不考虑结交终身朋友、养成良好的习惯以及通过教育接触新思想的好处，仅仅是这种投资带来的金钱回报，也会让你觉得读大学肯定是值得的。不要理会学生贷款可能带来"危机"这类吓唬人的话。如果有学生贷款要还，你可以用本书的建议来制订还款计划。

大多数人都玩错了游戏。我和成千上万债务缠身的人交谈过。他们中有些人确实陷入了困境，像突发疾病、年迈的父母需要照料以及意外开支等。但是，坦率地说，他们中的一些人只是玩错了游戏。他们从未抽出一个周末读一本个人理财书，甚至连自己欠了多少钱都不知道。他们没有想方设法偿还债务，而是一味地怨天尤人。这就像一个 4 岁的孩子想玩大富翁游戏，却发现自己根本不懂游戏规则（他们从未读过游戏规则），因此生气地把游戏板掀翻。我会教你怎么赢。

说到学生贷款和信用卡，我的目标是让你别再防守。我会教你如何转守为攻。对于学生贷款，务必制订一个积极的还贷计划，尽量减少利息支出。对于信用卡，我会充分利用它的每一个好处。我希望信用卡公司会像恨我一样恨你。

最棒的是，在理财时，一旦学会了转守为攻，你就能迅速改变自己的财务状况。

我读这本书有三年半了，在此期间，我还清了1.4万美元的信用卡债务和8 000美元的学生贷款。

——瑞安·希利，27岁

自从一年前开始读这本书，我就设立了401K计划账户和罗斯个人退休账户，了解了这些账户的运作原理，并给我的退休账户存了7 200美元。我还开了两张信用卡来创建使用记录，提高我的信用评分，而且我坚持每月按时还清全部款项。

——杰夫·柯林斯，35岁

我学会了信用卡自动还款，建立起灵活的消费渠道，并开始投资指数基金。我离开学校还不到两年，但现在我的"净资产"已经超过4万美元。谢谢你的建议！

——埃米莉·鲍曼，24岁

恨透我的美国银行

我把美国银行列为世界上最糟糕的银行之一，它们因此对我恨之入骨。告诉你们一个好消息，因为这些银行一再欺骗我的读者，10年后，它们仍然在我的名单上（美国富国银行也不例外），我不跟银行做交易，我不

需要它们的钱，我会告诉我的读者哪些金融最好，哪些最差。

可以想象，这些最差的银行应该不想被我这本《纽约时报》畅销书点名。得知美国银行恨我这件事，还是在银行工作的一个朋友告诉我的。有一天，她找到我说："你知道你上了美国银行的影响力人物名单吗？"我很惊讶："真的有这回事？我是有影响力的人物？"

她补充道："这是一个负面人物名单。"

我从未如此自豪。

· 利用良好的信用加快实现富足人生

人们在致力于变富的过程中，喜欢挑选那些令人心动的投资，并使用"不良证券"和"息税折旧摊销前利润"等花哨的术语。但是他们往往忽略了一种最简单、最基本，以至看起来无关紧要的东西：信用。颇具讽刺意味的是，信用虽然是最重要的致富因素之一，但是我们很难总是把它放在心上，所以它经常被我们抛在脑后。是时候该清醒并加以重视了，因为建立良好的信用是变富的第一步。想想看，我们那些大笔开销几乎都是用信贷支付的，信用好的人可以因此省下数万美元。比起每天在一杯咖啡上节省几美元，信用对你财务状况的影响要大得多。

你的信用（也叫信用历史）主要分为两大部分：信用报告和信用评分。这些无聊的术语其实可以让你一辈子省下几万美元，所以听好了，这是一件值得关注的大事。

你的**信用报告**为潜在的贷方提供了你本人、你的账户和还贷历史记录等基本信息。它会跟踪所有与信贷相关的活动（例如信用卡和贷款），尽管最近的活动会被赋予更高的权重。

你的**信用评分**（通常被称为 FICO 评分，因为它是由费埃哲公司创建的）是一个简单易懂的数字，在 300 到 850 之间，代表你对贷方的信用风险，这就像信贷行业的 SAT（美国高中毕业生学术能力水平考试）分数（越高越好）。贷款机构根据这个评分，再加上其他一些信息，比如你的工资和年龄，决定是否借贷，比如，给你办理信用卡、抵押贷款或汽车贷款。贷款机构会根据你的信用评分收取数量不等的贷款费用，这个费用也表明了你的欠债风险有多大。

要想得到你的信用评分和信用报告非常简单，你应该马上去查。根据法律规定，美国人每年可以在 annualcreditreport.com 免费获取信用报告，包括你所有的账户和还贷历史记录等基本信息。

很多人使用 Credit Karma（creditkarma.com）来获取免费的信用评分，但我更喜欢 MyFico（myfico.com）的官方信用评分，尽管要收取少量费用，但信息更准确。

为什么你的信用报告和信用评分很重要？因为一个好的信用评分可以为你节省数十万美元的利息费用。那要怎么做呢？如果你的信用良好，你的贷款风险就会降低，这意味着贷款机构可以给你提供更好的贷款利率。也许现在你不需要贷款，但三四年后，你可能需要考虑买车或买房。所以，请不要对你刚读到的东西嗤之以鼻或不屑一顾。富人和其他人的一个关键区别是：富人在需要计划之前就计划好了。

信用评分与信用报告	
你的信用评分基于	你的信用报告包括
35% 的还贷历史记录 （你有多可靠？逾期还款有损你的信用）	基本的身份信息
30% 的贷款总额 （你欠多少钱和你有多少可用的信用，即你的信用利用率）	你所有的信用账户清单
15% 的信用历史记录 （使用信贷的时间）	你的信用记录、还款对象、持续性问题，以及是否有逾期还款
10% 的新开信贷账户 （账户越久越好，这表明你很可靠）	贷款金额
10% 的信贷类型 （例如，信用卡、学生贷款，类型多样化会更好）	征信查询，或其他要求征信的人（其他贷款人）
在 myfico.com 网站上只需支付少量费用就可以获取你的信用评分	在 annualcreditreport.com 网站上每年可免费获取一份信用报告

如果怀疑贷款利率真的有那么大的差别，那么你可以看一下下面的表格。看看根据你的信用评分，你为 30 年期抵押贷款所支付的费用有什么不同。

正如你所看到的，高信用评分可以在你的一生中为你节省数万美元（如果你住在生活成本很高的地方，可能节省的数额更高）。一些人花很多时间剪优惠券，在杂货店为选择哪些普通品牌而苦恼，或者为早上喝了拿铁咖啡而自责，他们只关注了某一点，却没有看到更大的前景。密切关注开支没有问题，但你应该把精力和时间花在大赢面上，这样才能成为大赢家。因此，让我们来探讨一下提高信用的策略，这比任何省钱攻略都更有价值。

信用评分如何影响你的支付金额		
在 20 万美元的 30 年期抵押贷款中，如果你的 FICO 评分是	如果你的年利率（APR）* 是	那么连同利息，你总共要支付
760~850	4.279%	355 420 美元
700~759	4.501%	364 856 美元
680~699	4.678%	372 468 美元
660~679	4.892%	381 773 美元
640~659	5.322%	400 804 美元
620~639	5.868%	425 585 美元

* 按 2018 年 8 月的年利率计算。

在信用卡方面，我犯的错误是开户太晚，后来我办了一张信用卡，以避免银行卡透支，结果一发而不可收拾。然后，我忘了要还款，也有一次逾期还款。我真希望 10 年前就了解信用卡对信用评分的影响，因为那样的话，我就能从愚蠢的错误中吸取教训，也不至于至今信用还受到影响。

—— JC，29 岁

· 提升信用评分

信贷有很多种形式（汽车贷款、抵押贷款等），但是我们要从信用卡开始，因为几乎每个人都有一张信用卡，最重要的是，信用卡是提升信用评分最快、最具体的方式。大多数人在使用信用卡时都会犯至少一到两个大错误。好消息是，只要学习一点儿信用卡知识，你就能非常容易地解决这个问题。

如果用信用卡支付，猜猜一部苹果手机要花多少钱		
信用卡一个最大的问题是使用的隐性成本。在每家零售商刷卡可能非常方便，但如果每月不按时还款，最终你会欠下比你以为的更多的钱。		
假设你买了	按最低还款额还款，还清全款所需时间	你将要支付的利息
1 000 美元的苹果手机	9 年 2 个月	732.76 美元
1 500 美元的计算机	13 年 3 个月	1 432.19 美元
1 万美元的家具	32 年 2 个月	13 332.06 美元
假定年利率为 14%，最低还款额为 2%		
以买 1 万美元的家具为例，如果每月只还最低还款额，那么你要还 32 年以上，单单利息就超过 1.3 万美元，这比你购买的家具本身的价格还要高。记住，这还没考虑你的"机会成本"：与其花 1 万美元买一个沙发还款 30 多年，不如把同样多的钱拿来投资，如果能获得 8% 的收益，那就是大约 2.7 万美元！你可以到个人理财网站 bankrate.com/brm/calc/minpayment.asp 测算一下，你到底为自己购买的东西支付了多少钱。		

· 办一张新卡

如何选择合适的信用卡？我在选择信用卡时，遵循几个简单的规则：

- 不接受邮寄的以及Gap或Nordstrom等零售店提供的信用卡优惠。
- 从信用卡中赚取一切奖励。
- 挑选一张好的信用卡，然后继续生活。

现在我来告诉你怎么做。

获得消费奖励。奖励卡有不同的级别。有些奖励很一般，有些则提供数百甚至数千美元的年度福利，这取决于你消费的高低。

首先，你要想好希望得到什么样的奖励，是返现还是旅游？我推荐返现，因为这种方式很简单，现在也有很多非常好的返现卡，而且比旅行奖励更简单，后者需要更复杂的方法才能真正实现奖励最大化。

一旦选定想要的主要奖励，你就可以使用像 bankrate.com 这样的网站对选择进行分类。

最好的奖励卡大多数是收费的。这些奖励卡划算吗？你应该算一下，之后再做决定，过程不会超过 5 分钟。这里有一个简单的经验法则：如果你每月刷信用卡达数千美元，那么这些奖励通常是值得的。但如果你花的钱不多，或者你不确定是否想要付费，那就搜索"信用卡奖励计算器"，用它来帮助你快速分析一下。输入金额，你很快就会看到哪些奖励卡对你来说是划算的。

最后的结论：奖励卡值得拥有，但一定要做足功课，选择一张奖励最多的卡。

不要申请零售商店的信用卡。这些卡摆明了是要告诉你，"是你自己搞砸了"。我都记不清有多少次在排队时看到有人买40美元的袜子或一两件便宜的 T 恤衫。我每次都会听到这类对话："您想办一张信用卡吗？它能帮您省 10%。"售货员问，祈祷着自己能完成当月的奖励目标。

对啦，情况就是这样！我咬牙切齿，心里嘀咕着："闭嘴，拉米特，什么都不要说，他们不喜欢你多管闲事。"

收银员在一旁怂恿："嗯，挺好的，要是我，我也会办张卡，为什么不办呢？又不会有什么损失。"

给想办零售商店信用卡的朋友两点建议：

1. 一般来说，每当听到"不会有什么损失"时，你就非常有可能遭受损失。每一次听到这样说的时候，我都会犯一个大错误。

2. 这个人为了节省4美元，刚才开了一张最具掠夺性的卡。天哪！你还不如伸手到肮脏的臭水沟去捡那几美元。这比你最终要承受的经济损失要更少。

大家还是要有一些标准才行。既然你不会跟第一个牵你手的人结婚，那么为什么仅凭收银员的几句话，你就同意办理收费高、利率接近勒索、回报也糟糕的零售信用卡呢？

至于邮寄的信用卡，通常你可以在网上搜索找到更好的选择。

我有一次犯傻，忘了付 25 美元的 Gap 账单，这可给我带来了大麻烦。这不仅毁了我的信用，我还差点儿被信用卡中心催收。6个月后，我按照程序对他们的做法提出疑问，告诉他们这只是一时的错误。我记得接电话的人给了我一个地址，我照地址寄去了申诉信，几个月后，这条不良信用记录就从我的账户里消失了。

——保罗·弗雷泽，30 岁

在网上搜索信用卡

信用卡行业的一个秘密是：当你在网上比较信用卡时，你就进入了一个搜索引擎优化和收取会员费的黑暗世界，网上几乎所有信用卡都是有偿推送的。这意味着，几乎每个网站都是收了费才向你展示其"推荐"的信用卡的，至于这些卡为什么被推荐则不得而知。你通常可以在这些网站上找到很好的信用卡，但如果你花钱大手大脚，一定要多花几分钟再找找。例如，当初在筹办我的婚礼时，我找到了一张最好的返现卡。我在某个论坛帖子的底部发现了一张阿连信用社的返现信用卡，第一年返现3%的消费金额，之后返现2%。这是市面上最好的返现卡了，但这种卡并未出现在我最初的搜索中。

别为卡疯狂。现在你可能被市面上为数众多的信用卡优惠诱惑，但千万别走火入魔。一个人应该拥有多少张信用卡并没有定论，但是每多办一张卡，就意味着你的个人理财系统会变得更加复杂：要追踪的信息更多，出错的地方也会更多。根据我的经验，有两三张信用卡就可以了（但美国人平均拥有4张信用卡）。

我的网上个人简历没有提供我最新的地址，所以我从未收到对账单。过去的34个月，我的银行账户被收取了60美元。我没有理会，也没有去调查，希望这件事会自动解决。我这个人有些自以为是，以为银行会考虑客户的重要性而免除这些费用。最后我还是下定决心亲自去调查，我走访了各分支机构，给 5 个不同的部门打电话，但都没有下文。在我的一再交涉下，原本要还 3 000 美元的欠款，最终我支付了约 2 000 美元。这完全挫伤了我的信心。我停掉了所有 11 张信用卡，只留下大通蓝宝石卡。准确地说，我还是"赢"了，但一想到这件事本来"完全可以避免"，而且"在我的掌控范围之内"，我就感到十分郁闷。

——哈桑·艾哈迈德，36 岁

记住，除了信用卡，还有其他信贷来源，包括分期贷款（如汽车贷款）、个人信用额度、房屋净值信用额度和公用服务信用（如水、电、燃气费）。你的信用评分基于你的整体信贷来源。费埃哲公司的克雷格·沃茨警告称，不要规定信贷来源的具体数量，他说："慢慢来，因为你的信用评分取决于你管理信贷的时间，信用报告中的信息越少，每份新报告的重要性就越高。举个例子，如果……且你的名下只有一张信用卡，那么当你设立另一个账户时，这一开户行为的重要性超过 10 年之后再开户。"总之，挑选两三张好卡，合理地将奖励最大化，并记住这些卡只是你整体财务基础的一部分。

我使用的信用卡

多年前，我就决定要充分利用我的信用卡奖励。我知道离这个目标只差一步了——我已有返现卡和旅行卡，可以满足业务往来和个人消费，但我想更进一步。随着我的公司发展到拥有几十个员工，我的开支也大幅增加。这些信用卡奖励不再可有可无，我想要拿到所有可能的好处。

例如，我们每个月在广告上的投入有时超过了 4 万美元。我知道大多数人到了我这个阶段，不再需要最大限度地利用信用积分，但我觉得这很有趣，所以想分享我学到的东西。

我想知道：

· 我是否从我的消费中获取了所有可能的回报？

· 我应该如何处理大型消费项目，如婚礼或外出团建？

· 我应该在什么时候使用返现卡而不是旅行卡？

最重要的是，我错过了什么？有哪些优惠我有权享有却不知道？

找到这些答案不像我想象的那么容易。首先，我在脸书上发帖，询问是否有人认识专家，可以审核我的支出情况，并对我使用的信用卡给予反馈。我最初联系到的人大多专注于如何最大限度地利用积分，以便在旅游时省钱。这的确很棒，但不是我想要的。

然后我和一个叫克里斯的人打了个不寻常的电话。

"我的信用卡状况很好，"克里斯告诉我，"但我想要它们变得更好。我知道像你我这样的人没有太多时间一直玩开卡和停卡的游戏。"

我继续听他说。

接着克里斯介绍了他是如何设置信用卡以最大限度地利用奖励，最后获得了好几百万积分的。我很感兴趣，但也想知道他说的是否属实。后面是我们的对话：

克里斯：你想知道我是怎么从信用卡里获取积分的吗？

拉米特：当然！

克里斯：如果你不需要客房服务，有些酒店会给你 500 积分。所以，如果我一个人旅行，我会住两张床的标准间。每晚我自己换一下床，换一下毛巾，就能拿到 500 积分。

听到这里，我真是服了。

他说得很起劲，也非常详细，甚至讲到了如何使用毛巾赚取积分。听了他最大化利用旅行奖励的故事，我有种相见恨晚的感觉。

这位克里斯·哈钦斯是 Grove 公司的首席执行官，这是一家面向年轻专业人士的财务规划公司。

我的目标是建立一套信用卡使用"范本"，让信用卡为我的生活和工作带来最大的回报。我的助手吉尔花了几个星期帮助克里斯一起分析了我现在和未来的开支，目的是总结出一个简化的"范本"，这样吉尔可以在做购买决定时使用。整个文档有 15 页，但其中最重要的启示是：如果要预订旅游或外出就餐，那么请使用旅行卡以获得最大的奖励，其他的都用返现卡。

就我个人而言，我旅游和外出就餐用的是大通蓝宝石卡，其他的都用阿连返现卡。在商务方面，我使用美国第一资本金融公司的返现商务卡。其他额外福利则来自运通白金卡。

这样做的结果是：我每年能获得数千美元的返现和数百万的奖励积分。我现在也有了新的人生格言：MBWOSIS，即"我只住酒店套房"（My Body Will Only Sleep in Suites）。

· 关于信用卡的6个忠告

现在是时候转守为攻了，请充分利用好你手中的信用卡。在通过消费自动获得奖励的同时，你的信用也会相应提高。优化你的信用是一个涉及多步骤的过程。一个最重要的因素是摆脱债务，我们将在本章的最后讨论这个问题。但首先，我们要设置信用卡自动还款，这样你就不会再逾期还款了。然后，我们将看看如何减免费用以获得更好的奖励，并从信用卡公司那里获得你能得到的一切。

1. 按时还清信用卡。是的，我们都听过这个忠告，但你有所不知，你的还贷历史记录占整个信用评分的 35%，是占比最大的一部分。事实上，要提高你的信用评分，最重要的事就是按时还款，不管是一次性全额还清还是不顾我的劝告分期还款，你都要按时还款。贷方喜欢及时还款的人，所以不要因为晚还款几天，就让信用卡公司逮住机会提高你的利率和降低你的信用评分。这是一个很好的例子，可以让你专注于变富的因素，而不是那些令人心动的东西。想想你是否有这样的朋友，为了在旅游或服装方面获得最大的优惠而搜遍全网。他们可能会因节省了 10 美元而兴奋不已，也可能在拿到所有优惠后向别人吹嘘。但你要是了解了信用的重要性，做到按时还清账单，拥有更好的信用评分，那么你悄悄省下的就不只是 10 美元，而是成千上万美元。

如今，大多数人都在网上还信用卡账单，但如果还没有设置自动还款，你现在就登录信用卡网站。注意，如果你的支票账户里没有足够的钱来还信用卡也不要担心。在每个月的还款日前，你都会收到信用卡公司的对账单，这样你就可以根据需要调整付款方式了。

我来教你变富

我完全忘了信用卡的还款日。因此，他们不仅向我收取了滞纳金，还收取了当月和上个月的消费利息。我打电话给信用卡公司客服，告诉他们我过去的信用一直良好，并问他们是否可以帮我处理这些费用。这位客服不仅帮我免除了滞纳金，还将20美元的利息费用退到我的账户上。我只打了一通电话，他们就给我退了总共59美元。

——埃里克·亨利，25岁

可怕的后果

一旦错过了信用卡的哪怕一笔还款，你就可能面临以下4种可怕的、恐怖的、不好的、非常糟糕的结果：

1. 你的信用评分可能会降低超过100分，这将使30年期固定利率抵押贷款每月增加227美元。

2. 你的年利率可能提高30%。

3. 你会被收取一笔约35美元的滞纳金。

4. 你的逾期还款也会导致其他信用卡利率上升，即使这些信用卡从未逾期。（我觉得这也太不合理了。）

不要太害怕，你可以恢复你的信用评分，通常在几个月内你就可以做到。事实上，如果只是晚了几天还款，你可能会被罚一笔费用，但逾期还款一般不会被上报给征信机构。

2. 尽量免除信用卡费用。这也许是优化信用卡的一个好办法，因为信用卡公司会为你处理好一切。拨打信用卡背面的客服电话，询问你是否需要支付任何费用，包括年费或服务费。你在电话里可以这样说：

你：你好，我想确认一下我的信用卡是否有其他费用。

信用卡专员：嗯，您好像要交 100 美元的年费，这个年费其实还比较优惠。

你：我不想付任何费用。你能帮我免除今年的年费吗？

我之前提到过，奖励卡的年费还是值得交的，没错，但为什么不问问这种年费是否可以被免除呢？记住，信用卡公司之间的竞争非常激烈，这对你来说可能是件好事。在新年费生效前，提前一个月给信用卡公司打电话，要求免除年费。这种方法有时候有用，有时候不行。

如果你觉得交信用卡年费不划算，那就问问信用卡公司可以为你做点儿什么。如果能免年费，那就太棒了！如果不能，那就换成免年费的信用卡。我建议你在同一家信用卡公司这样做，因为可以省去很多麻烦。你不必为了申请新账户而停用旧账户，那样对你的信用评分会有短期影响。

3. 协商降低年利率。你的年利率，或年度百分比利率，是信用卡公司向你收取利息的利率。年利率会有浮动，但一般在 13%~16%，这就太高了。如果你的信用卡上有欠款，你的用卡成本会非常大。换句话说，假如你投资股市的平均收益率只有 8%，给你贷款的信用卡公司就赚了你一大笔钱。如果能有 14% 的收益，你一定会很开心。你会想方设法避免陷入信用卡利息的黑洞，这样你

我来教你变富

就可以赚到钱，而不是把钱交给信用卡公司。

所以，打电话给你的信用卡公司，让其降低你的年利率。如果信用卡专员问为什么，告诉他们你在过去的几个月里一直都在按时还款，而且很多信用卡公司的利率比他们公司的低。根据我的经验，这种方法有一半的成功概率。

需要注意的是，严格来讲，如果你每个月都全额支付账单，那么这个年利率不管是低至 2% 还是高达 80%，对你来说都无关紧要，因为如果你每个月都还清了全部账单，你就不需要支付利息了。但协商降低年利率仍不失为一个简单快捷的方法，只需一个电话，你就能得到很大的优惠。

> 按照书中的建议，仅利息一项，我就省了 1.5 万到 2.5 万美元。我和信用卡公司协商过汽车贷款、学生贷款、住房贷款等。
>
> ——莱拉·纳特，30 岁

4. 长期持有并经常使用主卡，但也不能太复杂。 贷方喜欢看到长期的信用记录，也就是说，你持有账户的时间越长，你的信用评分越高。不要被新卡优惠和低利率迷惑，如果你对手里已有的卡很满意，那就留着它。有些信用卡公司会在你的账户闲置一段时间后注销你的卡。为了避免平时不怎么使用的卡被停用，请开启自动支付功能。例如，我把一张信用卡设定为每月从我的支票账户自动扣 12.95 美元的订阅费，这样我就不用手动操作了。我的信用报告显示，这张卡已使用超过 5 年，这样做提高了我的信用评分。谨慎起见，确保你的信用卡至少每三个月使用一次自动付款。

现在有一个棘手的问题：如果决定办一张新卡，你应该停用以前的旧卡吗？这些年来，我改变了对这个问题的看法。一个明智的建议是，尽量让信用卡长期处于激活状态，但如果你有很多信用卡却从未使用过，那就得重新考虑一下。我的一些读者朋友开了20多张卡来"赚"各种奖励，现在他们甚至都找不到自己的某些卡。这个时候，你必须在风险与回报、简单与复杂之间做出抉择。有很多人建议不要停用信用卡，但是只要你按时还款并且信用良好，停用一张旧卡不会对你的信用评分产生重大的长期影响。

综合来看，大多数人拥有两到三张信用卡是完全没问题的。如果你有特殊原因需要办理更多信用卡，比如开办公司，或者为了获得各种奖励而临时注册信用卡，当然也可以。但是一旦发现自己的卡太多了，你就要停用那些闲置的卡。只要你有良好的信用，停卡的长期影响就会微乎其微。有了这样一个简单、容易追踪的理财系统，你就可以高枕无忧了。

如果还款逾期，该怎么办

人非圣贤，孰能无过。尽管我提醒过你，但我知道逾期还款这种意外还是随时可能发生。当这种情况发生在我身上时，我会发挥印度人擅长谈判的传统优势，通过与信用卡公司谈判来解决，你也可以。

你：你好，我发现我有一次逾期还款，我想确认一下这是否会影响我的信用评分。

信用卡专员：我查一下。哦，这只会产生滞纳金，但不会影响您的信用评分。（注意：如果你在逾期还款的几天内付款，他们通常不会报告给征信机构，请咨询确认。）

你：谢谢！听你这么说我真的很高兴。关于那笔费用……我知道我没有按时还，但我希望能免除这个责任。

信用卡专员：为什么？

你：出现这样的事确实是我的过失，但以后不会再发生了，所以我希望取消这笔费用。（注意：句子结尾一定要有力量，不要说："您可以把它取消吗？"而要说："我希望你取消这笔费用。"这样硬气地说，你就有超过一半的机会拿回那笔滞纳金。要是碰到一个特别难对付的客服，你可以试试这个方法。）

信用卡专员：很抱歉，我们不能退还那笔费用。我可以给您介绍一下我们最新的……（然后说一大堆推销行话。）

你：不好意思，我是你们4年的老客户了，我不想因为这一笔费用就停用你们的卡。要怎么样才能取消这笔滞纳金呢？

信用卡专员：嗯，让我查一下。……好，这次我可以帮您取消这笔费用，已经记入您的账户了。

你可能不相信，原来取消滞纳金可以如此简单。没错，任何人都可以做到。

5. 提高信用额度。（警告！只有在你没有债务时才能这样做。）这是有悖直觉的，为了解释这一点，我要回顾一下我以前的理财经验。很多人没有意识到这一点。20世纪80年代，音乐组合 Salt-N-Pepa 有一首经典歌曲《动起来》，她们说跳舞不一定适合每个人，"只适合性感的人"。她们实际上是在描述一个健全的个人理财策略。

在解释之前，我得承认，我确实在一本已出版的书中引用过该组合。不管怎么说，当她们说"只适合性感的人"时，她们真正的意思是，"这条建议只适合认真对待财务问题的人"。我对这个警告是认真的：提高信用额度只针对那些没有信用卡债务，且每月全额付清账单的人，并不适合其他人。

这意味着，要获得更多信用额度来降低你的信用利用率，也就是你所欠的债务除以你的可用信用额度。它占你信用评分的30%。假如你欠了4 000美元，而你的可用信用总额为4 000美元，那么你的信用利用率是100%（4 000美元/4 000美元×100%），这是很糟糕的。但如果你只欠了1 000美元，却有4 000美元的可用信用额度，那么你的信用利用率会好得多，只有25%（1 000美元/4 000美元×100%）。较低的信用利用率比较受欢迎，因为贷方不希望你经常花光你的可用信用额度——你很可能会违约，一分钱也不还。

要想降低信用利用率，你有两个选择：不再背负过多的信用卡债务（即使你每个月都还清了债务），或者增加你的可用信用总额。我们已经证实了，如果这样做，你就不会背上债务，剩下的就是增加你的可用信用额度。

方法为：打电话给你的信用卡公司，要求增加信用额度。

你：您好，我想申请提高信用额度。我现在有5 000美元，我想提高到1万美元。

信用卡专员：您为什么要提高信用额度？

你：在过去一年半的时间里，我一直在全额支付账单，我最近也要买一些东西。我想要1万美元的信用额度。您能批准我的请求吗？

信用卡专员：当然可以。申请已帮您办理，应该在7天左右可以开通。

我要求每 6 到 12 个月增加一次信用额度。记住，你的信用评分 30% 是由你的信用利用率决定的。要改善信用，你要做的第一件事就是还清债务。只有还清债务，你才能想办法增加你的可用信用额度。很抱歉，我重复了一遍，但这很重要！

我和丈夫上大学的时候，信用卡公司给我们免费送了一件 T 恤，还有其他一些礼品，同时给我们办理了限额合理（500 美元）的信用卡。当然，我没有收入，但在当时这似乎并不重要。你可能想不到，我在很短的时间内就把我的限额提高到 2 000 美元！但实际上我并不太负责任，在交了数千美元的利息和滞纳金之后，我的信用评级也在几年内被我亲手毁掉了。后来我们花了很多年才还清这笔债务。其实现在也很难说哪些东西是真正有必要买的。

——米凯莱·米勒，38 岁

6. 使用信用卡的秘密福利！ 在进入奖励计划之前，我要先交代一句：就像汽车保险一样，如果你是一个负责任的客户，你就可以靠信用获得很大的福利。事实上，对那些拥有良好信用的人来说，我有很多建议。如果你属于这一类，你应该每年给信用卡公司和贷款机构打一次电话，询问你有资格享受哪些优惠。通常，你可以享受到免除费用、申请贷款和其他人享受不到的促销优惠。给他们打电话时你可以这样说：

您好。我查了我的信用状况，发现我的信用评分是 750 分，这已经相当不错了。过去 4 年我一直是贵公司的客户，所以我想知道你们有什么特别的促销和优惠……你们能否给我减免费用和特殊优惠，你们可以利用这些来留住客户。

如前所述，信用卡也提供奖励计划，让你获得返现、机票和其他优惠，但大多数人并没有利用他们本来可以获得的所有免费优惠。例如，当不得不飞往威斯康星州一个不起眼的小镇参加一场婚礼时，我兑换了信用卡的旅行奖励，节省了600多美元的机票费用。这是一个很简单的例子，但其实还有更多奖励，你知道信用卡会自动给你提供意想不到的消费者保护吗？下面是一些你可能不知道的优惠：

· 自动延长保修期：大多数信用卡会延长你所购买产品的保修期。所以，如果你买了一部iPhone（苹果手机），在保修期满后要是它坏了，你的信用卡仍会为它提供额外一年的保修。几乎每张信用卡在你每次购买产品时都会自动提供产品延保服务。

· 汽车租赁保险：如果租了一辆车，你就不用再购买额外的碰撞保险了，这个保险完全不值得购买，因为它已经涵盖在现有的汽车保险之中了，此外，你的信用卡通常会为你提供高达5万美元的此类保险。

· 旅行取消保险：如果预订了度假的机票，你却因生病无法成行，航空公司会向你收取高额的改签费。这个时候只要打电话给信用卡公司，申请旅行取消保险理赔，他们就会为你支付行程变更费用——通常在3 000到1万美元之间。

· 礼宾服务：当买不到洛杉矶爱乐乐团的门票时，我打电话给信用卡公司，要求礼宾设法帮我弄到票。两天后，他给我回电话说拿到了票。虽然我要为此支付高额费用，但我拿到了别人拿不到的门票。

最重要的是，信用卡会自动记录你的消费情况，让软件更容易下载和分类你的支出。由于有这些好处，我用信用卡购买几乎所有东西，特别是大额消费品。

重要提示：打电话给你的信用卡公司，让其发给你一份完整的奖励清单，然后充分利用起来！

我们用积分支付了整整三周的蜜月旅行费用，包括从纽约到拉斯韦加斯的头等舱往返机票、威尼斯人酒店的豪华套房、豪华汽车租赁和其他住宿、景点和食物（没错，食物也包括在内）的费用。我们一分钱都没花。（回家时还剩了 200 多美元。谢谢，真是赚大了！）

——德·罗密欧，34 岁

我和我的爱人每年都去夏威夷、意大利或其他欧洲国家旅游，几乎完全靠信用卡积分。我们住的地方看起来很大、很豪华，但我们最后 9 天的意大利之旅花了 350 美元，因为锡耶纳那家我们最喜欢的酒店不接受任何信用卡积分。

——罗宾·金尼，45 岁

时刻记录与金融公司的通话

对你来说不好的消息是，信用卡公司非常擅长利用恶心的滞纳金来创收。同样，对它们来说，也有一个不好的消息，我会教你一个办法，让它们把滞纳金退回来。要想提高免除费用的概率，最好的办法就是记录你与金融机构（包括信用卡公司、银行和投资公司）的每一通电话。我在打电话理论时，同时也会打开一个电子表格，上面会详细列出我上次打电话的时间、接听人姓名，以及解决的问题。

创建一个如下所示的电子表格：

信用卡公司通话记录单

通话日期	通话时间	专员姓名	专员工号	备注

每次就账单争议给信用卡公司打电话时，你可能都不会相信，准确地说出上次的通话信息（比如专员姓名、通话日期和通话记录）会产生多么大的威力。大多数信用卡专员这个时候都会选择让步，因为他们知道你有备而来。

当用这种方法跟信用卡公司或银行交锋时，你会比其他 99% 的人准备得更充分，而且很有可能得偿所愿。

· 要避免犯的错

停用账户前要三思。如果你正在申请一笔大额贷款，比如你正面临买车、买房或上学的问题，那么在提交贷款申请后的 6 个月内不要停用任何账户。申请信用卡的时候你一定希望获得尽可能高的信用评分。但要是你知道开通信用卡会引诱你消费，此时想停卡以防止过度消费，那就应该停用账户。你的信用评分可能会受到轻微影响，但随着时间的推移，它会恢复过来，这总比超支要好。

费用纠纷：如何调动你的信用卡大军

有一次，我想取消一项手机通信服务，但他们告诉我要收 160 美元的费用。"为什么？"我问。

"因为您要提前取消服务。"

是的，我知道我没有签合同，而且在那之前很长一段时间，我就已经为提前取消合同的费用进行了谈判。（通信公司通过这些见不得人的手段赚了很多钱，他们希望客户会因此感到沮丧，放弃申诉，从而付钱了事。）我才不会对这样的花招儿妥协。自从这家公司 3 年前开始敲诈我，我就一直记录着和他们的每一次通话。这名客服很有礼貌，但坚持说取消扣费这件事她办不到。

果真如此吗？这种陈词滥调我早就听过，我拿出整整一年的通话记录，礼貌地大声读给她听。

我一读，就感觉到对方态度的变化，不到两分钟，我的账户欠款就被清空了，我挂断电话。真是难以置信啊！感谢这位姐姐！

如果这就是故事的结局，那就太好了！他们答应我以后不会再收费，但最后还是照收不误。这个时候，我实在受够了，是时候打出我的王牌了。

许多人不知道，信用卡给持卡者提供了极好的消费者保护，这也是我鼓励每个人刷信用卡（不要用现金或借记卡）购物的一个原因。

我打电话给信用卡公司，告诉他们我对一项收费有异议，需要他们的协助。他们回答："当然可以，请告知您的地址和金额。"当我告诉他们我与通信公司之间的费用纠纷后，他们立即给了我一笔临时的信用额度，并告诉我将投诉内容填表寄回。

两周后，投诉得到解决，我赢了。

当这样的纠纷发生时，不管哪一家信用卡公司都会站在你这边，为你说话。请记住这一点，将来出现费用纠纷时你会用得着。

管理债务以免信用评分受影响。费埃哲公司的克雷格·沃茨说："如果你停用某个账户，只要坚持偿还债务，保持信用利用率不变，你的信用评分就不会受到影响。"例如，如果你在两张信用卡上共有 1 000 美元的债务，每张信用卡的信用额度为 2 500 美元，那么你的信用利用率是 20%（1 000 美元的债务，可获得的信用总额为 5 000 美元）。如果你停用其中一张卡，你的信用利用率就会突然上升到 40%（1 000 美元的债务，2 500 美元的信用总额）。但如果你偿还 500 美元的债务，你的信用利用率还是 20%（500 美元的债务，2 500 美元的信用总额），信用评分没有变化。

不要玩零利率的转账游戏。一些人会玩零利率转账游戏，即通过余额转账或预支现金的方式从信用卡中获利。他们利用新开卡的零利率优惠（通常是开卡之后的前 6 个月）向信用卡公司借贷，然后将这些借款存入高利息的储蓄账户，从中赚取利息。实际上，还有些人投资短期的定期存单，甚至股票。最后，他们只还信用卡公司本金，自己赚利息。我觉得，这些零利率的信用卡游戏根本就是在浪费时间。当然，这样做你一年也许可以赚几美元，甚至几百美元，但是考虑到时间成本、处理不当的风险以及毁掉信用记录的可能性，赚这点儿利息是得不偿失的。最重要的是，它会让你分心，你得到的也只是一些短期利益。你最好建立一个专注于长期增值的个人理财系统，而不是到处捞点儿小钱。戴夫·拉姆齐是一位深受欢迎的个人理财作家和电台主持人，擅长帮助人们摆脱债务。他说："在做理财顾问的那些年里，我见过成千上万的百万富翁，但他们没有人说过自己是靠信用卡奖励积分发家致富的。"

糟糕！我的信用评分降低了

我的一些 A 类读者过于担心自己的信用评分。如果你的信用评分突然降低，首先你要设法拿到你的信用报告和信用评分，分析其中的原因，重要的是如何处理信用评分下降的趋势。只要你的信用在向好的方向发展，比如你一直在按时还款，你的信用评分很快就会恢复，所以要明智地、持续地管理你的信用。正如费埃哲公司的克雷格·沃茨指出的："信用评分增长缓慢是很自然的变化，不然你以为有些人 850 分以上的信用评分是怎么来的？那是通过多年来持续乏味的信贷管理达到的。"

利差追逐者：不要浪费时间每月赚那 25 美元

我的博客有一位叫迈克的读者，他写信告诉我他是怎么追逐利差的。尽管他使用的是储蓄账户而非信用卡，但这两种情况非常相似：把钱从一个账户转到另一个账户，从中赚取利差。

迈克承认："我是一个追逐利差的人，所以（利用4万美元的应急储蓄）我的利息收入一直比货币市场账户高0.65%到0.85%。算下来每年可以多赚300美元利息，对我来说每4到6个月换一次银行很值得。"

我这样回答："迈克，既然你明智地把4万美元存入应急基金（顺便说一下，这真的是一笔令人印象深刻的投资），我相信你是个聪明人，知道有比每年多赚300美元更值得花时间去做的事情，比如怎么更长久地赚更多的钱。你原来的做法每天只赚0.82美元！想一想，如果花同样的时间优化你的资产配置会怎么样？仅这一步，每年就有可能赚数千美元。是不是可以用这些钱做些副业？或者抽些时间陪陪家人？我不知道你看重什么，但在我看来，上述任何一项都超过每年赚300美元的价值……尤其是对像你这样赚钱能力遥遥领先的人来说。这只是我的一点儿浅陋看法……这种看法的价值可能也就值2美分，还不到你今天赚的1/40（抱歉，实在忍不住说出来）。"

要着眼于大赢面才能有大收获。优化资产配置可能不像更换账户那样明显或诱人，但从长远看，着眼大赢面会让你走上致富之路。

· 债务，债务，债务！

从统计学上讲，欠债是"正常的"。但是想想看：资不抵债真的正常吗？房贷或教育贷款可能可以接受，但如果拿着信用卡乱花钱呢？

有些人将债务区分为"良性债务"（good debt）和"坏账"（bad debt），这取决于债务随着时间的推移是升值了（教育）还是贬值了（汽车），另一些人则完全鄙视债务。不管属于哪种情况，大多数人都会欠债，而欠债的感觉并不太好。

我想谈谈学生贷款和信用卡债务，这是大多数人面临的两种最大的债务类型。首先，让我们回答一个显而易见的问题：我们知道欠债不好，也知道该怎么处理，那么为什么我们还是会欠债呢？这不仅仅是"钱"的问题，还与心理学有关。

我们知道该怎么做，但为什么不去做呢？

我可以教给你所有的信贷知识，但除非你有正确的理财心理，否则这些都没用。这就是为什么很多人虽然"了解"信贷，却依然负债累累，或者还在使用那些不划算的信用卡。使用这些卡不仅要交数千美元的卡费，还得不到用卡奖励。

这是什么原因呢？不是他们知识贫乏，而是其他因素所致。金融心理学教授布拉德·克朗茨博士创造了"理财的无形脚本"一词，用来描述童年时期形成的"典型的、无意识的、跨代的金钱信念"，这些信念驱动着你今天的行为。

这些信念具有不可思议的力量，一旦意识到它们的存在，你就能更好地理解自己的行为。

下面是关于债务最常见的一些无形脚本。

信用卡和债务脚本	
无形脚本	实际含义
"没有那么糟糕。每个人都有信用卡债务。至少我没有米歇尔那么多的债务。"	人们总是喜欢拿自己和别人做比较。有趣的是，我们的处境越糟，就越希望从别人那里获得安慰，说自己其实没那么糟，这并不能改变我们的处境，只是让自我感觉好点儿罢了。
"我也许不该买这个，但 100 美元和我欠的债相比只是九牛一毛。嗯，买了吧……"	问题一旦变严重，我们就会将任何单一的改变合理化为"还不够严重"（在现实中，真正的改变是由小的变化一步一步累积的）。那些负债累累的人和超重的人在做决定的时候有很多相似之处。
"支付利息就像支付其他费用一样合理。"	这就是"正常化"，或者在你眼里，为债务支付利息实际上并没有那么糟糕。但我从未见过口头上这样说，心里却还能接受债务利率 14% 的人。
"这些信用卡公司只是想套牢你。"	这是对个人决定不负责任的借口。这对那些和家人朋友一样负债累累的人而言，是很常见的。没错，信用卡公司确实想让你支付大量费用，但你得为自己当初的决定负责，正是你的这些决定让你陷入债务泥潭。在承担责任之前，你总会轻易地把责任推给信用卡公司。
"我甚至连自己欠了多少钱都不知道。"	注意，这句话转到了一个更无望的脚本上。我估计有超过 75% 的负债人不知道自己到底欠了多少钱。真相是惨痛的，以至他们选择视而不见。但其实完全可以正视问题并制订相应的计划。
"我已经尽力了。"	这是最绝望的脚本。这个人实际上是在说，"我无法控制我的财务状况"，"生活待我如此"，而不是承认自己的责任。这种想法一旦产生，就很难改变了。

见鬼，这也太让人丧气了。但我想用这些例子告诉你们，无形脚本有多么阴险和强大。

这些无形脚本会演变成非常奇特的行为。人们"知道"自己的理财方式不对，但仍然在做着多年来一直在做的事情。这在旁观者看来很费解："你都负债累累了，竟然还花 800 美元参加周末游？"

但人们并不是完全理性的。事实上，这些无形脚本解释了为什么那么多负债的人不想打开邮件查看账单。你可能会说："打开你的账单！还清账单！没那么难！"但是，如果过去 20 多年你的理财观念一直深受传统影响（"账单 = 坏事"），你就很难改变了。我写这本书是想告诉你，你可以重写自己的理财故事。

你都跟自己讲过哪些关于债务的故事？

人们不知道自己欠了多少债

"看来美国人甚至不知道他们欠了多少钱，只有 50% 的家庭承认自己有信用卡债务，而信用卡公司报告有 76% 的家庭欠债。"《纽约时报》的本亚明·阿佩尔鲍姆写道。

这似乎令人难以置信，但根据我的经验，大多数人都不知道自己到底欠了多少钱。我每天都会收到很多欠债的人发来的邮件。当我问他们欠了多少钱时，只有不到 25% 的人答得上来。再问他们的还债日期，95% 的人都不知道。

我很同情那些欠债的人。有些人生活艰难，有些人不懂信用卡的原理，有些人的债务分散于多张信用卡和学生贷款账户。几乎每个人都在尽力还债。

但我不同情那些毫无计划、只会抱怨的人。有计划就意味着：如果背负债务，你就应该知道欠了多少钱，哪天可以还清。但几乎没人知道这些。

计划能把债务从一个"热门"的情绪性话题变成一个"冷酷"的数学问题。就像我在商务课上说的："这不是魔术，而是数学。"创业和还债都是如此。

最重要的是，计划给了你一切尽在掌握中的主动权。你可能需要 3 个月才能还清债务，也可能需要 10 年！但是一旦有了计划，并学会运用本书内容帮助你实现还债计划自动化，你就会知道你离富足人生不远了。我来教你怎么做。

学生贷款的负担

我不会骗你说还清学生贷款就是小事一桩。学生在毕业时平均会背负大约 3 万美元的学生贷款，我有很多朋友毕业时欠下的贷款超过 10 万美元。不幸的是，学生贷款并不是你挥一下魔杖就能消失的。事实上，即使你宣布破产，这笔贷款也逃不掉。不管你有没有巨额贷款，我还是要提醒你，注意每个月的还款额。因为如果贷款金额很大，每个月多还 100 美元就可以少还几年。

让我们看一个例子。我的朋友托尼欠了 3 万美元的学生贷款，如果在 10 年内还清，那么他每个月的还款额大约是 345.24 美元，这意味着他将支付 11 428.97 美元的利息。但如果每个月多支付 100 美元，他就只需要支付 7 897.77 美元的利息，在 7 年零 2 个月内就可以还清贷款。

我们大多数人都接受了偿还学生贷款的现实，每个月付完账单之后只能无可奈何地耸耸肩。除了对贷款负担感到沮丧，我们不知道还能做些什么。其实，你可以改变还贷方式。

首先，为了激发你还清贷款的积极性，可以试用 bankrate.com 上的一款金融计算器。你可以用它测算一下，每次支付不同金额还款总额会有怎样的变化。

其次，我想鼓励你每个月至少多存 50 美元来偿还债务。主动还清债务不仅能让你取得一种心理上的胜利，还可以让你专注于尽早投资。要确保直接从你的支票账户中自动还款，这样连钱都不用经手了。

再次，如果你发现不管怎么算都无法在合理的时间内还清贷款，那就打电话给你的放款人。找一下每月账单上你一直忽略的电话号码，给他们打电话，征求他们的意见，这一点再怎么强调都不为过。"这个月我还不了"，"我有 5 笔不同的贷款想整合到一起"，各种各样的理由放款人都听说过。你可以问他们以下问题：

- 如果我每月多付100 美元会怎么样？（请用适合你的金额代替。）
- 如果我把贷款期限从5年改为15年会怎么样？
- 如果我正在找工作，那么接下来3个月的贷款付不起怎么办？

放款人对这些问题都有答案，而且他们很有可能会帮助你找到更好的支付方式。他们通常的做法是帮你调整每月还款金额或还款时间。只要打一个电话，你就能省下几千美元！

我重新申请了 1 万美元的个人学生贷款，将利率从 8% 降至 6%，这样做在贷款期内我可以节省约 2 000 美元。

——丹·布尔曼，28 岁

我打电话给 Navient（学生贷款服务商），把我的学生贷款从 20

年期改成 10 年期。我不知道这之间的差别，但这样起码能为我节省 1 万多美元……只要每月多付 50 美元。

——莱拉·纳特，30 岁

关于储蓄和债务最常见的网络评论

我在网络论坛上见过无数次这样的对话。

有人发表了一篇文章，讨论一般人在 35 岁、40 岁和 50 岁时应该存多少钱。

该文得到 8 000 条留言和评论，都在抱怨和哀叹资本主义、地缘政治和婴儿潮一代。

支持者留言："好吧，你可以将存款的 10% 放进银行，然后开始投资。"

500 名愤怒的网友评论："哈哈！存钱？我住在纸箱里！我们根本没钱存。"（200 万个赞）

支持者回复："嗯，你可以从每月存 20 美元开始。"

愤怒的网友评论："也许你每月可以存 20 美元，但我一年连 50 美分都存不了。"

支持者回复："听到这个答案我很遗憾。总之，当开始攒钱时，我就拿了一部分进行投资。如果有 8% 的收益率，那么意味着几年后你能赚……"

愤怒的网友炸开了锅："8%？太好笑了！是啊，我也很想有 8% 的收益率。我投资了一个垃圾填埋场，在过去 9 年里获得了 0.000 002 3% 的收益率。哈哈，8%，可能吗？！"

我来教你变富

> **支持者继续留言：** "嗯，标普 500 指数的平均回报率是 8%，包括通货膨胀。你可以直接投资市场中的指数基金。"
>
> **愤怒的网友质疑：** "什么？这是真的吗？你能给我一个链接，让我了解更多信息吗？"
>
> 这些愤怒的网友在网络论坛上花了大把时间抱怨，在过去的几十年里支付了数千美元的利息，但他们从未读过一本与个人理财相关的书。你应该吸取教训，比他们做得更好。

当信用卡债务越来越多时

大多数人不会一夜之间陷入严重的信用卡债务危机。相反，事情都是慢慢开始变糟的，等到意识到问题时，问题已经变得很严重了。如果最终深陷信用卡债务危机，你就会感到不堪重负。当看《菲尔博士》这个访谈节目的时候，你会奇怪为什么那些人就是找不到解决问题的方法，答案明明很清楚："是的，你应该离开他！他已经 8 年没有工作了！他看起来像只令人厌恶的过街老鼠。难道你瞎了吗？"但我们自己碰到问题时，答案似乎就没那么简单了。你应该怎么办？你如何管理日常财务？为什么事情变得越来越糟？好消息是，如果你有一个计划并采取有序的措施减少信用卡债务，那么你的信用卡债务几乎总是可控的。

现在，几乎没有什么比信用卡债务更让人感到内疚的了。75% 的美国人声称，除非能立即还清债务，否则他们不会用信用卡购物。然而，从实际的消费行为看，超过 70% 的美国人有欠款，只有不到一半的人愿意向朋友透露他们的信用卡债务。Bankrate（在线信息服务商）高级副总裁兼首席金融分析师格雷格·麦克布赖德表示，这些数字表明，美国用户对自己的债务状况感到羞愧。他告诉我："这些人宁愿透露自己的姓名、年龄，甚至性生活细节，也不愿说自己究竟欠了多少信用卡债务。"

果真如此吗？透露性生活？如果你也是这样，请告诉我，我有几个单身朋友想见见你。

这种羞愧意味着，那些欠债的人往往没有学会如何停止疯狂刷卡。相反，他们成了信用卡公司不法行为的受害者，这些公司专门坑害那些不明真相和未受过专业训练的人。这些信用卡公司用高明的手段从我们身上榨取更多的钱，而我们连怎么拒绝都不知道。

例如，人们在信用卡问题上犯的最愚蠢的错误，就是账户上还有欠款，或者没有按月还清。令人惊讶的是，在1.25亿每月信用卡都有欠款的美国人中，有一半的人每月只支付最低还款额。当然，很多人在买东西时都想刷信用卡，然后分期付款，但信用卡的利率高得离谱，所以这是一个非常严重的错误。

我再强调一遍：有效使用信用卡的关键，就是每月全额还清。这个建议听起来跟有人请你递盐一样，像是随口一说，但它真的很重要。问问你身边那个欠了1.2万美元信用卡债务的朋友是怎么回事。他很有可能会耸耸肩，然后告诉你，他决定每个月"只付最低还款额"。

我用信用卡买所有东西，每月只付最低还款额。这样的计划让我刷爆了好几张卡。我开通了新的零息余额转账来偿还债务。金融知识对我来说太难了，我手头也没有任何应急现金，所以我用信用卡来买真正需要的东西。这导致我欠了很多人的钱，现在依然如此。

这些债务利息把我压垮了。卡上有借贷余额并不意味着你的预算还有余额！

——戴维·托马斯，32 岁

关于这一点我不想赘述，但让人感到震惊的是，很多人在购物时用信用卡支付，却不知道计息后最终要付多少钱。用信用卡支付最低还款额，就像一个小男孩在上学第一天就让学校的恶霸抢走了午餐钱，然后每天回来的时候口袋里只剩下几个硬币叮当作响。你不仅会被揍，而且这种事会一再发生。不过，在了解了信用卡的原理之后，你就知道该如何避开信用卡公司的陷阱，更快地摆脱债务了。

"当我意识到我可以还清债务的那一刻"

我问我的读者，他们是什么时候意识到自己可以还清债务的。以下是其中一小部分人的回答。

我的转折点是我和女朋友认真交往的时候。她的收入虽然只有我的 1/3，但她存了差不多一年的工资，而我却欠了 4 万美元的债，真是惭愧，于是我开始用这本书的原则来偿还债务，并在两年内实现了这一目标。

——肖恩·威尔金斯，39 岁

我习惯了债务这种东西——我的生活方式是享受当下和被动应付，而非未雨绸缪。我已经习惯了"月光族"的生活，从未体验过自主做出财务选择的自由。现在金钱只

是我的一种工具，我再也不是金钱的奴隶了。

——戴夫·文顿，34 岁

噢，天哪，债务真是糟透了。我记得为此哭过（多次）。虽然我在州内上大学，但欠着大学的学生贷款，花了 9 000 美元做隆胸手术，买了 3 000 美元的床垫，每天去商场购物成了习惯。我很不开心，又无能为力。当选择改变我的人生时，我买的第一本书就是您的书，读了之后有一种醍醐灌顶的感觉，我开启了自己的财富人生，哈哈。我现在还清了所有债务，并且开始给我的罗斯个人退休账户存钱。

——斯特凡妮·加诺斯基，27 岁

我缺乏自信，这不利于我充分利用生活所提供的一切。读了这本书之后（现在无债一身轻！），我有了更多的信心，并且把钱花在了我珍视的经历、人和财产上。

——朱斯蒂娜·卡尔，28 岁

积极还清债务

如果你有信用卡债务，不管是多还是少，它们都将给你带来三重打击：

· 首先，你要为欠款支付大量高额利息。

· 其次，你的信用评分会受影响，因为30%的信用评分与你的债务挂钩。这会让你陷入一种恶性循环：你想通过贷款买房子、汽车或公寓，但因为信用不佳，你不得不支付更多的钱。

· 再次，也可能是最具破坏性的，债务会影响你的情绪。它会把你压垮，让你不想查看账单，从而导致更多的逾期还款和债务，使

你陷入更严重的恶性循环。

是时候做出牺牲来快速还清债务了，否则，你付出的代价会一天比一天大。不要拖延，因为不会有神奇的那一天，你赢得100万美元或"有足够的时间"来改变你的财务状况。你3年前就这么说了！如果你想拥有比今天更好的处境，理财就是你优先要做的事情。

想一想吧，信用卡的高利率意味着，你要为卡中的欠款支付大量的利息。让我们假设某人的信用卡有5 000美元的债务，年利率为14%。如果傻瓜丹每月支付2%的最低还款额，他将需要超过25年还清这笔债务。我没有打错字，真的是25年！整个过程，他将支付超过6 000美元的利息，这比他最初支出的金额还要多。这还是在他不会欠下更多债务的前提下算出来的，但你知道他肯定会背上更多债务。

你为此感到愤怒：人们就是这样在信用卡债务中度过他们的一生的。一定要吸取这些人的教训。

相比之下，聪明的萨莉厌倦了举债度日的生活，决定采取积极的方式还清债务。她有几个选择：如果每月固定还100美元，她将支付大约2 500美元的利息，这样可以在6年零4个月内还清债务。这说明了为什么你的实际还款额要高于最低还款额。这样做还有一个额外的好处：它非常适合你的自动理财系统，详见第5章。

又或许聪明的萨莉决定多还一点儿，比如每月还200美元。现在她只要2年半就能还清包括大约950美元利息在内的所有债务了。这一切都是由于她的还款方式发生了变化。或者，萨莉再激进点儿，每月还400美元呢？这样她就可以用1年零2个月还清债务，仅需支付400多美元的利息。

这只是每个月多支付 100 或 200 美元，假如你没有多余的 200 美元呢？那每月多还 50 美元呢？甚至 20 美元也可以啊。即使每月的还款金额只提高一点点，你也能大大缩短还清债务的时间。

如果你设置了自动支付，并逐步减少债务，你以后就不用支付费用了。如此一来，你就可以放眼未来自由地理财了。在信用卡公司看来，你将变成一个"赖账者"，这个奇怪的绰号用来称呼那些每月按时还款，因此几乎没有给公司带来任何收益的客户。你在信用卡公司那里一文不值，但在我眼里却完美无缺。但要彻底击败信用卡公司，你必须优先偿还之前欠下的债务。

大学 4 年，我欠了很多债，当时我深信，只要毕业找到工作，还债就是轻而易举的事情。因此，学校一放春假，我就去拉斯韦加斯、墨西哥和迈阿密游玩；买 Manolo Blahnik 品牌的鞋子；一周出去好几个晚上。我当时根本没想到，毕业后我要花 5 年来偿还这些债务——在这 5 年里，我不能度假，不能买漂亮的鞋子，也不能经常出去玩。所以，在向信用卡公司支付最后一笔款项的那天，我下定决心这将是我最后一次还款。我向自己保证再也不会欠债了。

——朱莉·阮，26 岁

傻瓜丹与聪明的萨莉：以 14% 的年利率偿还 5 000 美元的信用卡债务		
傻瓜丹每月支付最低还款额		
他的起始月付额	还清欠款所需时间	支付的利息总额
100 美元 *	25 年以上	6 322.22 美元

傻瓜丹与聪明的萨莉：以 14% 的年利率偿还 5 000 美元的信用卡债务		
聪明的萨莉支付固定的金额		
她的月付额	还清欠款所需时间	支付的利息总额
100 美元 **	6 年 4 个月	2 547.85 美元
超级聪明的萨莉支付固定金额的两倍		
她的月付额	还清欠款所需时间	支付的利息总额
200 美元 **	2 年 6 个月	946.20 美元

* 这是一个可变金额，随着你欠款的减少而减少（例如，当你信用卡欠款减少到 4 000 美元时，你的月付额将会减少至 80 美元）。如果你的最低还款额减少，还款期就会延长，这会让你付出更大的代价。结论：还款金额一定要高于信用卡最低还款额。

** 这是一个固定金额。你的欠款持续减少，而你继续支付固定的金额，这样可以更快地还清欠款，代价更小。

· 摆脱信用卡债务的5个步骤

现在，你已经看到尽快摆脱债务的好处，让我们来看看你可以采取的一些具体步骤。本书设计了一个为期 6 周的计划，但显然，还清贷款需要比这更长的时间。即使背负债务，你也要阅读这本书的剩余章节，因为里面涉及自动理财和管理支出的重要内容。请记住，除非还清了债务，否则你不可能像我建议的那样做到积极投资。是啊，这听起来很糟糕，但这是你欠下债务的合理代价。现在，我告诉你该怎么做。

1. **弄清楚你有多少债务。**你不会相信还有多少人没有这样做，他们继续盲目地支付账单，根本没有战略计划。这正中了信用卡公司的圈套，因为这无异于把钱直接倒进它们的口袋。不搞清自己到底欠了多少钱，就没办法制订还钱的计划。了解真相可能很痛苦，但你必须咬紧牙关去面对。之后你会发现，改掉这个坏习惯并不难。事实上，你可以找信用卡公司来帮你：找到信用卡背面的客服热线，打电话求助，然后把答案填到一张如下所示的简单表格里。

你欠了多少钱？			
信用卡名称	债务总额	年利率	每月最低还款额

恭喜你！完成第一步是最难的。现在你有了一份明确的清单，知道自己到底欠了多少钱。

2. 确定还款顺序。 不是所有债务都可以以一种方式处理。不同信用卡收取的利率不同，这会影响你的还款顺序。关于如何做到这一点，有两种不同的观点。第一种是标准方法，即你要支付所有信用卡的最低还款额，但要给年利率最高的信用卡还更多的钱，因为它让你花费最多。第二种方法是戴夫·拉姆齐创立的滚雪球法，即你要支付所有信用卡的最低还款额，但要优先向欠款最少的信用卡还更多的钱，这样就能最先还清这张卡。

确定还款顺序		
	滚雪球法：欠款最少的优先	标准方法：年利率最高的优先
运作原理	所有信用卡都要支付最低还款额，但给欠款最少的信用卡还款更多。一旦还清了第一张卡，你就用同样的方法支付欠款第二少的信用卡	所有信用卡都要支付最低还款额，但给年利率最高的信用卡还款更多。一旦还清了第一张卡，你就用同样的方法支付年利率第二高的信用卡
奏效原因	这跟心理学和小赢面有关。一旦还清了第一张卡，你就更有动力去偿还下一张卡	从数学上讲，你想优先偿还花费最多的信用卡

　　这个话题在信用卡圈引发了激烈的争论。从技术上讲，滚雪球法并不一定是最有效的方法，因为欠款最少的卡不一定年利率最高。但是从心理层面讲，看到一张信用卡被还清是非常有成就感的，这反过来可以激励你更快地还清其他信用卡。最重要的是，做决定的时间不要超过5分钟，只需要选择其中一种就可以了，因为你的目标并不是优化还款方式，而是偿还你的债务。

　　我存了3 000多美元，还清了3 000多美元的信用卡债务。还款时先从欠款最少的卡开始，这种滚雪球式的还款方法对我的还债心态产生的影响最大。

——肖恩·斯图尔特，31岁

　　3. 通过协商降低年利率。这样做的好处很多，并且只需要花5分钟的时间，我非常乐于对此下注。因此，可以尝试协商降低年利率。这种方法非常有效。如果不成功，那么怎么办？给你的信用卡公司打电话，并按照下面的对话方式进行协商：

你： 你好！从下周开始，我还款会比之前更积极，你们能否把我的年利率降低一点儿？

信用卡专员： 呃，为什么？

你： 我决定在还款上更积极一些，所以我希望年利率能降低一点儿。其他信用卡的年利率只有你们的一半。你能把我的年利率降低 50% 吗？或者降低 40% 也行。

信用卡专员： 嗯……查了您的账户后，我们恐怕不能给您降低年利率。不过，我们可以提高您的信用额度。

你： 不需要，那个对我没用。就像我刚才提到的，其他信用卡为我提供 12 个月的零利率优惠，一年后的利率也只有你们的一半。我是你们多年的老客户了，也不希望再把欠款结余转到另一张利率较低的卡上。你能给我像其他信用卡一样的年利率吗？即使降低一点儿也行。

信用卡专员： 我理解……嗯，让我调出资料看一看。你运气真好，系统突然允许我调低年利率了，而且是立即生效。

并不是每次运气都这么好，但是一旦成功，5 分钟的通话就能帮你节省一大笔钱。所以有必要给信用卡公司打电话，如果成功了，别忘了重新计算一下你的债务表格中的数字。

我在机场书店看到了这本书，读了书中的对话，然后我在登机前真的给信用卡公司打了电话，和他们协商出了一个更好的年利率。他们甚至把过去几年的利息都退到我的账户上（虽然只有几百美元，但也是钱哪）。我挂断电话几秒钟后就买了这本书。

——克里斯·科莱蒂，33 岁

第一周，我练习了这套话术，然后打电话给信用卡公司，我的利率从18%降到了11%。

——夏洛特·S.，35岁

欠债太可怕了，感觉就像乌云一直笼罩着我。我开始在最低还款额的基础上多缴100美元，然后就把债务还清了。我现在还保存着提醒自己"全额还款"的字条。

——马特·格罗夫斯，31岁

4. 决定还信用卡的钱从哪里来。 还清债务的一个常见难题是，不知道钱应该从哪里来。欠款转账？动用401K计划账户还是储蓄账户的钱？你每个月应该还多少？这些问题可能会让你望而生畏，但不要因此而放弃。

- **欠款转账。** 许多人开始考虑将一张信用卡上的欠款转到年利率较低的信用卡上，但我并不建议这样做。这样做确实可以帮助你在几个月内省下一些钱，特别是在欠款很多的时候。但这只是解决一个更大问题（出现信用卡债务通常是你的消费行为有问题）的权宜之策，所以改变利率并不能解决这个问题。此外，欠款转账的过程令人费解，信用卡公司会用各种花招儿诱骗你支付更多钱。我认识一些人，他们最终花费了更多时间来研究最佳的欠款转账方式，而不是实际还清债务。正如我们刚才讨论的，更好的选择是打电话给信用卡公司，协商降低现有账户的年利率。

- **从401K计划账户或房屋净值信用额度中提取资金。** 这两种选择我都不推荐。你要做的是化繁为简，而不是化简为繁，即使成本略高一些也应如此。还有一个消费行为的问题：有信用卡债务的人往往很难缩减他们的开支，结果在动用401K计划账户或房屋净值信用额度后会重新背上债务。如果你用房屋净值信用额度的钱来偿还信用卡，这个时候又新增了更多债务，你就会有失去房子的风险。

- **减少开支并优先处理债务。**信用卡债务可持续性最高的偿还方式通常也是最不吸引人的。与欠款转账或从房屋净值信用额度借贷不同，告诉别人你决定减少其他方面的支出以偿还债务并不是什么令人兴奋的事情，不过这种方式确实有效。

我问你个问题：现在，你每赚 100 美元，有多少用来还债了？2 美元还是 5 美元？如果你拿出 10 美元来还债呢？你会惊讶地发现，很多人甚至不需要削减太多开支，只要不再乱花钱，把还债作为优先事项，并积极设置自动还款，就能迅速还清信用卡债务。我并不是说还债这件事很简单，事实上它很难，但还是有很多人做到了。

当阅读本书的剩余章节时，你可以想象自己在玩一个寻宝游戏，你要找到钱来偿还你的信用卡债务。请特别注意这些讨论：

- "下一个100美元"的概念。
- 用"有意识消费计划"计算出你能承担多少债务。
- 进行"30天存1 000美元"挑战。
- "设置自动还款"。
- 我在iwillteachyoutoberich.com/bonus提供的奖励资源。

你会发现，我并没有给你们提供一个简单的秘诀或一句箴言，告诉你如何轻轻松松就能还清债务，因为根本就没有这样的东西，如果有，我会第一时间告诉你。但说实话，还清债务只需要一个计划和执行计划时的耐心。刚开始的几周，你可能会觉得非常痛苦，但是想象一下，当看到债务逐月减少的时候，你会感到多么欣慰。再往后，你就无债一身轻了！然后你就可以把所有精力都放在投资理财、发展事业上，从而过上富足的生活。

5. 开始行动吧。在接下来的一周，你应该着手为债务支付更多的钱。如果发现自己要花不止一周才能开始，你就多虑了。记住85%解决方案背后的哲学：目标不是研究了方方面面之后才决定还债的钱从哪里来，而是体现在行动上。弄清楚你有多少债务，决定你想如何偿还，就你的利率进行协商，然后开始行动。之后你可以随时调整还款计划和还款金额。我将在第4章介绍更多有意识消费计划的内容。

背负债务意味着放弃各种选择，意味着接受一份薪水虽高但令人厌恶的工作，意味着无法设立一个像样的储蓄账户。我最大的错误是不考虑未来，刷卡没有节制，超出还款能力。我二十几岁的时候，花了很多钱在买衣服、出去吃饭以及看电影等蠢事上，这导致我欠了一屁股债。我吸取了教训，严格做好预算，量入为出，这样就能在两年内还清债务。现在我所有的债务都在信用卡上，平均利率在0到4.99%之间。我有一个储蓄账户（存款虽不多但一直在增长）和一个401K计划账户，还制订了一个实现财务自由的计划。

——梅利莎·布朗，28岁

· 行动步骤：第1周

☞ 1. **获取你的信用评分和信用报告（1小时）**。检查并确保无误，熟悉你的信用状况。你可以在myfico.com上查看你的信用报告和信用评分。（我前面提到，很多人使用Credit Karma来获取免费的信用评分，但我更喜欢MyFico的官方信用评分，尽管它要收取少量费用，但信息更准确。）此外，你还可以从annualcreditreport.com上免费获取你的信用报告。

☞ 2. **设置你的信用卡（2小时）**。如果你已经有一张信用卡，那就打电话确认它是否免年费。如果想申请一张新卡，你可以在bankrate.com上找到最适合你的。

☞ 3. **确保你能有效地处理信用卡（3个小时）**。设置自动还款，这样你的信用卡账单每个月都能全额付清。（如果你有信用卡债务，设置一个你能负担得起的最高的自动还款金额。）免除信用卡费用。如果你没有欠债，那就申请更高的信贷额度。确保你能从信用卡中获得最大的收益。

☞ 4. **如果有债务，你就开始还债（用一个星期制订计划，然后支付更多还款）**。不要等明天，更不能等下周，今天就开始行动：给自己一个星期的时间弄清楚你欠了多少钱，打电话给贷款机构协商降低年利率或调整你的还款方式（就学生贷款而言），设置自动还款并提高还款金额。迅速摆脱债务将是你做的最好的理财决定。

　　就是这样！你已经掌握了使用信用卡来提高信用的方法。你免除了信用卡年费，协商降低了年利率，甚至设置了自动还款。你已经迈出了还清债务的第一步。恭喜你！下一章，我将教你如何优化银行账户。你将获得更多利息，无须支付任何费用，并学会将账户升级为更好的账户，而不是我们从小接触的那些毫无价值的支票账户和储蓄账户。一旦解决了信用卡和银行账户的问题，你就可以开始投资并让财富显著增长了。

第 2 章

战胜银行

开设一个利息高、麻烦少的账户，然后像印度人那样谈判。

上周，你已经搞定了信用卡，这周我们要把银行账户处理好。银行账户是个人理财系统的支柱，所以我们要花一点儿时间选择正确的账户，并对其加以优化，确保不用支付不必要的费用。好消息是，完成上述内容只需几个小时。之后，你的账户基本上就可以自动运转了。坏消息是，你的银行账户（可能是你在附近的大银行办理的）很可能是个惊天大骗局，它包含了不必要的费用，还有最低存款额要求。银行喜欢我们这样的普通客户，因为我们真的不想换银行，并且银行觉得我们对月费和透支保护这类东西一窍不通。不过读完本章，这种情况将会改变。我会告诉你如何选择最好的银行和账户，以实现利益最大化。

在任何普通行业，你都会认为，商家对客户越好，其业绩就越好，对吧？

这是一个合理的设想。亚马逊 CEO（首席执行官）杰夫·贝索斯曾说："如果你让客户有一次非常好的体验，他们就会口口相传。口碑的力量非常强大。"亚马逊发展迅速，成为有史以来最成功的公司之一。

但也有例外，有些公司似乎在公然违背"帮助客户有益于企业"的原则。你能想象这样的一家公司吗？

为了帮助你理解，我举个例子。想象有一家对客户很恶劣的公司，它收取繁重的费用却提供糟糕的服务，甚至给数百万客户非法开户。这会是一家怎样的公司？

答案是银行。

实际上，我讨厌银行。我发现它欺诈、不诚实，它提供的信息也是有意筛选过的。所谓的"建议"总是从银行的最大利益出发，而不是考虑客户的利益。我的房租支票遭到银行拒付而被退回，原因是，我的储蓄账户因银行不合理的收费而透支了，而银行竟然从我的支票账户中扣掉了一笔透支费，区区5美元的透支费啊！另一家银行控告我虐待老人，因为当时我正在帮助身患癌症奄奄一息的祖父安排后事。那个银行柜员应该去地狱。

——杰米·B.，36岁

我希望你主动出击，选择正确的账户。方法很简单：只要看银行过去的表现就行。好的银行会提供更好的服务，而且不收费。不好的银行则会给你推销一些不必要的产品，收费也越来越多，想方设法用一些更阴险的花招儿骗你的钱。

大家都心知肚明，只是没有放在心上罢了。

我们都想得到好的客户服务，但实际上，很多人几十年来还是坚持和同一家糟糕的银行打交道。

30 秒测试

我的一个理论是，走进任何一家餐厅，前 30 秒你就可以知道你想知道的一切。

有一次，我在美国铁路公司费城站等火车，肚子很饿，于是我走进一家熟食店。门口的迎宾假装没有看到我，而是扭头看向别处。卖三明治的员工走到后面去了，再也没有出来。接着我瞥见第三个员工坐在办公室里看电视。

看到一位顾客走进来，三个员工都消失不见了。

我的理论就是：在一家餐厅，如果前 30 秒你感觉很差，那之后你不可能再有好感了。其实这个时候，餐厅应该让最友好、最有魅力的员工走上前来迎接客人。如果连这都做不到，谁又能知道厨房里会发生什么？

真正的教训是：当公司和员工向你展现真实的一面时，你要相信这就是他们的真实面目。

富国银行因欺诈行为被联邦监管机构处罚 10 亿美元。相信我，它就是一家无耻的银行，一逮到机会就压榨你。

美国教师退休基金会曾是一个值得信任的投资机构，我甚至在第一版中做了推荐，但后来出现的一桩诉讼案指控它强加销售配额，推销不必要的产品，我就不再推荐它了。

但是，也有公司一直在展现自己卓越的价值理念。

多年前，嘉信银行推出了一款惊人的高息支票账户，免费提供无与伦比的收益。嘉信以此为荣，不断改进和完善账户。出于对它的信任，我开了一个嘉信支票账户。

先锋领航长期以来一直注重低成本运行，秉承客户至上的理念。实际上，它还主动降低了费用。我相信它，所以把钱交给它投资。

我之所以分享这个，是希望你在选择合作的公司时，能够做到慧眼如炬。要记住这是你自己的钱。你应该根据公司的价值观和对待客户的态度来决定你将合作的公司。

以我的经验来说，如果你收入较低或刚开始理财，银行基本上会坑你没商量。我记得以前为了避免透支收费，我总是盯着账上的余额。现在我可以在支票账户中存足够的钱以防万一，但刚开始时，为了确保不会碰到罚金这种倒霉事，我总是很焦虑。例如，每次我的账户收到消息时，即使透支不到 5 美元，银行也要收透支费。有一次透支超过 5 美元，银行竟然收了我 100 美元。

——内森·P.，35 岁

我讨厌富国银行。小时候，我有一个储蓄账户存折，当时我是个穷小子，我记得存款只有 16 美元。我本来可以用这笔钱买些生活用品。结果我发现银行在我 18 岁之后，以收取费用为由吞掉了我账户里所有的钱，后来还注销了我的账户。抢走小孩存钱罐里的钱，偷走年轻人的购物袋，却因为这 16 美元永远失去了一个高收入的客户。干得好啊，富国银行。

——杰茜卡·登纳姆，42 岁

我在旅行的时候账户还没有透支，美国银行那时就开始收取透支费，而且一直累积到 800 美元，然后试图为这笔钱起诉我。

——艾伦·纳什，28 岁

你现在知道这些大银行想压榨你，从你那儿赚到所有能赚的钱了吧。它们不仅收取一笔又一笔的费用，还做起了营销，诱骗客户开通他们并不需要的服务，如果客户清楚这些条款，他们肯定不会同意。可恶，富国银行竟以此骗术给 350 万人开了账户！

事实上，正如《福布斯》杂志所报道的那样："富国银行的职员未经客户授权开了 1 534 280 个存款账户，其中有 8.5 万个账户累计收取了 200 万美元的手续费。"

这些虚假账户不只是影响客户的信用评分。CNN（美国有线电视新闻网）报道称："富国银行承认，强迫多达 57 万借款人购买不必要的汽车保险。而因为这些不必要的保险费用，大约有 2 万名客户的汽车可能被查扣。"

想象一下，正是富国银行的欺骗行为才导致车主的汽车被查扣。我们不是在讨论曼哈顿的对冲基金巨头，而是在讨论普通人。

银行是如何捞钱的

从根本上讲，银行赚钱的门道在于，将你账户中的存款借给他人。例如，你存 1 000 美元到一家大银行，它给你付点儿利息，然后转头把这笔钱以更高的利息作为购房贷款借出去。假设每个人都全额偿还贷款，银行通过简单的套利就能大捞一笔。但银行还有更多捞钱的门道。

不断收取各种费用。2017 年，各大银行仅通过收取透支费就赚了 340 多亿美元。例如，假如你用借记卡不小心买了超过支票账户余额的东西，你认为银行会拒绝支付这笔费用，对吗？你错了。银行会同意交易，然后向你收取约 30 美元的透支费。更糟糕的是，银行可能在一天之内多次向你收取透支费，导致一天内你将被收取超过 100 美元的费用，这是很恐怖的。

别再透支了。一笔透支费可能会让你一整年的利息化为泡影，这会让你更加讨厌这家银行。在和我讨论过个人理财的人中，超过半数人至少有过一次透支的经历。一天晚上，我外出吃晚餐，我的朋友——就叫她伊丽莎白吧——开始询问有关透支的问题。她问的问题越来越复杂，我感到很奇怪，我想知道她怎么知道这么多关于透支的问题。我问了她一个简单的问题："你透支过几次？"她沉默不语，这让我更想问个究竟（请原谅我的扭曲心理）。我了解到，大学 4 年，她因为不清楚自己的账户余额而被收取了 400 多美元的透支费。可悲的是，她本来可以通过协商来解决最初的几笔收费问题，然后建立一个系统以免这种事情再发生。

记住，银行的收费可能比它所提供的利率更重要：假设你有 1 000 美元，另一家银行的利率高出 1%，这就意味着每年的利息会相差 10 美元。但一次透支费用就是那笔收益的 3 倍。所以说，透支的成本太大了。

美国银行推出的新收费看起来毫无道理，有时出乎意料。比如 5 美元的储蓄账户维护费，你拿到的利息都不够付，就更别说银行的支票账户少于 250 美元存款就要收取 12 美元的费用了。我知道这笔钱看起来很少，但是对某些人来说，不管是 5 美元还是 12 美元都是一大笔钱，在支付账单时就能显现出差异。最终吃亏的似乎总是那些存款最少的人。

——布里奇特·萨利，26 岁

这让我很恼火。这些精明的金融公司欺负普通人不懂复杂的金融产品，我非常讨厌这种做法，这也是我写这本书并与你们分享这些故事的原因。

虽然已经证实有些银行劣迹斑斑，但人们依旧在和它们打交道。

我问了我的一些读者，为什么要选择与富国银行或美国银行这样差劲的银行打交道。他们的回答是：

我跟富国银行打了 20 年交道……已经"习以为常"了，没想过换银行的事。

——匿名

我开了 8 个富国银行账户，尽管我对这些账户和银行的做法也有不满，但是换银行账户似乎是一个相当耗时的巨大工程。

——匿名

我以前换过银行，但是要踏出这一步很难，它就像一种情感依托。

——匿名

不管我说了多少次要换一家更好的银行，大部分读者都不在乎。好吧！你继续留在这家银行，但它会以你的名义设立虚假账户，向你收取近乎勒索的费用，然后想办法在今天或者 5 年后压榨你。上帝保佑你吧！

另一方面，那些听从本章建议的人对换银行都很认同。

多亏了您的建议，我与嘉信银行打了多年的交道。它的服务一直都很好，我遇到的几个问题都得到了解决。

——里克·麦克莱兰，27 岁

几年前，根据您的建议，我换成了嘉信银行，然后再也没有换回去。

——拉伊汉·安瓦尔，29 岁

在您的建议下，我换到了嘉信银行。在世界各地，我都会用嘉信银行的服务（包括巴基斯坦那个号称世界上海拔最高的自动取款机）。

——萨阿德·古尔，42 岁

你为什么还不换银行？	
关于理财的 无形脚本	实际含义
"换银行令 人头疼。"	说实话，我懂。你已经开了一个账户，也还可以用。为什么不一直用下去呢？我的分析：你不必换银行，但如果要花一天时间来换银行，你得确保你的理财系统基础牢固。我推荐的银行都更加方便，收费也低，而且回报比大银行还高。随着你的收入不断增长，你会知道你在和最好的银行打交道。
"我不知道 我还能换哪 家银行。"	这无关紧要。只要读完本章，你就会知道最好的银行有哪些。
"我只喜欢第 一家银行。"	虽然这样的话我第一次听到，但太荒唐了，我不得不写出来。你会一生都钟爱你用的第一个图钉，还是你用的第一根花园水管？不会？那么我们为什么要讨论你对"第一家银行"的依恋？

· 关于银行账户的基础知识

现在，我对银行的不满已经发泄完了，接下来我们复习一些基础的账户知识。你可能觉得这些你都懂（也许你懂的东西还挺多），但请容许我再谈谈。

支票账户

支票账户是你整个理财系统的支柱。你的金钱首先被存入支票账户，然后被分配到理财系统的其他地方，比如储蓄账户、投资账户和消费支出。这就是我相信要选择最好的账户，然后坚持使用的原因。

你知道，支票账户可以让你使用借记卡、支票和在线转账进行存取款。我感觉我的支票账户就像一个邮箱的收件箱：所有钱都放在支票账户中，然后我定期通过自动转账把钱转到其他合适的账户里，比如储蓄账户和投资账户。我大部分的账单都是通过信用卡支付的，但是对那些不能用信用卡支付的账单，例如房租或车贷，我会直接用支票账户自动转账。（在第 5 章，我会告诉你如何转账，以及如何自动支付账单。）支票账户是收取不必要费用的罪魁祸首，接下来我们要解决这个问题。

储蓄账户

利用储蓄账户你可以进行短期（1 个月）到中期（5 年）的存储。你把钱存到储蓄账户，以满足将来旅行和购买节日礼物的需要，甚至是为了达成更长远的目标，比如置办婚礼或付房子的首付。支票账户和储蓄账户的关键区别在于：严格来说，储蓄账户获得的利息更高。我讲的是"严格来说"，因为在实际操作中，储蓄账户的利息基本上没什么意义。

在本书第一版中，我总结了一个表格，对比了你在大银行获得的利息（微不足道）和在利率更高的网上银行获得的利息。

后来，因为利率的变化，我在 10 年间收到了成千上万封邮件，许多人疯狂地质问我书中的利率在哪里。

朋友们，我从这件事中学到了两点：第一，我以后再也不会在书中提及任何利率了；第二，我没有解释为什么储蓄账户的利率没那么重要。

假设你的储蓄账户中有 5 000 美元应急基金，如果银行提供 3% 的年利率，那么每年的利息就是 150 美元，平摊到每月就是 12.5 美元。如果年利率是 0.5%，那么每年就是 25 美元，每月 2.08 美元。但谁会在乎呢？我们一生中谈论和经手的钱财无数，12.5 美元和 2 美元没什么差别。

在我读这本书之前，我的个人理财一团糟，我所有的钱都被用来支付滞纳金、透支费和信用卡年费了。读完这本书后，我能做到自动理财了，这样就消除了透支费和滞纳金的问题。采用你的策略之后，我的经济状况越来越好，每月能有双倍的钱来偿还债务了。

——乔·拉腊，29 岁

有趣的是，如果从专业的角度看，很多人存在储蓄账户里的钱每天都在亏损，因为通货膨胀会使现金的实际购买力下降。这就是为什么你的财富大部分来自投资，我会在第 7 章详加介绍。

如果你只能从本书中学到一点，我希望就是你要把你的注意力从微观转向宏观。不要只盯着小钱，相反，你应该关注大赢面来创造你的富足人生。现在，我设立了投资账户，并实现了自动化，我一年的投资收益超过一个储蓄账户 500 年的利息。你没听错。不用担心如何"微优化"账户利率的问题，选择一个好的银行账户，然后使用就行了。

在阅读您的书之前，我把所有的钱都存到了大通银行储蓄账户，没有任何投资。选择账户的难题反倒阻碍了我设立新的账户和进行投资。

——乔纳森·巴兹，24 岁

为什么储蓄账户和支票账户你都需要

支票账户和储蓄账户最大的实际区别就在于：你会经常从支票账户取钱，但很少从储蓄账户取钱。支票账户是应频繁取钱的需求而设的：它们有借记卡和自动取款机方便你使用。而你的储蓄账户实际上是一个"目标"账户，你存的每一美元都有特定的用途，例如买房子、度假，或是作为应急基金。

你可能以为我会建议你在同一家银行设立支票账户和储蓄账户。其实我的建议是，在两家不同的银行设立这两个账户。理由如下：把钱放在两家不同银行的账户中，可以利用心理学来增加存款。一个基本的观点是：你的储蓄账户是存钱的地方，而你的支票账户是取钱的地方。换句话说，如果你的朋友想在周五晚上外出，你不会说："等等，兄弟，我需要 3 个工作日才能把钱转到我的支票账户上。"如果你花光了"外出"的钱，导致可支配（支票）账户上没有钱，你就会明白我前面所说的了。有一个单独的储蓄账户可以让你把长期目标牢记于心，而不是在喝了几轮酒之后就将其抛在脑后。最后，以我的经验来说，同时提供支票账户、储蓄账户和投资账户的银行往往在这些方面都表现得很平庸。不管是哪家银行，我就要最好的支票账户、最好的储蓄账户，以及最好的投资账户。

以前，我把所有的钱都花在了购物、还债和还信用卡上了。我从来不存钱。我总是觉得我赚的钱还不够存的，也许，我只是说也许，如果能赚到更多的钱，我就会开始存钱，财务状况也会因此而改善。但是我错了——如果没有一个计划，不管赚了多少钱，我永远都会感觉钱不够花。4个月之后，我还清了债。我开了一个储蓄账户，并且开始投资。我感觉好多了，可以专注于改善生活，因为我生活中最重要的一个方面走上了正轨。

——罗克萨娜·瓦伦丁娜，27 岁

现在，你可能会对自己说："我为什么要开一个储蓄账户？我只有 300 美元。"我总能听到这样的话。的确，这点儿钱并不会给你带来多少利息。

但是，这不仅关乎你的即时收入，还关乎你如何养成一个正确的理财习惯。还记得有一次我问读者，为什么还没有做决定，例如换个银行账户或者使投资自动化。有个人告诉我他的钱太少了，没什么用。

在我看来，这就是做决定的最好时机，因为这是风险最小的时候。在钱少的时候养成良好的习惯，选择正确的账户，开始自动储蓄和投资，这样你的收入才会上涨，你才会坚持良好的习惯。

我们当然可以花少量的钱来积累经验、培养习惯。但随着储蓄账户存款从 5 000 美元到 1 万美元，再到 100 万美元甚至更多，这些习惯就非常重要了。现在就开始培养这些习惯，等你有很多钱的时候，你就知道该怎样理财了。

寻找完美的账户设置

我会在接下来的几页中介绍我最喜欢的银行。但在你寻找想要的银行和账户前，不妨花点儿时间考虑一下宏观方面的因素。你要选择适合你个性的账户，就要有自我认知：你看重简单化吗？你是那种为了多一点儿收益愿意花时间创建一个复杂系统的人吗？对大部分人来说，另一种选择（"基本选择＋小优化"）是最完美的。

最基本的选择（适合懒人）：在本地任何一家银行开一个支票账户和一个储蓄账户，这是最低限度的要求。即便已经有这些账户了，你也有必要去问问银行，确定你不需要支付各种不必要的费用。

基本选择＋小优化（推荐大部分人采用）：这项选择意味着你要在两个不同的银行设立账户：本地银行不收费的支票账户和高收益的网上储蓄账户。有了支票账户，你可以随时支取现金，还可以把现金免费转入高息的网上储蓄银行，也可以在本地银行存款。如果你已经设置了这个，那就太棒了！打电话确认你没有支付不必要的费用。

高级设置＋全面优化（适合喜欢《生活骇客》和《每周工作 4 小时》这类读物的人）：该设置包括在不同的银行设立几个支票账户和储蓄账户，这样就可以得到各大银行提供的最多利息和最优服务。例如，我在一家网上银行设立了有息支票账户，在另一家网上银行设立了储蓄账户。尽管你可以设置在线自动转账，但多家不同的银行意味着你需要登录不同的网站，打不同的客服电话和设置不同的密码。有些人觉得这样过于烦琐——如果你也这么觉得，那就坚持用更基本的设置，除非全面优化银行账户对你来说非常重要。（我个人觉得这个选择非常棒。）

我的银行账户是如何运作的

以下是我使用的账户以及我是如何设置让它们共同发挥作用的。

我的账户：我用嘉信银行在线有息账户支付所有账单。可以直接存款，也可以拍张支票的照片，然后通过嘉信银行的应用程序来存款。

我的系统：我的理财系统每月会进行一次分配，系统会自动将钱转到各个账户中。我还设立了可以从支票账户中提款的账户。例如，我在第一资本金融公司设立的360储蓄账户每个月会自动从我的支票账户中提一笔款，我的投资账户也是这样的（详见第 3 章）。为获得奖励、消费记录和消费者保护，我用信用卡支付账单。我的网上支票账户每月会自动全额偿还信用卡。至于现金支出，我用嘉信银行自动取款机卡在全美任何一台自动取款机上取钱，而所有手续费会在月底自动偿还。通常，我会用第一资本金融公司的 360 账户收钱，但不会用它转钱。我很少用它转钱，除非我支票账户中的钱暂时不够，或者我想把积蓄花在重要的事项上，比如度假等。

这就是我的方法。

选择太多，时间太少

根据你已有的账户和设置，整理这部分理财系统很容易，就像对使用一段时间的账户进行小改动一样。或者你可能需要设立新账户，但这可能会很麻烦。

对于财务决策，我们通常有很多选择，但很多人做出的选择都不太理想，例如，读大学时开的银行账户到现在还在使用。其实有一些好账户，但银行肯定不会让你轻易发现。

大部分传统银行都提供不同种类的支票账户和储蓄账户，以服务有不同需求和财产状况的客户。首先，最基本的是学生账户，这类账户不收取任何费用、没有最低存款额且很少提供增值服务。这类账户通常非常适合年轻人。其次，银行提供每月象征性收费的账户。银行也会给你提供免除这些费用的方法，比如使用直接存款（你的工资每月会自动转入你的银行账户）或者保持最低存款额。如果你的雇主提供直接转账，那么这些账户可能是很好的选择。再次，银行会提供更高的最低存款额（通常是 5 000 美元或 1 万美元）和更多服务（比如免佣金经纪交易、"优惠"利率和房贷利率折扣）的高端账户。当然，你应该避免免佣金经纪交易，因为银行是你最不应该投资的地方。这些账户都没什么价值，请不要使用。如果你有很多闲钱，我会在第 7 章告诉你如何投资，投资的收益比任何银行给的都要多。

你应该在几家银行之间对比一下。你可以花不到一小时的时间浏览银行网站进行比较，或者也可以直接参考**"我的银行账户是如何运作的"**。

在选择银行时，除了银行提供的几种账户，还要考虑诸多因素。我主要考虑三点：信任、方便和特色。

信任。我有个用了好多年的富国银行账户，因为其自动取款机很方便，但我不会再相信大银行了。不止我一个人这样。可能是因为大银行会偷偷加收费用，例如，使用其他银行的自动取款机要收取肮脏的双倍费用，然后还指望我们不反抗，从我们身上赚钱。但还是有一些不错的银行。找到它们最好的办法就是问朋友喜欢的银行有哪些。你也可以浏览主要的银行网站，看其银行账户和费用说明是否简单明了，这样就可以分辨出哪些银行值得信赖，哪些不值得信赖。银行不应该利用最低存款额和各种收费向你索要一分一毫。银行应该有一个网站，清楚地描述不同的服务和简单的设置过程，还要提供"7 天 ×24 小时"全天候客户服务。还有一点：问问银行是不是每周都给你发广告。我不想收到更多垃圾邮件！我不想要更多的交叉销售！其实我换车险了，因为 21 世纪保险总是不停地给我发邮件，一周三次。见鬼去吧。

方便。如果你的银行不方便，不管能赚多少利息，你都不会使用它。银行是你理财的第一道防线，所以它要方便存钱、取钱和转账。这就意味着，银行网站必须能正常运行，在需要的时候，你可以通过电子邮件或电话获得帮助。

特色。银行利率必须有竞争力。因为你要经常转账，转账操作应该简单并且免费。银行的应用程序和网站也应该做到用户友好。

信用合作社如何？

我曾是信用合作社的拥趸。我欣赏它们的宗旨，也在第一版中推荐过。几年前，我还在一次全国信用合作社会议上发表了演讲。

信用合作社就好比本地银行，但它们是非营利性的，且为客户（按信用社的说法是"社员"）所有。从理论上讲，这意味着它们会提供更好的服务。

可惜的是，我已经改变想法了。它们喜欢自我陶醉（"我仔细解释一下为什么社员制优于⋯⋯等一下⋯⋯还是言归正传吧"），却不给出解决方案和读者所关心的特色服务，这让我很失望。信用合作社浪费了整整一代人的机会来对抗美国银行和富国银行这类具有掠夺性和欺骗性的银行。我希望这种情况能有所改变。

银行的五大营销骗术

1. **提供诱人的利率**（"前两个月为 6%！"）。千万别上当，前两个月并不重要。你想选的银行应该是一家值得长期合作的优质银行——可以提供全方位优质服务，而不是用促销利率让你只赚 25 美元（更可能是 3 美元）的银行。那些提供诱人利率的银行绝对要绕着走。

2. **达到最低存款额**，客户才能获得支票支付和账单支付这类免费服务。我不会接受最低存款额，我会选择别的银行。

3. **推销费用高昂的账户**（"加快客户服务！哇！"）。大部分"增值账户"都是为向你收取昂贵的服务费而设计的。我迫不及待地期待孩子快点儿出生，这样等他长到 3 岁时就可以走进富国银行，把棒棒糖摔给银行经理说："这个账户明显就是诈骗！"干得好，小拉杰。

4. 坚持告诉你，免费、无最低存款额要求的银行账户不可能再有了。 其实还有。银行客服一开始会拒绝提供免费、无最低存款额要求的账户，但如果你很坚定，他们会给你你想要的账户。如果他们不给，那就另寻他家。选择太多了，更何况这是一个买方市场。

5. 将信用卡与银行账户绑定。 如果不是特别想要银行的信用卡，你就不要绑定。

不要一味追求利息

请答应我，如果有一家银行的利息比你现有的银行账户提供的利息只高一点儿，就不要换银行账户。一般情况下，那些利息只是诱导性的，6个月之后就会下降。我宁愿选择一家利息稍低，但能让我信任并长期给我提供优质服务的银行。但总有一些傻瓜，每天都花大量时间在网上找哪家银行利息最高，找到后就立马换账户。"我的天哪！"他们感叹道，"艾利银行的利息从2.25%涨到2.75%了！现在比美国第一资本金融公司的360账户还要高0.02%！我现在就要换账户！"如果这样做了，你就是笨蛋。

你真的想每个月都花时间查找哪家银行的利息稍涨了一些？对我们大部分人来说，那真是太浪费时间了。因为0.5%的差别只意味着每个月的利息多了几美元。此外，利息会随时间改变，所以一味追求利息毫无意义。我计划在接下来的几十年里继续使用现有的银行账户，我相信你会利用时间去做更好的事情。所以要关注大赢面，不要太在意利息上涨。

▪ 我最喜欢的银行

正如我们所知道的，找到好账户要花很多精力。下面是我发现的一些适合很多人（也包括我自己）的选择。

支票账户

嘉信银行投资账户：这是我在用的账户。在我看来，这是最好的支票账户。嘉信银行提供了一个绝好的账户，没有费用、没有最低存款额、透支保护不收费、免费支付账单、免费支票、一张自动取款机卡、自动转账，还有最好的一项——无限制报销任何自动取款机的手续费。这意味着你可以从任何一台自动取款机上取款，而且不用支付任何费用。当看到这个账户的时候，我就想和它相伴终生了。

即使不需要投资账户，你也要开一个嘉信银行投资账户来免除费用。你只需要开个账户，使用支票账户的强大功能就可以了。你可以通过转账、直接存款或移动支票存款来存钱。重要提示：你不能用这个账户存现金，所以，如果存现金很重要，你需要将这个支票账户和其他支票账户绑在一起。（就我的情况而言，我很少存现金，我会取现金，但不会存现金。如果有多余的现金，我就把它放在卧室抽屉里。千万别偷我的钱。）

不收费、无最低存款额要求的本地支票账户。 极少数需要经常存现金的人应该阅读这一部分。此外，我实在想不通你为什么用本地银行的支票。当我问读者时，他们告诉我因为"方便"和"嘉信银行不支持现金存款"。如果你真的想在本地银行开一个支票账户，通常你只要符合以下任一标准就可以开一个不收费、无最低存款额要求的账户：学生、设置直接存款、同意保持一定的最低存款额。银行几乎都会额外赠送免费支付账单、新支票和一张自动存款机卡。这些账户支付的利息很少甚至没有利息，但因为你不会在这儿存很多钱，所以没什么大不了的。采用我前面列出的几个标准，你可以在本地找到一家让你满意的银行。

储蓄账户

我不鼓励大家使用标准的大银行储蓄账户。网上储蓄银行可以让你赚取更多利息，而且麻烦还少。如果你主要是存钱，而不是取钱，那么等 3 天拿到钱又有什么关系呢？

美国第一资本金融公司的 360 储蓄账户：这是我用的储蓄账户。它允许你创建虚拟的子储蓄账户，你可以在其中设定存钱目标，比如应急基金、婚礼基金或者房子首付。你也可以设置自动转账到其他账户（如"每月 1 号从我的支票账户转 100 美元到储蓄账户，每月 5 号转 20 美元到投资账户"），没有费用，没有最低存款额要求，也没有骗人的推销和烦人的促销活动。虽然利率不是最高的，但也很接近了。美国第一资本金融公司的 360 储蓄账户是一个很有用的简单储蓄账户。

艾利银行网上储蓄账户：同样推荐。这个不收费的储蓄账户还允许你创建多个储蓄账户，这将有助于你构建自动理财系统。它利息稳定，运行良好。

其他可以考虑的储蓄账户：高盛的马库斯数字银行账户和美国运通个人储蓄账户。

推荐的银行	不推荐的银行
艾利银行	美国银行
美国第一资本金融公司 360	富国银行
嘉信银行	
高盛的马库斯数字银行	
美国运通个人储蓄	

你已经获得了设立一个新支票账户或储蓄账户的所有信息。查询不要超过 3 个小时，设立账户以及存钱不要超过 2 个小时。如果你要把旧账户中的钱转到新账户中，银行会帮你安排转账的。我建议你保留旧账户并在里面存一小笔钱，以防自动转账时还从旧账户中转钱。设置一个 60 天的日历提醒来关闭旧账户。然后我们就进入下一步了！

我不知道如何把钱分配到我的各个目标上。我有一个储蓄账户，我会不断地在脑海中重新分配钱的去向。读完这本书后，我开了不同的账户，把钱用在了我想花钱的地方——不仅仅是应急储蓄和退休金计划，还有旅行和捐款。

——埃米莉·克劳福德，33 岁

· 优化银行账户

无论是刚开的账户还是已有的账户，你都需要对支票账户和储蓄账户进行优化。优化后，你就不需要支付费用，也没有最低存款额要求了。优化账户的关键在于，要与客服面对面交谈或在电话里交谈。没错，书呆子们，你们真的要拿起电话了。出于某些原因，我有一半的朋友都不敢给别人打电话。我的一个朋友最近忘记了银行密码，安全起见，他必须给银行打电话证明自己的身份。我眼睁睁地看着他变成了斯德哥尔摩综合征患者，他一遍又一遍地嘀咕着，"记不起密码没什么大不了的。他们是对的。我会一直等着，等我找到密码再去银行"。他花了4个月都没找回密码！这些人到底怎么了？你也许不喜欢打电话，但要想获得我说的大部分优惠，还是需要面对面交流或打电话沟通。

免除月费

可能我要求太高了，但如果我把钱借给银行，银行再放贷出去，我觉得我不应该向银行支付额外的费用。想想看：如果大银行每月向你收取5美元的费用，这基本上抵销了你赚到的利息。这就是我热衷于使用储蓄账户和支票账户的原因，因为它们不收取包括月费、透支费和设置费在内的任何费用。如果你在喜欢的银行设立了一个账户，但银行要收取月费，那么你可以尝试让银行免除这笔费用。如果你设置了直接存款，让你的老板每个月把工资直接存到你的账户，那么银行通常会收取月费。银行还会用"最低存款额"来骗你，最低存款额指的是，你的账户中必须有最低额度的存款，才能避免收费或获得免费账单支付等服务。这些都是废话。想象一下，如果一家银行要求你在其低息支票账户中存 1 000 美元，你愿意吗？要知道，如果将这笔钱用于投资，你可以获得 20 倍的收益。

如果工作原因导致你不能直接存款，或者你无法让银行免除"最低存款额"，我强烈推荐你换一个不收费、没有最低存款额的网上高息账户。

注意：某些收费是可以接受的，例如汇票和重新订购支票的费用。当你想订购支票时，请别跑到银行大叫："拉米特跟我说过你们不收费的！"如果你这样做了，请在 Instagram 或者推特上把视频发给我。

当银行说"我们没有免费的账户"时

假设你想换掉现在的收费支票账户，你打电话给银行，但银行告诉你没有不收费的账户。你打算接受？绝不能接受，要主动出击。你在电话中可以这样说。

你：你好！我注意到我的支票账户产生了费用。我想开一个没有年费、没有开支票的费用和最低存款额要求的账户，拜托了。

银行客服：很抱歉，我们不提供那种账户了。

你：真的吗？这太有趣了，因为现在其他银行（竞争对手）可以给我提供这样的交易条件。你再查一遍，然后告诉我你们可以提供哪些类似的账户，可以吗？（这时，在 80% 的情况下你会得到一个很好的账户。如果没有，那就找主管。）

主管：您好，有什么可以帮您？

你：（从头复述一遍。如果主管没有给你选择，请继续以下对话）听着，我是 N 年的老客户了，我想解决这个问题。还有，我知道你们的客户获取成本高达数百美元。要想留住客户，你们应该做些什么呢？

主管：真是太巧了。系统忽然允许我给您开通您想要的那种账户了！

你：谢谢你，你真好。（抿一口大吉岭茶。）

为了维系与客户的关系，银行已经花了很多钱，不想因为区区 5 美元的月费而失去你。无论何时联系金融公司，你都可以把这些知识作为一种手段。

几乎所有银行费用都可以协商

最令人痛苦又最为昂贵的费用通常是透支费。当你的支票账户没有足够的钱支付购物费用时，银行就会向你收取透支费。当然，避免透支最好的办法就是从源头上不让它们产生。设置自动转账，在你的账户中存点儿备用金（我的支票账户中一直都存有 1 000 美元）。但错误在所难免。大部分银行都能理解偶尔健忘的客户，如果你提出要求，银行会免除第一次费用。有了第一次，再免除费用会变得很难，但只要你有一个好理由，就可以免除。记住：银行想留住你这个客户。一次到位的通话往往能起作用。但在打电话时，一定要有明确的目标（免除你的费用），并且不要让银行轻易拒绝你。

以下是我如何与富国银行（当时我在该行有个账户）协商，免除了 20 美元透支费和 27.1 美元信贷费的。

我把钱从储蓄账户转到了支票账户来周转资金，钱却晚了一天到账。看着透支费，我叹了口气，然后给银行打电话要求免除。

拉米特：你好。我刚刚看到银行收了一笔透支费，我想免除这笔费用。

银行客服：我看到了这笔费用……呃……让我再看看。很抱歉，先生，我们不能免除这项费用，因为……（一些为什么不能免除的狗屁借口。）

此时要说一些不好听的话：

"你确定？"（别让银行客服轻易拒绝你的要求。）

"我还能为您做些什么？"（再想象一下，如果你是客服专员，听到有人说了这样的话，拒绝会让你的生活更加简单。但作为一个客户，不要让银行轻易拒绝你。）

"好吧，有一位印度裔作家告诉我说可以免除费用。你读过这本书吗？书名叫《我来教你变富》，我很喜欢这本书，因为……"（没人在乎。但如果有 1 000 位客户打电话给银行说这些话，那么一定很酷。）

"好吧。"（到这里别放弃。放弃很容易，但有比放弃更好的办法。）

再试试这个：

拉米特：嗯，我看到你们要扣我一笔透支费用，我真的很想免除这笔费用。你能帮我处理吗？（再抱怨一遍，然后问他们如何建设性地解决。）

到这时，大约 85% 的人可以成功退款。我的博客上有数百条评论，评论者说他们采纳我的建议后省了几千美元的费用。但如果这位客服很固执，你可以这样做。

银行客服：抱歉，先生，我们不能退回那笔费用。

拉米特：我知道这很困难，但是你查一下我的历史记录。我是 3 年多的客户了，而且我很想继续当你们的客户。现在，我想免除这部分透支费用，这一次的确是我犯的错，但这种情况再也不会发生了。能帮个忙吗？

银行客服：呃，请稍等。我查了下，您是位非常好的客户……我要和主管商议一下。您可以稍等一下吗？（成为长期客户会提升你对银行的价值，这也是你选择一家银行并持续与之合作的原因之一。事实上，你在面对第一次拒绝的时候没有放弃，这就已经让你与其他 99% 的客户不同了。）

银行客服：先生，我刚刚和主管商量了，可以免除这笔费用。还有别的我可以帮助您的吗？

这就是我想要的！这不仅仅对免除透支费有效，对免除其他手续费、滞纳金甚至自动取款机手续费也有效。我有过惨痛的经历才吸取了这一教训。我在纽约实习时在那儿住了一个夏天，但我不打算开一个银行账户，因为开户要花时间，再加上我这个人很懒，所以我就用自动取款机，每次都支付 3 美元的费用（银行收 1.5 美元，自动取款机收 1.5 美元）。我和一位刚搬到纽约几个月的朋友聊完后，觉得自己好傻。她也不想在这么短的时间内去开一个银行账户，但她并没有耸耸肩说："哦，算了吧。"她给银行打了个电话，问银行能否免除她在纽约使用自动取款机的费用。"没问题。"他们说。仅一通电话，她就省了 250 多美元。记住，当获客成本超过 100 美元时，银行就会希望维系客户关系。因此，要充分利用这一点，下次当你的账户再出现扣费的情况时，你就给银行打电话。

虽然很多银行的收费都很荒谬，但我发现银行很愿意为优质客户免除费用。有一次，银行拒付了我的一张支票，因为我愚蠢地把支票账户开错了。我是该银行 5 年的老客户了，所以我直接去了趟银行，要求银行取消扣费。银行当场就取消了。我不需要说服银行或做别的什么事。

——亚当·弗格森，22 岁

· **行动步骤：第2周**

☞ 1. **开一个支票账户或评估你现有的账户（1小时）**。找一个适合你的账户，打电话给银行（或直接去银行）开户。如果已经有一个账户了，你一定要确保它不收费，而且没有最低存款额要求。怎么做呢？查看上次的银行对账单，如果没有银行对账单，你就打电话给银行："我想确认一下我的银行账户是否有任何费用或最低存款额之类的附加条件。你可以帮我确认一下吗？"如果你发现有收费，那就协商换成一个不收费且没有最低存款额要求的账户。如果银行不给你换，你要强势一点儿，威胁说不再使用其账户。

☞ 2. **开一个网上高息储蓄账户（3小时）**。你将获得更高的利息，而且把储蓄账户和支票账户分开，你会在心理上变得很强大：如果不能通过正常的银行业务立即拿到存款，你就不太可能动用它们。花几个小时查看一下我推荐的银行。想要查看更全面的清单，可在bankrate.com上比较各大银行，或者查看我的博客，上面有读者对不同银行账户的看法。

选做：开一个网上支票账户（2小时）。 这不是必做的，但如果你准备升级你的支票账户，拿更高的利息，那就去开一个网上支票账户。记住，网上支票账户的主要好处就是利息高和骗人的费用少。如果不喜欢你的支票账户，你就换！这不需要花很多时间，拥有一个正确的支票账户意味着接下来的几年你的理财系统会顺畅运行。

☞ 3. **给网上储蓄账户存钱（1小时）。** 把一个半月的生活费（或尽可能接近这个金额）存到支票账户中。（当你习惯在不同账户之间转账时，这些额外存的小钱可以用来避免透支。但要记住，大部分转账需要花一到两天时间。）剩下的钱，即便只有30美元，你也要转到储蓄账户中。

恭喜你！现在你已经建立了个人理财系统并使其运行起来，下一步是开一个投资账户。

第 3 章

做好投资准备

开设个人退休账户——即便只有50美元。

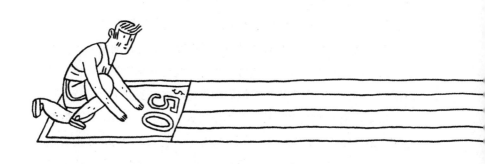

印度父母有些与众不同。要明白我的意思，你可以随便去问一个你认识的印度孩子，当他把全 A 成绩单带回家时会发生什么。他的父母可能会很自豪，给他一个大大的拥抱，然后立马紧皱眉头："维贾伊，太棒了！但这是怎么回事？为什么得了个 A–？"可以想象，这种方式会让印度孩子形成略微扭曲的世界观。我将来也想这样教育我的孩子。但他们还没出生，我就已经对他们失望了。

大概是因为我在长大的过程中，周围充斥着这样的世界观，所以当人们终于开始思考个人理财问题时，我会先祝贺他们 6 秒，然后暗中评判他们，因为我知道他们做得还不够。麦克尔·贝特尼克在《从本能交易到纪律交易》一书中写道："美国 56~61 岁人群的退休金中位数是 2.5 万美元。从 1980 年开始，每月以 60/40 投资组合投资 6 美元就可以实现这一目标。"朋友们，实现这个目标是很容易的。读完本章，你也可以实现这个目标。在上一章，我谈到了储蓄，看到你们设立高息储蓄账户，我真的替你们开心，但这还不够！尽管有无数图书和博客在介绍节俭的秘诀和故事，但仅靠小打小闹节省点儿小钱是不够的。一些文章荒谬地写道："一次买 200 箱橙汁，你就可以省下 6%！太棒了！"

醒醒吧。一个令人不快的事实是，如果你只会进行最基本的投资，比如每个月节省 100 美元存入网上储蓄账户，其结果并不会特别可观。

即便你的高息储蓄账户有固定的利息收益，但也要等很长时间才有可观的回报。一句话，光靠储蓄是不够的。你要找个办法让这些钱产生收益，比高息储蓄账户赚的钱还多，而投资就是首选，也是最好的方式。爱因斯坦说过："复利是人类最伟大的发明，因为它会带来可靠、系统的财富积累。"

与其同大多数人一样靠储蓄账户赚那点儿利息，你还不如进行长期投资，这样每年可以获得 8% 左右的收益：20 世纪以来，股票市场的年均回报率是 11%，减去 3% 的通货膨胀率，最终的回报率是 8%。为了便于理解，我们假设你在 35 岁时有 1 000 美元可以存起来，又假设你的储蓄账户平均回报率为 3%，减去通货膨胀率，长期投资可以给你带来 8% 的回报率。

现在来比较一下。

如果你把这笔钱存入储蓄账户，30 年后能值多少钱？虽然这 1 000 美元在账面上会涨到 2 427 美元，但通货膨胀会"拉低"回报率。所以，虽然你的收益看起来不错，但考虑到通货膨胀，这笔钱跟 30 年前的购买力是一样的。这样肯定不行。

但我们可以改变。如果你把钱用来投资，它能增值到 1 万多美元，这可超过 10 倍了！足以抵消通货膨胀的影响，还能给你带来极大的收益。况且这还只是一次性投资产生的收益。

投资似乎让人望而生畏，但其实没什么可怕的。我会带你过一遍投资流程，这样到本章结束时，你可能已把投资账户开好了。你根本不用为选择投资领域而烦恼，这部分内容在第 7 章会有介绍。从现在开始，我们将设立正确的账户，等你准备好之后，只需要简单地"开启"自动转账，每月存入现金即可。

> 6 年多前，我读过这本书。我最大的成就之一就是在 18 岁时设立了一个退休账户。知道账户里不缺钱，我每天都很开心。这使我实现了财务自由，让我在人生的其他领域能大展拳脚，比如更积极地创业，不用拼命省钱也能随心购物，甚至比 99% 的人都过得更好。
>
> ——亚历克斯·克雷格，25 岁

· 为什么年轻人不投资

在深入探讨之前，让我们花点儿时间了解一下为什么年轻人不投资。这有助于你像大部分千禧一代那样做最擅长的事：评判他人。

问身边的朋友将多少钱用于投资，他们通常的反应是："你说什么？""我没有多余的钱去投资。"大部分人的回答则是："我不知道怎么选股票。"这太有讽刺意味了，因为投资不是选股。虽然有的人确实参加了 401K 计划，但这很可能是他们的全部投资了。年轻时正是我们人生中最重要的投资期！

人们不投资的另一个原因是怕亏钱。害怕"可能"在股市中亏钱也很具讽刺意味，不投资，钱总有花光的时候。《华盛顿邮报》指出："民意调查显示，相较于死亡，大部分老年人更担心钱会被花光。"这篇令人印象深刻的报道还说："所以，很多年长者开始成为'露营打工族'（workampers），他们放弃了昂贵的生活方式，开着房车在全国各地旅游，找一份按小时结工资、几乎没有福利的临时工作。"

人们对风险有着特殊的执念。我们会担心被鲨鱼咬死（其实我们更应该担心心脏病）。当鸡蛋或鸡肉打折时，我们很开心，但当股价下跌时，我们会觉得很糟糕。（长期投资者应该比较喜欢股价下跌，这样他们就可以用同样的价格买到更多股票。）

关于 401K 计划的三项惊人数据

记住，401K 计划账户只是投资账户的一种，我会介绍这个账户所能带来的巨大收益。以下是三项惊人的统计数据：

· 只有 1/3 的人加入了 401K 计划。

· 在年收入低于 5 万美元的人中，96% 的人没有向 401K 计划缴纳最高数额的养老金。

· 令人惊讶的是，只有 1/5 的人储存的金额能拿到公司全额配比。公司提供的配比基本上属于白给，所以 4/5 的人每年都损失了好几千美元。

记住，并不是每个人都懂投资，这就是问题所在。说到理财，你很容易像大部分人一样，什么都不做。多年来，我经常和年轻人讨论理财问题，从中我得出几个结论。第一，我讨厌所有人。第二，我认为人可以分为 A、B、C 三类。A 类人已经开始理财，并且希望改进现有的理财方式。B 类人是规模最大的群体，他们什么都不做，但如果能找出他们的动机，就可以说服他们做出改变。C 类人是一群无知无识之辈，注定要失败。从理论上讲，我们是有办

法激励他们的，但很难理解他们为什么要给自己不重视理财寻找愚蠢的借口和理由。

员工年龄	他们的 401K 计划账户余额中位数	我的评价
老年人后悔没有投资		
老年人会后悔，但你不用后悔。以下是我的看法。		
25 岁以下	1 325 美元	这些人忙于观看烹饪节目，但永远不会去做一道菜
25～34 岁	8 192 美元	这些人刚开始存钱，但还没看到存钱的价值
35～44 岁	23 491 美元	这些人已经意识到存钱的重要性
45～54 岁	43 467 美元	这些人希望时光能够倒流，趁着年轻逼自己多存点儿钱，就像《回到未来 2》里的毕夫一样

资料来源：先锋领航报告。

有些人不理财是受环境所限，但大部人永远都富不起来的原因在于，他们没有正确的理财态度和理财行为。事实上，大部分人在二十几岁的时候都属于 B 类人，不好也不差。他们还有很多时间来设定积极的投资目标，但如果不付诸行动，最终他们就会不可避免地变成 C 类人。别让这种事发生在你身上！

我研究生毕业后的第一份工作大概做了两年，其间我都没有把钱存到 401K 计划账户中，而是把数千美元放在家里。

——德·罗密欧，34 岁

大学毕业之后做第一份工作时，我没有开立一个 401K 计划账户，因为我前男友说这不是个好投资。我最后悔的事就是听了他的烂建议，我应该跟着自己的直觉走。5 年后我开了 401K 计划账户，但我还是会想起那段感情让我付出了多大代价。

——伊薇特·巴蒂斯塔，37 岁

直到 35 岁我才进入一家有 401K 计划的公司。我希望有人在我 20 岁的时候告诉我，要找一家有实力提供这种养老金的公司，但是当时我工资低，没有什么安全感，迫切需要积攒经验。现在，我觉得自己失去了 10~15 年的大好机会。

——罗宾·金尼，45 岁

投资的无形脚本	
无形脚本	实际含义
"现在市面上有很多种股票和股票交易方式，很多人会给出不同的建议，这让人不知道如何选择。"	这是"我想逃避复杂"的借口。任何新话题，如节食、锻炼、学习穿搭和为人父母等，都让人难以应对。解决的办法不是一味逃避，而是要选定其一开始学习。
"我感觉买入时总在高价，我不想在高价时买入。"	这个人很理智，他"知道"我们无法把握市场的时机……但他并不了解市场。他应该设置每月自动进行投资，这样才能解决问题。
"我没有做任何投资，因为有太多长期投资的选择（如房地产、股票、加密货币、大宗商品等）。我知道我应该投资，但股票'感觉'不可控。"	很可笑，这个人觉得可以"控制"投资回报。在实际投资中，控制越少，回报越大。数据清楚地表明，一般投资者都高买低卖，频繁交易（这需要缴税），这些都会大幅拉低投资回报率。你觉得你能控制，但实际上你做不到，还不如放手。

投资的无形脚本	
无形脚本	**实际含义**
"我没有投资经验,不想亏掉血汗钱。"	颇具讽刺意味的是,即使不投资你每天也在亏钱——因为你的资金会受到通货膨胀的影响。等到了 70 岁你就会明白了,只不过为时已晚。(到时候我就尽情享受派对了。)
"费用占了大头。如果你的投资额很少,交易费会抵销很大一部分收益。"	人们对"投资 = 买卖股票"的看法着实令人费解。噢,等等,其实并不是这样的——每个愚蠢的商业广告和应用程序都在宣扬这一观点。你要是按我的建议去做,投资费用会很低。
"每次都不点大杯咖啡,而是要小杯的,这样我每天就可以省×美元了。我做得对吗?"	你会孤独终老。

为什么很多人这么不看好理财?你也许能找到令人信服的理由,例如受教育程度不够、信息量太大、媒体的消息让人费解,或者仅仅是不感兴趣。不管什么原因,很明显年轻人的投资力度还不够。

我在创业时学到的一点是:对于那些"该做"而没做的事情(如投资、使用牙线、创业等),我们总有很多理由:没有时间,没有钱,不知道怎么开始,等等。真实的情况比这些理由更简单:我们只是不想做。

如果你不学习金钱的运作原理,那么我也无能为力。你可以聘个人来帮你(通常包含佣金和过度推销带来的额外花费,这些隐性成本高达数十万美元),也可以学习父母的做法,或者按照美国人一贯的做法：将问题抛在脑后，最后不了了之。我不建议这样做。

金融机构发现了一个有趣的现象：当步入不惑之年，人们会突然意识到自己应该早点儿存钱。因此，美国人最担心的财务问题就是，没有足够的钱养老。美国最近一次盖洛普民意调查显示，超过半数美国人"极度"或"中度"担心自己没有足够的钱养老。

回家问问你的父母，他们最担心什么？我敢打赌他们的回答会是简单的一个字：钱。但是，我们并没有比父母更关心财务状况。

无聊但真实

靠中彩票发大财这种"变富计划"想一想很容易，其实真正致富的办法更简单。美国的百万富翁有 2/3 是白手起家的，也就是说，他们的父母并不富裕。他们通过控制开支、定期投资，或者靠创业积累了大量财富。虽然没有中彩票那么吸引人，但这些更现实。

美国信托公司对百万富翁的最新调查显示："83% 的富人称，他们最大的投资收益来自长期累积的小收益，而不是高风险投资。"（注意：这并不是说要在咖啡上省钱，而是说要养成始终如一、有意义的投资习惯，比如规范储蓄和投资，而不是不顾风险进行大规模的投机活动。）

他们的财富并不是按年收入来衡量的，而是根据长期储蓄和投资的钱来衡量的。换句话说，如果一个项目经理长期以来有储蓄和投资的习惯，即便年薪只有 5 万美元，他的高额净资产也比年薪 25

万美元的医生要高。

美国文化无助于我们建立投资思维。名人和 Instagram 的帖子给我们展示的是变富的结果，而不是变富的方式。但也不用惊讶，随着这种形式的娱乐越来越流行，我们的态度也发生了变化。

美国心理学会报告称，即便我们出去吃饭的次数加倍了，拥有汽车的数量加倍了，美国人也没有 20 世纪 50 年代时那么开心。我们拥有了更多的产品，比如大屏幕电视机、智能手机和微波炉，但这并没有带给人们更满意的生活。

1/5 的年轻人觉得自己可以靠中彩票变富		
年轻人占比	变富的方式	我的评价
21%	中彩票	我讨厌你
11%	继承财产	我讨厌你
3%	保险理赔	尝试做一些实际的投资理财是不是更保险？

虽然我们关注物质产品和令人眼花缭乱的信息源（包括全天不间断播放的财经新闻、无数专家和金融网站），但我们并没有把理财做得更好，还因此变得更加焦虑。即便是高收入人群也没有管理好自己的钱。根据美国太阳信托银行的调查，年薪 10 万美元以上的人，大约 1/4 是月光族。

我们该怎么做？我们苛责自己，并许下新年承诺保证自己会做得更好。然后下载新的应用程序，就好像这个应用程序真能解决问题一样。我们说"教育"是解决办法，好像人们还不知道他们应该为将来存更多的钱，做更多的投资，所以现在应该接受教育。

光有信息还不够。如果只需要信息，你早就发现并"了解"什么是复利了。真正的问题和解决办法都在你自己，包括你的心理、情绪、无形脚本等所有方面。如果没搞明白为什么要这样理财，为什么应该做出决定要改变，那么任何信息对你而言都是毫无意义的废话。

请注意，黑暗的信念就是：一切都对我们不利。你听过多少人抱怨存不下钱，更别说投资了！在某种程度上，这种习得性无助会让人上瘾。"投资？真是搞笑！不可能的。我无能为力！婴儿潮一代把我给坑了。"事实上，给我 10 分钟看看你的日程表和日常开支情况，我会告诉你真正的优先事项和解决办法。

很多人对钱有着天真和不切实际的想法，但是你不要成为这样的人。我会帮你正视现实，掌控一切，让你知道你也可以投资。你可以每月投资 50 美元，也可以每月投资 5 000 美元。这两种阶段我都经历过，所以我能告诉你该怎么做。10 年甚至 3 个月后，你就会看到你的投资账户赚得盆满钵满，而且每个月还在自动增加。你睡觉的时候都在赚钱。你会有意识地用这个投资账户去赚钱，而不是等待中彩票的奇迹。

投资是最有效的变富方式

设立一个投资账户，你就可以获得史上最大的赚钱工具：股市。设立账户是投资的第一步，而且不必等到有钱再去开户。如果你设置了每月自动转账，那么很多银行都会帮你免掉最低存款额（也就是开户所需的钱）。

你不再年轻了，现在就开始投资

如果你 5 年前就开始每周投资 10 美元，猜猜现在你有多少钱？你现在可能已经有数千美元了，这都源于你每天投资的 1 美元多一点儿。想想如果没用于投资，这 10 美元又会被用到哪儿？如果你像大多数人一样，这些钱很可能就从你的指间溜走了，也许花在了打车和午餐上。尽管股市起伏不定，但你能做的最好的事情就是长远思考，尽早投资。

如果你每周投资	1 年后，你将拥有	5 年后，你将拥有	10 年后，你将拥有
10 美元	541 美元	3 173 美元	7 836 美元
20 美元	1 082 美元	6 347 美元	15 672 美元
50 美元	2 705 美元	15 867 美元	39 181 美元

注：假设回报率有 8%。

这不仅仅是理论。来看看投资是如何改变本书读者的生活的。

自从读了这本书，我就投资了 7 万美元，我最大化地利用了我的罗斯个人退休账户，把 19% 的月薪存到 401K 计划账户中，而且不会因频繁交易而担心失眠。我每年都要重新分配一次资金，然后继续生活。克服对金钱的无知真的太爽了，因为金钱正是很多人压力和焦虑的来源。自从知道自己走上了正轨，我就不再担心，也有更多精力和时间去挣更多钱了。

——萨姆·哈撒韦，29 岁

多年来，我一直在投资罗斯个人退休账户、401K 计划账户和健康储蓄账户，终于攒了 10 万美元。现在我 28 岁，照此情形，我最迟 50 多岁就可以退休了。如果坚持生活方式不变，我应该 40 多岁就可以退休了。我一点儿都不觉得被剥夺了什么。我现在生活很富足。

——迈克·凯利，28 岁

你的书帮我建立了一个基础的账户系统。我2010年毕业，大概在2010—2011年读了这本书，现在我每年都最大化地利用403(b)账户（一种教师常使用的退休金计划）和罗斯个人退休账户。我开始投8%~10%的资金到403(b)账户中，并逐年增加投资额。今年8月我就31岁了，现在我的403(b)账户中有13.5万美元，罗斯个人退休账户中有1.8万美元，支票/存储账户中有1.2万美元，其他投资（例如股票和加密货币）有6万美元。我喜欢挣钱，但不是钱奴。

——罗斯·怀特，30岁

· 个人理财阶梯

投资有六大系统性步骤。每一步都建立在前一步的基础上，所以你完成第一步后，就继续第二步。如果不能到第六步，你就尽力而为吧。在第5章，我会告诉你如何让理财系统自动运行，这样每年你只要花几个小时就可以了。但要记住，设立账户并开始使用是最重要的一步。

第1阶：如果你的雇主为你提供了401K计划，那就充分利用这个计划，投入足够的资金来获得100%的配比。401K计划配比是指，每当你向自己的401K计划账户存入1美元，公司就会配比一定金额到你的401K账户。做个简单的算术题，假设你的年薪是10万美元，雇主会完全配你401K计划账户的投入，最多为你年薪的5%。也就是说，你最多可以把年薪的5%（即5 000美元）投到401K计划账户，你的雇主会为你配比5 000美元。这相当于白给的钱，而且很容易拿到，没有比这更好的交易了。

第 2 阶：还清你的信用卡及其他债务。一般信用卡的年利率是14%，很多信用卡的年利率甚至更高。不管信用卡公司收费多少，还清债务都能给你带来巨大的即时收益。最好的方式见第 1 章**"摆脱信用卡债务的 5 个步骤"**。

第 3 阶：设立一个罗斯个人退休账户，尽最大能力供款。（2018年，只要你的收入不超过 12 万美元，你最多可以缴纳 5 500 美元。）

第 4 阶：如果还有余钱，你就尽量把钱都投到 401K 计划账户中去（这样账户中的钱会超过公司提供的配比）。目前的限额是 1.9 万美元。搜索 401K 计划账户供款限额可以查到目前的供款限额。

第 5 阶：健康储蓄账户（HSA）。如果你有健康储蓄账户，那它也可以兼做投资账户，但鲜有人知道它竟然要收税。如果你完成第 4 阶后还有余钱，那就利用好这个账户吧。

第 6 阶：如果仍有余钱投资，你就开一个常规的非养老（"应纳税"）投资账户，尽可能多地投资。更多内容见第 7 章。另外，可以提高抵押贷款的还款金额，然后考虑投资自己。创办公司或再攻读一个学位都是很好的选择，没有什么比投资自己更好的了。

记住，个人理财阶梯只是告诉你应该设立什么账户。在第 7 章中，我会告诉你应该投资什么。

· 掌控你的退休账户

如果让我为改变数千万人生活的事物取个最差劲的名字，我会这样做：

1. 找一份最无聊的文件，比如美国国税局的税码。

2. 随手打开，也许刚好翻到401K计划条款。

3. 环顾一下办公室，耸耸肩，然后决定用401K计划作为这个账户的名字。

这个名字虽然很糟糕，但是账户本身很好。

很多公司会为员工提供401K养老金计划。（注意：问问人事专员，看公司是否提供这项养老金。如果不提供，那就参见**"罗斯个人退休账户的妙处"**。）这是个"退休"账户，如果你能在59.5岁的退休年龄之后再取这笔钱，就能获得很大的税收优惠。（实际上，你在70.5岁之前也可以不取这笔钱。如果你还在工作则另当别论，但现在不用担心。）

要设立401K计划账户，你需要填一张表格授权部分工资，即决定每个月该往账户中存多少钱。公司会直接把这笔钱打到你的401K计划账户上，所以，你在工资表里是看不到这笔钱的。开完户之后，你就选一个简单的投资，让你的钱与时俱增。

我们来深入挖掘一下401K计划账户的好处。

好处1：使用税前收入就相当于25%的即时加速器。退休账户提供一项交易：你承诺长期投资，银行就会回馈你巨大的税收优惠。因为等多年之后你取钱时银行才会收税（这就是为什么叫"税前收入"）。这样你就有更多的钱用来投资，使投资收益实现25%~40%的复合增长。

我们先来看一个普通的投资账户（"非退休账户"）。在任何一家投资经纪行开户，你都得不到很多税收优惠。因为根据税率，有25%要用于缴纳所得税，所以你存入100美元，其实只有75美元用于投资。

但是401K计划账户就不一样了。它实行"递延税"，也就是说，你可以把这100美元全部用于投资，让它增值30多年。当然，你以后取钱的时候是要缴税的，但是那 25% 的钱会产生巨大的影响，因为它的复利会越来越多。

好处 2：公司配比就是白给钱。多数情况下，公司会配比你的部分供款，也就是说，你可以获得自动的免费资金用于投资，这是一种双赢。要想知道你公司提供的 401K 计划配比，直接问人事专员就可以。

怎么配比？举个例子，假设公司提供高达 5% 的 1∶1 配比，这意味着你每投入 1 美元，公司会进行等额配比，最多为你工资的 5%。如果你每年能挣 6 万美元，每年缴费 3 000 美元（5% 的工资），那么公司会为你配比 3 000 美元，所以你每年的实际投资额为 6 000 美元。

如果 25 岁开始投资，你能获得 8% 的回报，加上 401K 计划配比，等退休时你就有 160 多万美元了，而其中只有 80 万不是配比的。5% 的配比可以获得双倍回报，你多投资一年，差距会更大。

401K 计划账户如何增长		
年龄	无公司配比的余额	有公司配比的余额
35 岁	5 400 美元	10 800 美元
40 岁	31 679.65 美元	63 359.29 美元
45 岁	78 227.44 美元	156 454.87 美元
50 岁	146 621.42 美元	293 242.83 美元
55 岁	247 114.61 美元	494 229.21 美元
60 岁	394 772.08 美元	789 544.15 美元
65 岁	611 729.34 美元	1 223 458.68 美元
注：假设回报率为 8%。		

好处 3：自动投资。设置自动转账后，你什么都不用做，钱会自动转到 401K 计划这样的投资账户。你的工资是不体现这笔钱的，这一点你要习惯。这是一个利用心理学骗自己投资的范例。心理学对投资会产生巨大影响，这方面的研究文献现在越来越多。

例如，不像某些公司要求你"选择加入"401K 计划，有些公司已经开始推出"选择退出"这项计划。也就是说，在默认状态下，它会帮你自动注册账户，并要你投入一定比例的收入。当然，你有退出的自由，但是自动注册利用了很多人不理财的习惯。结果很戏剧化：一开始公司 401K 计划的参与率是 40%，但是采取自动注册之后，这一比例激增到 90% 以上。

关于 401K 计划的普遍担忧

如果我真的需要用钱该怎么办？401K 计划账户不是支票账户或储蓄账户，它是一个用于长期投资的退休账户。如果在 59.5 岁之前把钱取出来，你将面临重罚，包括所得税和 10% 的提前取款罚金。罚款是有目的的。这些钱是给你退休后用的，不是让你去墨西哥图卢姆练瑜伽的。即便如此，你也可以申请"困难提款"，包括支付医疗费用、购买基本住房（自住房）、支付教育费用等。这些都要缴纳所得税和 10% 的提前取款罚金，所以它们不是最好的选择（除非你真的走投无路了，否则我不会让你取出 401K 计划账户里的钱），但确实有人在这么做。记住，很多人最大的问题是完全没有存款和投资，所以不要为如何取钱而担心。只要开始存钱并投资，你就会在需要用钱的时候找到取钱的办法。

取钱的时候要缴税吗？需要。401K 计划账户可以延迟纳税，但不等于免税。等到 59.5 岁之后开始取钱时，你必须缴税。但我不觉得交这些税有什么不好，因为在过去的三四十年里，你的钱是在加速获得复利的。如果把钱投到 401K 计划账户中，你就可以多投入 25% 的钱为自己增值创收。

如果我换工作了怎么办？ 401K 计划账户中的钱是你自己的，所以即使换工作也不用担心。你可以把钱带走，方法如下：

1. **转到个人退休账户中。** 这是首选。你可以把 401K 计划账户中的钱"转到"退休账户中，这样很好，因为退休账户可以让你更好地控制你的投资。你可以投资生命周期基金和指数基金。我会在第 7 章详细介绍。打电话给你的折扣经纪公司，比如先锋领航、富达或者嘉信理财（在本章结束时，你就已经注册其中的一个了），然后请求客服专员帮你完成 401K 计划账户的转移，包括将其换成罗斯个人退休账户。这只需要花 10 分钟，而且是免费的。请注意，把资金转移到新的账户可能有时间限制，所以当换工作时，你要马上打电话给折扣经纪公司，询问如何处理账户转移问题。

2. **把钱从老公司的 401K 计划账户转到新公司的 401K 计划账户。** 这没有问题，但如果之前已有 401K 计划账户，你可能会发现其投资选择有限。此外，把钱存到 401K 计划账户的主要原因是利用公司配比，但转到新账户的资金就没有这个优势了。所以我推荐你把 401K 计划账户中的钱转到个人退休账户中。如果真的想把钱转到新的 401K 计划账户中，你可以找新公司的人事专员帮忙。

3. **把钱留在现在的公司。** 这几乎是最糟糕的做法，因为你会忘记这笔钱，所以必然不能及时了解该计划的投资选择和变化。

4. **把钱取出来，然后缴税并缴纳 10% 的提前取款罚金。** 这是最糟糕的做法。但以下事实令人吃惊：50% 的 20 多岁的年轻人在离职时把 401K 计划账户中的钱取出来了，交了一大笔税和费用。千万别这么做！

罗斯 401K 计划怎样？ 现在有的公司提供罗斯 401K 计划，不同于要存入税前收入的传统 401K 计划账户，它允许你存入税后收入。你为什么要这么做？如果你估计以后的税率会更高，罗斯 401K 计划账户就是很好的选择。它有两个让你想不到的好处：首先，罗斯 401K 计划账户没有收入限制，所以，如果你的收入太高，没法把钱都存到罗斯个人退休账户，那么罗斯 401K 计划账户是获得税后收益的好办法；其次，你可以从罗斯 401K 计划账户提款并转至罗斯个人退休账户，这不仅免税，你还有更多投资选择。

401K 计划的优势总结

我们已经讨论过这一点了，但还要重复一遍，401K 计划很好，因为你几乎不用费力就可以拿税前收入去投资。（用罗斯 401K 计划账户的话，就是税后收入。）这就意味着，由于你还没有缴税，随着时间的推移，你可以得到更多的复利。除此之外，公司可能会为你提供利益丰厚的 401K 计划配比，这是白给的钱，如果不要，你就是疯了。记住，要积极地往 401K 计划账户中投钱，你现在投入的每 1 美元，将来都可能增值好几倍。

现在就开设你的 401K 计划账户

要想开设 401K 计划账户，打电话告诉你公司的人事专员，准备好开户的文件，填写大约需要半小时。表格会让你选择投资哪种基金。在选择之前，你要通读第 7 章，我介绍了投资计划。

如果你有公司配比，计算一下你投多少钱到 401K 计划账户中才能拿到全部配比，然后设置从工资中自动扣除这笔钱。（在填写

401K 计划账户表格时你会被要求确认是否勾选。）例如，如果你的年薪为 5 万美元，公司提供工资 5% 的配比，那么你每个月要存 208 美元（5 万美元乘以 5%，然后除以 12 个月）。如果这笔钱自动从你的工资里扣除，你永远都看不见，你还活得下去吗？答案是：能。如果不能，就下调到你能接受的金额。记住，投资 85% 也比不投资好。

如果公司只提供 401K 计划账户但不提供配比，无论如何都要设立 401K 计划账户（假设没有月费），但是现在不要缴存。根据个人理财阶梯的第 2 阶、第 3 阶，还清债务并最大化利用罗斯个人退休账户。完成之后，就继续个人理财阶梯的第 4 阶，投资 401K 计划账户。

· 还清债务

个人理财阶梯的第 2 阶就是还清债务。如果你没有信用卡债务，那就太棒了，你可以直接跳到下一阶。（至于继续投资可以选择学生贷款，是因为学生贷款债务利率要低于信用卡债务利率，学生贷款额度往往也很大。你可以制订好还款计划，同时也能进行投资。）

如果有非学生贷款债务，你就要把债务还清。我知道这并不讨人喜欢，也不容易，在讨论投资的时候尤其如此。奇怪的是，一旦初尝投资的甜头，人们对开设新账户和学习"资产配置"等术语就会比对偿还旧债更有兴趣。他们说："我们为什么要谈论债务？投资比还债更赚钱！"因为我想让你清除所有阻挡你变富的障碍，我建议你把注意力放在还债上，特别是利率通常高得离谱的信用卡债务。关于摆脱债务的最佳方法，请重读"**摆脱信用卡债务的 5 个步骤**"。

· 罗斯个人退休账户的妙处

一旦开设 401K 计划账户，并还清了债务，你就应该进入第 3 阶，开始投资罗斯个人退休账户。罗斯个人退休账户是另一种具有很大税收优势的退休账户。它不是公司资助的，你得自己供款。20 多岁的年轻人，即便已有 401K 计划账户，也应该开一个罗斯个人退休账户。我觉得这是适合长期投资的最佳账户。

罗斯个人退休账户能给你存多少钱？			
假设：税率是 25%（现在和退休时的税率），年收益率是 8%，每年缴存 5 000 美元（每月 417 美元）。请注意你缴纳的税款抵销了多少收益。			
	罗斯个人退休账户	定期应税投资账户	不投资
5 年	31 680 美元	29 877 美元	0 美元
10 年	78 227 美元	69 858 美元	0 美元
15 年	146 621 美元	123 363 美元	0 美元
20 年	247 115 美元	194 964 美元	0 美元
25 年	394 772 美元	290 782 美元	0 美元
30 年	611 729 美元	419 008 美元	0 美元

好处之一就是，你可以想投资什么就投资什么。401K 计划账户有很多基金要求你必选，但罗斯个人退休账户允许你投资任何你想

投资的，如指数基金、个股等。第二点不同体现在，投资的是税前收入还是税后收入：你的401K计划账户使用税前收入，到了退休取钱时要缴税，还记得吗？但是，罗斯个人退休账户使用的是税后收入，这是个更好的交易。有了罗斯个人退休账户，你用于投资的是税后收入，所以你之后再取钱就不用缴税了。

让我从另一个角度解释这个问题：如果1972年就有罗斯个人退休账户，你当时投资了1万美元的税后收入购买西南航空公司的股票，现在你就赚大发了。1万美元不仅变成了1 000万美元，你在30年后取钱时还不用缴税。虽然在1972年，你最初投资的1万美元要缴税，但你用该账户赚到的999万美元可以免税。这是无可匹敌的。

想想看，使用罗斯个人退休账户，你投资的钱要缴税，但赚到的收益不用缴税。正如你在前一页的表中看到的那样，如果你投资超过30年，那么这是一笔非常好的交易。

罗斯个人退休账户的限制

和401K计划账户一样，你应该把罗斯个人退休账户当成长期投资工具，但如果在59.5岁之前提取收益，你会被罚款。注意我说的是"收益"。大部分人都不知道这一点，你提取本金（你的实际投资额）不会被罚款。当然也有例外，比如支付房子首付，为你自己/伴侣/孩子/孙子准备的教育资金，还有其他一些紧急情况，等等。

重要提示：只有你的罗斯个人退休账户开设满5年及以上才有这些特权。仅这一个原因就足以让你这周去开一个罗斯个人退休账户。目前，罗斯个人退休账户每年的最大投资额为5 500美元，但是你也可以通过搜索"罗斯个人退休账户供款限额"获得当前的限额数据。

还有一点要注意，如果你的年收入超过 13.5 万美元，那么你存入罗斯个人退休账户的金额是有限制的（超过一定收入，你就没有资格设立该账户了）。限额每年都会变，你可以通过搜索"罗斯个人退休账户收入限额"获得当前的收入限额数据。

如何开设罗斯个人退休账户

我不在乎你投到罗斯个人退休账户中的钱是怎么来的，但是你要拿到钱（关于如何减少开支、增加收入以筹集投资资金，请参见第 4 章）。尽量多供款和尽早供款一样重要。我不打算赘述，但你现在投资的每 1 美元，以后都会变得更有价值，甚至多等两年你就会损失几万美元。我希望你在本周末之前做好调查，然后开设你的罗斯个人退休账户。

在开设罗斯个人退休账户之前，首先你要去你信任的公司开一个投资经纪账户（见第 109 页的表）。你可以把投资经纪账户想象成你的房子，而罗斯个人退休账户就是其中的房间。虽然这个账户现在可能只持有你的罗斯个人退休账户，但你可以扩展它来支持其他账户（比如，应税投资账户或为未来的配偶和孩子准备的其他罗斯个人退休账户），以满足你的需求。

听起来有些复杂？不要担心。今天我们不会进行实际投资，我会到第 7 章才介绍，但是我们要准备开一个账户，存点儿钱，这样等你准备投资的时候这个账户就可以派上用场了。

我们应该把重点放在先锋领航这样的折扣经纪公司上，因为它们收取的费用比摩根士丹利这种提供全方位服务的经纪公司要少得多。全方位服务经纪公司提供所谓的"综合服务"，但它们其实就是向你收取大笔费用，向你推销没用的研究，然后有问题让你找销售。但是折扣经纪公司会让你自己做决定，只收取少量费用，并且提供在线查询服务。别被巧言令色的销售人员给骗了，你可以轻松地管理自己的投资账户。

折扣经纪公司推荐		
经纪公司名称	设立罗斯个人退休账户最低存款额	投资须知
先锋领航	1 000 美元	我个人推荐先锋领航。先锋领航很好，因为它一直关注低成本基金。即便设置自动投资，它也不免除最低存款额，但存下来的钱非常划算。如果你没有 1 000 美元，又想开一个先锋领航的账户，那就把它当成一个**储蓄目标**
嘉信银行	1 000 美元	每月自动供款 100 美元即可免除最低存款额。如果你设立了一个高息的嘉信支票账户，嘉信会自动附带一个经纪账户，方便自动投资
富达	0 美元	富达打起了价格战，推出了无最低存款额要求的账户，并对某些共同基金不收取任何费用。这对客户来说是件好事，也是富达未来发展方向的一个可喜迹象。但是，其目标日期基金的费用仍然高于先锋领航

· 选择经纪公司的考虑因素

坦白说，大部分折扣经纪公司都差不多。

最低存款额。在设立投资账户之前，你要比较各个投资经纪公司要求的最低存款额。例如，一些提供全方位服务的经纪公司会要求你的账户中有很高的最低存款额才能开户。我最近打电话给摩根士丹利，跟我通话的客服建议我的账户最少要存 5 万美元。她说："理论上，只要 5 000 美元就能开户，但是费用会让你感觉不划算。"这就是要选择折扣经纪公司的原因。很多折扣经纪公司设立罗斯个人退休账户的要求是最低存 1 000~3 000 美元，但如果你设置了自动转账，它们通常会取消这一要求。即便有最低存款额的要求，我也推荐你设置每月自动转账，这样你不用操多少心，账户资金会自动增加。更多内容见第 5 章。

特色。你也可以去调查一下经纪公司的特色，但坦白说，现在这些特色大都成了商品，所以以前的全天 24 小时无休客服、应用程序、用户友好的网站等差异化特色，现在都成了标准服务。

事实就是如此。你可以花几百个小时比较经纪公司提供的基金的总数、邮件发送的频率和可供选择的另类投资账户，但优柔寡断造成的损失比错误决定带来的损失更大。本杰明·富兰克林曾说："今日事，今日毕。"我也说过："让别人去争辩细节吧，你需要做的就是在折扣经纪公司开一个投资账户，这样就可以了。"

注册大约需要一个小时。你可以全部在网上完成，也可以致电公司，客服专员会把需要的文件通过邮件发送给你。记得告诉他们你想开的是罗斯个人退休账户，免得他们把文件发错了。你可以绑定支票账户和投资账户，这样就可以定期自动转账进行投资。第 7 章将介绍如何投资，你会了解到：如果你同意每月自动转 50 或 100 美元，公司会免除你的最低投资费用。但设立罗斯个人退休账户是免费的。在理想的状况下，投资会增值。阅读完下一章后，你将确切地了解每月能投资多少。

· 机器人投资顾问怎么样？

你或许听过像 Betterment 和 Wealthfront 这样的机器人投资顾问。机器人投资顾问是指，投资公司使用计算机算法来帮助你进行投资（"机器人"指的是帮你投资的计算机，不是昂贵的顾问)。

机器人投资顾问为理财顾问和富达等全方位服务投资公司的客户提供精英理财规划服务，让普通人也能享受这些服务。你知道优步是如何让私家车比出租车更方便的吗？这就是机器人投资顾问给投资行业带来的影响。

机器人投资顾问运用新技术，可以提供收费更低的投资建议。它们优化了用户界面，只要在网上注册，回答几个问题，几分钟你就可以知道该投资什么了。它们还会提供个性化的体验服务，这样你就可以设置自己的目标，比如什么时候买套房子，它会自动给这个目标分配资金。

对于机器人顾问，我有一个强烈的看法：虽然它们是很好的选择，但它们并不值得投资，我相信还有更好的选择。举个例子，我特地选了先锋领航，坚持使用了很多年。

我来说一下机器人投资顾问的利弊，这样你就可以自己做决定了。

过去几年，机器人投资顾问越来越受欢迎的三大理由是：

· **易于使用**。它们有美观的网页界面和手机界面；最低存款额要求也很低，你可以轻松转账和投资。

· **费用低**。总的来说，它们的起步费用低于富达和嘉信等功能齐全的投资公司。（这些公司很快意识到自己面临的竞争，也相应地降低了费用，但像先锋领航这样的低成本公司，收费一直很低。）

· **营销主张**。机器人投资顾问会提出很多营销主张。有些是真的，比如易于使用；有些是假的，甚至近乎荒谬，比如，它们专注于"税收亏损收割"。

你可能意识到了，我非常赞成任何将低成本投资推广给普通人的做法。长期投资是实现富足人生的关键，所以，如果公司能够化繁为简，让投资更容易上手，即使收取一定的费用，我也会大力支持。这些机器人顾问添加了不同寻常但非常有用的功能，包括买房这样的中期目标和退休这样的长期目标。

更重要的是，你通常可以通过谁讨厌某件事来判断它有多好。比如，美国银行很讨厌我，因为我公开指责其胡说八道。很好！至于机器人投资顾问，赚取佣金的理财顾问通常都讨厌它们，因为它们通过技术就可以完成很多顾问所做的事，而且更便宜。理财顾问在这方面的逻辑并不让人信服。他们基本上都会说每个人情况不同，需要个性化的帮助，而不是一刀切的建议（这不对，在理财方面，大部分人都一样）。对此，机器人投资顾问也提供人工服务，用户可以通过电话与真人理财顾问交谈。传统的理财顾问表示，他们的建议所提供的价值不仅仅是回报率。（我的回答是：既然如此，那就按小时收费，不要按管理资产的百分比收费。）

机器人投资顾问的出现是为了服务以前被忽视的群体：精通数字技术又想变富的年轻人，他们不想坐在沉闷的办公室里听理财顾问喋喋不休地讲课。想象一下，一个谷歌的员工不知道怎么理财，只是把钱存在支票账户中。机器人投资顾问吸引了很多这样的用户。

但真正的问题是："它们值得吗？"我的回答是不值得，收费并不能证明它们提供的服务就是合理的。最受欢迎的机器人投资顾问有非常好的用户界面，但我不打算为此花钱。自创立以来，很多机器人投资顾问降低了费用，有时甚至比先锋领航还低。但这也导致了两个问题：为了以低于 0.4% 的费用维持运营，它们必须提供更昂贵的新功能来管理数万亿美元的资产。例如，先锋领航目前管理的资产是 Betterment 的 9 倍，是 Wealthfront 的 10 倍。对先锋领航来说，其庞大的资产规模是巨大的竞争优势，它之前仅靠微薄的收费运营了几十年。新兴的机器人投资顾问不可能靠这些微薄的收费维持下去，除非业务发展得很快。因此，它们寄希望于从快速增长的风险投资人那里筹集资金。

追踪所有账户

让我抓狂的一件事是，查找所有不同账户的登录信息。为了便于追踪所有账户，我用了一款名为 LastPass 的密码管理工具，它可以安全地储存网址、密码以及每个账户的详细信息，且可以在手机和计算机上运行。这是我理财系统的重要组成部分，把所有信息集中在一个地方非常重要，因为这样你就可以在需要时无缝登录。

为了吸引更多客户，机器人投资顾问已经开始进行噱头营销，比如强调投资中微不足道的部分，即"税收亏损收割"——其实就是推销一项投资用以抵销税收收益，它们过分夸大了税收亏损收割的重要性。（这就好比一家汽车制造商把三层涂漆当成某款车最重要的买点，花数百万美元推销它。）从长期来看，税收亏损收割的确有可能帮你省下一笔钱……但金额很少，而且在很多情况下都没有必要。这只是一个"可有可无"的功能，所以不应该以此决定选择哪家公司进行投资。

2018 年，《华尔街日报》报道，一些机器人投资顾问开始提供收费更高的产品。

Wealthfront 发行了一只成本更高的基金。此次发行是利用衍生品来复制"风险平价"这一流行的对冲基金策略。

一些客户（包括消费者权益倡导者和竞争对手）很快在论坛上批判该基金的高成本和复杂性，还指责 Wealthfront 自动将某些客户纳入该基金。

"我查看了我的账户，这是真的。"来自加州圣胡安卡皮斯特拉诺的客户谢里尔·费拉罗今年 57 岁，是 Wealthfront 的客户，她在推特上说："有笔钱未经我允许就转入了'风险平价'基金。"

在最近一次的采访中，费拉罗女士说："我查看了我的账户，并提出我想把钱从那个基金账户中转出来。这种行为无疑动摇了我对它们的信心。"

当一家低成本的基金公司筹集风险资本并需要快速成长时，这是可以预见的结果。它要么找到更多客户，要么找到一个在客户身上赚更多钱的方法。

我相信先锋领航有这个优势，我也通过它进行投资。但是要知道一点：当把自己的投资决策范围缩小到像先锋领航或机器人投资顾问这样的低成本经纪公司时，你已经做出了最重要的决定，即你已经开始利用长期、低成本的投资进行创收了。不管你是选择机器人投资顾问还是先锋领航，或是其他收费较低的经纪公司都无伤大雅。重要的是选择一个并开始投资。

· 设置自动存款

好了，你已经拥有了一个投资账户。太棒了！你们大部分人为了免除最低存款额，都设置了每月自动存款，这样钱会定期转到你的罗斯个人退休账户中。接下来就看你如何决定投资了，我会在第7章详细介绍。如果还没有设置自动存款，现在就去设置，即便每月只有50美元也有必要。我们要养成这个好习惯，它会帮助你积累需要的最低存款额。

▪ 想要赚得更多？

假如你很会理财，不仅让401K计划账户的公司配比达到了最大值，还清了信用卡债务，还启动了罗斯个人退休账户。如果还有余钱可以投资，那么你还有很多很好的选择。

首先，升到第4阶，然后再次利用你的401K计划账户。2019年，401K计划的最大投资限额为每年1.9万美元（想知道最近的数据，搜索"401K计划账户供款限额"）。到目前为止，你的投资只能拿到公司配比，所以你仍有能力投更多的钱到401K计划账户中，并得到巨大的税收优惠。要注意的是：公司配比没有计入供款限额，所以，如果你存5 000美元，公司配比5 000美元，你还可以再存1.4万美元到401K计划账户中，每年总共2.4万美元。

你该怎么做呢？计算一下你每年需要供款多少：1.9万美元减去你算出来的供款，结果就是你还可以供款的金额，再把这个数字除以12，就是你每月的供款额。再次设置自动供款，这样你就不用再管这些钱了。

接下来是一个鲜为人知的税收优惠账户。

· 你的秘密投资武器

如果你让我选择是在地狱听一万年爱莉安娜·格兰德的混音歌曲，还是写健康保险类文章，我会叹口气，然后不情愿地跟着《招摇》摇摆。大家都讨厌谈论健康保险，这就是我不打算在这里写它的原因。

我将给你展示的是一条可以让你赚数十万美元的捷径——把健康储蓄账户变成让钱增值的超级账户。健康储蓄账户允许你用税前收入支付合规的医疗费用，包括免赔额、共同支付、共同保险和其他一些与健康相关的费用。最棒的是，你可以把存进去的钱用于投资。

健康储蓄账户被忽略的三大原因：

· 第一，任何带"保险"这个词的东西，我们都不想过多考虑。从来没有人会对手机账单感兴趣，对健康保险也是一样。

· 第二，健康储蓄账户仅适用于拥有高免赔额保险计划的人。因为我们大部分人宁愿早餐吃几袋沙子也不愿意弄清楚自己有什么样的健康保险计划，所以我们就忽略了。

· 第三，那些有资格办理健康储蓄账户，甚至正在使用它的少数人仍然没有掌握利用这个账户赚钱的复杂方法。

事实是，健康储蓄账户可以是一个非常强大的投资账户，因为你可以免税投资、获得减税、免税增值——这可是三重减免。正确使用这个账户可以让你赚好几十万美元。

投资健康储蓄账户对我有意义吗？

在你为健康储蓄账户投资而感到兴奋前，要先确定自己有没有资格开这个账户。如果没有资格，那就别浪费时间，跳过该部分直接阅读**"最好的投资策略"**。

1. 个人理财阶梯的前三阶：投资 401K 计划账户可以拿到配比，还清所有信用卡贷款，最大化利用罗斯个人退休账户，这些你都完成了吗？如果完成了，请继续阅读。如果没有，请跳过这部分，因为你还没准备好投资健康储蓄账户。

2. 你有高免赔额的健康计划吗？打电话给你的保险公司或福利经理（嗯，我知道），问他们一个简单的问题："我有高免赔额的健康计划吗？"如果他们说没有，那么你可以骂我，因为是我让你打这个电话的。（在挂电话之前，你还是要问一下他们你是否有资格办理。你可能会考虑该计划，尤其是在你还年轻、身体健康的时候。）如果他们说你有，问他们是否可以绑定健康储蓄账户和你自己的账户。

如果这两个问题的答案都是肯定的，那么你可以拥有一个健康储蓄账户了。我使用的是名为 Navia Benefits 的账户，但你可以搜索别的账户比较一下。对我来说，最重要的因素是考虑投资选择和费用：有费用低的好基金吗？

健康储蓄账户是如何运作的

1. 你把钱存入你的健康储蓄账户。这些钱存在你的健康储蓄账户里，该账户实际上就像另一个支票账户，只是有点儿不太一样。

2. 你会得到一张借记卡，可以用它来支付"合规的医疗费用"，包括医疗绷带、脊椎按摩师、眼科检查、配眼镜以及处方的费用。（这只是一小部分你能用健康储蓄账户支付的相关费用。）

3. 健康储蓄账户很重要，因为你账户中的钱是免税的，你可以花钱之后再缴税，这意味着你有20%甚至更多的税收折扣。

举个例子，假设你赚了 10 万美元，用信用卡支付 5 000 美元做了孕检、实验室检测、双能 X 线吸收测量法全身扫描和激光眼科手术。好吧，这就是你的一系列选择，做你认为对的就好。你可能觉得这些治疗花了你 5 000 美元，但没有算你交的税，所以实际上你花了 6 000 美元。

但有了健康储蓄账户之后，你用的是免税的钱，这就省下了正常情况下应该交的税。

4. 只有把健康储蓄账户当成投资工具，它的好处才能体现出来。试想一下：如果你向健康储蓄账户投资了数千美元，但并没有每年做双能X线吸收测量法全身扫描和换新眼镜，那么你会用这些钱做什么？很多人觉得把钱存在账户里就行了，其实你可以拿去投资。拿免税的钱进行投资会给你带来收益。免税，这太不可思议了。

我会用一些例子来解释。为了便于计算，假设你每年将 3 000 美元用于投资（税后 2 250 美元）。

例 1：你一边看网飞上的视频，一边心不在焉地翻着这本书，跳过了我对投资的所有精彩研究。你每年有 3 000 美元的税前收入，你把它们都存起来。缴纳 25% 的税后，每年还有 2 250 美元可用于投资。你没有把钱存到 401K 计划账户和罗斯个人退休账户中，而是放到了普通的储蓄账户中。方便起见，我们假设利率为 1%。20 年后，你就有 49 453 美元了。缴完税后，你还有 48 355 美元。其实，通货膨胀让你的钱贬值了，只是你从未意识到。这个例子给我们的教训是：只存钱是不够的。

例 2：同样是 3 000 美元的税前收入，按 25% 的税率纳税，你每年还有 2 250 美元可用于投资。但这一次，你没有把钱存起来，而是投资于一个没有税收优惠的应税投资账户。以8%的年复利计算，20年后，你最终能得到102 964美元，缴完增值税，还剩82 768美元。

例3：这次你向401K计划账户供款，这意味着你可以把税前收入先存入账户用于投资，然后再缴税。现在你会看到401K计划账户的强大了。在前两个例子中，你的投资金额都是2 250美元，但现在你可以不缴税，把3 000美元全部投到401K计划账户中。假设没有配比，投资满20年后，你将有137 286美元。等到你59.5岁取钱的时候，假设有25%的税率，那么你的账户中还有102 964美元。还不错，你可以看到这些税收优惠是如何慢慢累积的。

例4：3 000美元纳完税之后，你每年还有2 250美元的税后收入可以投资罗斯个人退休账户。罗斯个人退休账户的特别之处在于，你投资的是税后收入，投资收益不用再纳税。20年后，你会有102 964美元。真棒。请注意，这个结果与前面的结果是一样的，但是如果你有公司配比，结果会大为不同。

例5：你变得更精明，也比以前更认真了。你决定充分利用手中的钱。你向健康储蓄账户投资了3 000美元的税前收入。最妙的是，你赚的钱不用缴税，投资收益也不用缴税！20年后，你将会有137 286美元了。太棒了！

顺便说一下，你可以在任何时间用这笔钱支付任何合规的医疗费用，而且是免税的。65岁之后，你可以随意花这笔钱，比如圣托里尼岛的随心之旅。要注意的事项：如果你在65岁之前取款并支付不符合条件的医疗费用，那么你会被罚款。65岁之后用该账户的钱支付不符合条件的医疗费用，你需要纳税。最后，有些人觉得健康储蓄账户非常好，以至不想花账户里的钱，而是尽可能自付医疗费，因为他们想让账户中的钱增值更多。

你见识过以上任何一种方法有多么强大吗？你知道为什么健康储蓄账户让你的投资更有动力吗？这些投资选择一个个"分级"是非常聪明的。存钱到免税的健康储蓄账户，闲钱用于投资，这不仅消除了税收对投资增值的"阻碍"，还能让你获得比其他任何投资账户都多的复利。

如果有能力且有资金，你真的应该用健康储蓄账户进行投资，只要保证你的健康储蓄账户能提供稳定的资金即可。一个很好的经验法则是，基金公司应该提供低成本基金，理想的话，还有目标日期基金或"整体股市"基金。更多内容见第 7 章。

· 最好的投资策略

如果你充分利用了 401K 计划配比还清了所有信用卡债务，罗斯个人退休账户存款达到了最高点，还最大化利用了 401K 计划账户中的余额，也有选择地投资了健康储蓄账户，此时你还有余钱，那么你还有更多资金增值的选择。我收到了很多关于加密货币等另类投资的问题。在第 7 章，我们会介绍最好的投资策略和投资选择。但现在，我希望你给心爱的人买一个礼物，因为你有钱了。

· 恭喜你！你做到了！

此时，要表扬一下自己，你现在踏上了个人理财的阶梯。你创建了一个资金增值系统，这非常重要。拥有投资账户意味着你开始思考资金的快速增长，并开始区分短期投资和长期投资。虽然你存入 50 美元只迈出了很小的一步，但我相信这是你最重要的 50 美元投资。

· 行动步骤：第3周

☞ 1. **设立401K计划账户（3小时）**。到人力资源总监那里领取表格并填写。查看你的公司是否提供配比。若提供，则投入足够的钱拿到全部配比。若不提供，则设立401K计划账户，但不存钱。

☞ 2. **为还清债务做计划（3小时）**。要认真对待债务清偿问题。重新阅读第1章**"摆脱信用卡债务的5个步骤"**和第9章**"如何处理学生贷款"**中如何还清信用卡债务和学生贷款的内容。在bankrate.com网站上计算一下每个月多付100美元或200美元可以省多少钱。

☞ 3. **设立罗斯个人退休账户并设置自动支付（1小时）**。尽可能多存钱，即使每月只存50美元也行。稍后我们将深入探讨其中的细节。

☞ 4. **确定你是否有资格办理健康储蓄账户，如果有资格，便设立账户（3小时）**。

现在你开好了这些账户，我们要找一个方法让它们发挥作用。下一章，我会告诉你如何控制开支，把钱花在你认为该花的地方。

第 4 章

有意识消费

如何在"买买买"的同时，每个月还能省下不少钱？

以前，如果有人说他能通过皮带或者鞋子来判断一个人，我会觉得很荒谬。开什么玩笑！我能从你戴的耳环看出你喜欢喝什么汤吗？

别扯了。

然而最近，我发现我错了。事实证明，确实有一条通用的捷径，能够帮助我们了解一个人的真实性格，那就是看他们吃鸡翅像不像个移民。

我不懂也不关心运动，所以上个超级碗比赛的星期天，我决定去一次"鸡翅吧"。它跟串串酒吧差不多，只不过是吃鸡翅。我很快意识到，和朋友一起吃鸡翅最有趣的地方就在于，看他们吃完的鸡翅骨头上留下多少肉。有些人只吃了一半就接着吃下一个。我通常再也不会跟这些人来往。

还有的人则会啃得十分干净，不放过任何一丝肉和脆骨。据此你只能得出两个结论：他们会在生活的各个方面取得巨大成功；他们一定是移民。如你所见，移民（像我父母一样）从来不会在鸡翅上留下一丁点儿肉，这值得我们学习。

这年头很少有这种节约精神了。

美国人在手机上花的钱比其他国家大多数人的抵押贷款还多。我们买的鞋比祖父母的汽车还要贵。但我们对这些个人花销的总额一点儿概念都没有。有多少次你打开账单，吓了一跳，然后耸耸肩说："我真的花了这么多钱？"你是不是经常一边对花钱感到内疚，一边却照花不误？你可以在这一章找到无意识消费的解药，我们将创造一种全新、简单的消费方式。不用再去想每个月的钱都花到哪儿了。在我的帮助下，你可以做到精准消费，比如投资、储蓄，把钱更多地花在你喜欢的事物上（而非浪费在你根本没兴趣的事物上）。

等等！如果你以为这一章是要教你如何做预算，想要跳过，请先等等。这一章绝对不是教你做一个完美的预算，然后要求你每天严格执行。我非常讨厌做预算。"预算"简直是历史上最糟糕的词。

> 我绞尽脑汁思考如何做预算，然后不让支出超出预算。说来惭愧，我觉得自己在很多方面都做得不错，唯独算不好开支这笔账。
>
> ——萨拉·罗伯逊，28 岁

个人理财专家会告诉你："做预算！"但其实这种建议毫无价值，人们读到如何做预算时，往往会目光呆滞。谁想记录自己的每一笔支出啊？倒是有少数人确实尝试了，不过最终他们发现，预算在两天后就完全失败了，因为记录每一分钱的去向太累了。有趣的是，bankrate.com 网站在 2015 年做的一项调查显示，82% 的美国人说他们会做预算，完全是胡说八道。看看你周围的人。你觉得 10 个里面有 8 个会做预算吗？我甚至怀疑 10 个人中有 8 个都说不出我们所在的星球叫什么。

美国经济政策研究所生活标准项目主任贾里德·伯恩斯坦表示："做预算不过是一厢情愿的想法。"他提到 2007 年的一项研究，该研究同样发现，人们对做预算有这样的错觉。"更准确地说，3/4 的人都认为他们应该每月做预算。"

在过去的 50 多年里，做预算一直是那些看风使舵的个人理财作家的写作战场，他们总想把记录每日消费的理念强行灌输给读者，因为做预算听起来就很合理。但有一个问题：根本没人这么做。

如果让大多数人停止消费，开始存钱，他们根本不知道从哪儿开始。那还不如试着说服甲龙跳吉格舞呢。

我有许多朋友在金钱上犯了傻，却没有从错误中吸取教训，只是甩甩手表示无奈。一旦还清信用卡的巨额债务，他们就开始再次透支信用卡，如此循环往复。

——弗兰克·怀尔斯，29 岁

既然我们知道做预算不起作用，那么我要介绍一个更好的方法，该方法适用于成千上万的读者。

忘掉做预算。你需要的不是做预算，而是制订一个有意识的消费计划。你想不想每个月都有足够的钱用于储蓄和投资，然后剩下的钱想怎么花就怎么花，事后还不会心存愧疚？只要做些准备，你就可以做到。唯一要做的是提前计划，想好把钱花在哪里（哪怕是写在餐巾纸背面也行）。花几个小时做好计划，就可以把钱花在自己喜欢的东西上，很值吧？做好消费计划可以使储蓄和投资自动化，让消费决策一目了然。

· 小气不是有意识消费

不久前，我和几个朋友谈论今年要去哪里旅行，其中一个人说了一些让我意想不到的话："你可能不会赞同，我想去加勒比海。"

啊？我为什么会不赞同？

我偶尔会遇到这种情况。人们知道我在写有关理财的文章，就莫名地认为我会根据他们的消费方式对他们做出评判。

我问过一些朋友，他们在外面吃饭时是否会遇到同样的情况。"你们在出去吃饭时，朋友会为点了某些菜表示歉意吗？"

其中一个看着我说："每次都会。但我不在乎点的是什么菜！我只是吃个午餐。"

显然，我的朋友认为我是一个喜欢对别人的消费指手画脚的人，好像我会默不作声地反对他把钱花在"小事"上。换句话说，写个人理财文章的人自然而然会是"那些告诉我不能做这做那的人"，"因为要花很多钱"。

事实上，我喜欢人们毫无愧意地花钱买自己喜欢的东西。你热爱时尚，想买价值 400 美元的布鲁内洛·库奇内利 T 恤？好啊。

不过，当你犯错误的时候，我还是会狠狠骂你一顿。你要是认为售价 400 美元的 7 天清肠果汁能帮你减肥，我会骂你是个大傻瓜。

但我不是那种唠叨的家长，不会让你别再花钱买拿铁了。我花了很多钱去外面吃饭、旅游，但我从不感到内疚。"不要把钱花在昂贵的东西上！"这种观点不能一概而论，我相信还有更好的办法。

拒绝在某些东西上花钱就意味着你很小气，请抛弃这种想法。如果你觉得在外面吃饭时花 2.5 美元买可乐不划算，宁愿每周省下

15 美元去看电影，这可一点儿都不小气。这是有意识地决定自己喜欢什么。不幸的是，大多数美国人都没有学会如何有意识地消费。有意识消费就是在不喜欢的东西上花一分钱都嫌贵，在喜欢的东西上花多少钱也不嫌贵。

相反，美国人在所有东西上都贯彻"不要在那上面花钱"的原则，不情不愿地削减开支，失败后内疚地责怪自己，然后继续在他们根本不关心的事物上过度消费。

对不感兴趣的事情应该勇敢说"不"，对热爱的事物要勇敢说"要"。

颇具讽刺意味的是，我们真正学到的唯一有关钱的东西就是省钱，通常的建议是要少买咖啡，多囤卫生纸。每个人都在谈论如何省钱，但就是没人教你如何花钱。

就整个国家来看，美国人每年的支出都超过了收入，而且几乎没有什么能改变这样的现象。我们可能会在经济低迷时捂紧钱包，经济一旦恢复，我们很快就会恢复到平时的消费水平。坦白说，没有人对改变消费支出约占美国经济 70% 的现状感兴趣。

有意识消费不仅是我们自己的选择，社会因素也会对消费产生影响。这种影响被称为"欲望都市"效应，也就是说，你朋友的消费会直接影响你。在下次去购物时，随便观察一群人。你会发现，哪怕收入悬殊，他们也很有可能穿着相似。要跟所有朋友的消费水平保持一致可不是件容易事儿。

朋友经常会在不知不觉中让我们变成无意识消费者。比如，有一天我和两个朋友一起吃晚饭。其中一个在考虑买部新 iPhone，她拿出旧手机给我们看她为什么要考虑买新的。我的另一个朋友难以置信地盯着她说："你居然 4 年没换手机？怎么回事啊，你？"她又说："你是需要换一部新 iPhone 了。"尽管只有三句话，但信息传达得很清楚：没有买新手机（不管你是否需要）就是有问题。

· 喜欢的东西多少钱都不嫌贵，不喜欢的东西一分钱也嫌贵

有意识消费并不是一味地减少开销，因为那样你连两天都坚持不了。有意识消费其实很简单，就是选择你非常喜欢，足以为其一掷千金的东西，然后在不爱的东西上觉得花一分钱都嫌贵。

有意识消费的理念是致富的关键。事实上，具有里程碑意义的《邻家的百万富翁》一书背后的研究人员就发现，在接受调查的1 000多名百万富翁中，50%的人从未花超过400美元买一套西装，花140美元买一双鞋，或者花235美元买一块手表。再次强调，有意识消费并不是一味地减少开销，而是决定什么是重要的，什么是次要的，并愿意为重要的东西花很多钱，而不是把钱盲目地浪费在每件事上。

问题是，人们几乎不会决定什么重要什么不重要，这很糟糕！这就是为什么我们需要有意识消费。

小气与有意识消费的区别	
小气	有意识消费
在意东西的价格	在意东西的价值
追求把所有东西的价格都压到最低	在大多数东西上花最少的钱，为真正重视的东西一掷千金
小气会影响周围的人	有意识消费只会对自己产生影响

小气与有意识消费的区别	
小气	有意识消费
小气的人不善解人意。例如，当和其他人一起吃饭时，如果最终应付7.95美元，他们会付8美元，尽管他们很清楚，加上税和小费消费应该接近 11 美元	有意识消费的人知道他们必须选定花钱的地方。如果午餐只能花 10 美元，那么他们会点水而不是冰茶
小气的人待人接物的方式会让你感到不舒服	有意识消费的人也会让你感到不舒服，但那是因为你意识到原来还有更好的消费方式
小气的人会记下朋友、家人和同事欠他的钱	部分有意识消费的人也会这样，但肯定不是全部
因为害怕别人说他们在某件事上花了太多钱（哪怕只有一个人），小气的人时常会隐瞒自己真正花了多少钱	有意识消费的人也不见得会说实话。每个人都会谎报开销
小气的人是不讲道理的，他们不能理解为什么不能要免费的东西。有时这是一种表演，有时不是	有意识消费的人会像小气的人一样努力讨价还价，但他们明白这就像一场表演，本质上他们知道自己不应该得到什么优惠
小气的人思想狭隘	有意识消费的人高瞻远瞩

· 为何每年在外出娱乐上花大钱也可以毫无负罪感？

我希望你能有意识地决定把钱花在哪里。这样在看到信用卡账单时，你就不会再说"我居然花了那么多钱"。有意识消费意味着你要精确地决定把钱花在哪里，可能是外出娱乐、储蓄、投资或租房，这样你就不会对自己的消费感到内疚。除了让你花钱花得心安理得，一份消费计划还能推动你朝着目标前进，不再原地踏步。

但事实显而易见，大多数年轻人没有有意识地进行消费。他们肆意消费，然后或心安理得，或心存内疚。每当遇到有意识消费的人（"我会自动把钱存入投资和储蓄账户，然后在我喜欢的东西上一掷千金"），我就会被他深深迷住，我对他们的喜爱，可以与沙·贾汗对妻子穆塔芝·玛哈（去查一查他们是谁）的喜爱相媲美。

接下来，我要给你们讲讲我三个朋友的故事，他们在你可能认为无聊的事情上出手相当阔绰，比如鞋子和旅游，但他们的消费行为完全合理。

鞋子爱好者

我的朋友莉萨每年会在鞋子上花费大约 5 000 美元。她喜欢的鞋子售价至少是 300 美元一双，而她每年差不多要买 15 双。"太可笑了！"你可能会说。从表面上看，这个数字确实惊人。但是如果正在读这本书，你可以看得更深入一些：这位年轻女士年收入不错，有六位数，和一个室友合住，在公司吃免费的工作餐，也不花太多钱在昂贵的电子产品、健身房或高档晚餐上。

莉萨喜欢鞋。她会为 401K 计划账户和应税投资账户存款（她的收入很高，不适合罗斯个人退休账户）。她每个月都在为度假和其他储蓄目标存钱，还给慈善机构捐款。即使如此，她也有余钱。这就有趣了。你可能会说："但是拉米特，这都不重要。重要的是，花 300 美元买鞋子太不可思议了。没人需要在鞋子上花那么多钱！"

在斥责她铺张浪费之前，你先问问自己这些问题：你有401K计划账户和罗斯个人退休账户吗？你开设了额外的投资账户吗？你充分了解自己把钱花在哪儿了吗？你是否做好了决定，要把钱花在自己喜欢的东西上？很少有人会事先决定如何花钱。相反，他们只会毫无方向地随意花钱，最后看着自己的钱财逐渐散尽。还有一件事也很重要，那就是你是否清楚自己不喜欢什么。例如，莉萨不在乎住的地方是否高档，她选择住在一个小公寓里。这样她每个月在房租上比许多同事少花400美元。

计划好长短期目标后，她还有剩余的钱去追求自己的爱好。我认为她做得对。

对我来说，最大的转变是思维方式，特别是与有意识消费（在优先事项上花大钱，在其他方面尽量节省）和财务自动化有关的理念，我做到了。我把所有的钱都转到了一个计息账户上，并把所有的账单都设定为自动付款。

——莉萨·詹特森，45岁

派对狂热者

我的朋友约翰每年在外出娱乐上的花费超过2.1万美元。你可能会说："天哪，那也太多了！"好吧，我们来分析一下。假设他一周四次外出吃饭或者泡酒吧，平均每晚花费100美元。这只是我的保守估计，因为一顿晚餐可能要60美元/人，饮料15美元/人。我还没把800~1 000美元的"整瓶服务"费用算进去。（约翰住在大城市。）

约翰的年收入也很可观，有六位数，因此制订一个有意识消费计划对他来说不是什么难事。即便如此，他也会决定不想把钱花在哪些方面。例如，当同事邀请他周末一起去欧洲旅行时（我没开玩笑），他婉拒了这个邀请。事实上，他工作十分努力，几乎从不休假。同样，因为总是在办公室工作，也不在乎公寓装修，所以他几乎没有在装修上花钱，他仍然用金属衣架挂着几套便宜套装，甚至连锅铲都没有。

对约翰来说，限制因素是时间。他知道，如果必须亲自转账汇款，那么他永远不会定期把钱转到任何地方，所以他建立了自己的投资账户，并将其设置为自动付款，这样钱不用经手就可以自动转出。关键是，约翰了解自己，所以建立了理财系统以弥补自己的弱点。他工作的时候非常努力，玩的时候也玩得尽兴，工作日玩两次，周末玩两次。尽管在餐馆和酒吧里花了很多钱，但在短短几年里，他几乎比我所有朋友存的钱都多。2.1 万美元看上去很离谱，但你必须考虑到他的薪资和生活重点。其他朋友可能会花数千美元装修他们的公寓或去度假，而约翰在达到投资目标后，选择把钱花在外出娱乐上。

不管我同不同意他的选择，他都有自己的考量。他坐下来，思考他想把钱花在哪儿，然后执行自己的计划。在和我交谈过的年轻人中，他的表现已超过 99% 的人。就算他每年花 2.1 万美元买毛茸茸的毛驴戏服和法贝热彩蛋，那也无可厚非，至少他有计划。

在过去的三年里，我对每周买几次拿铁和午餐已经不那么内疚了，因为我现在很清楚我的钱花到哪里去了。我每个月会拿出 300 美元用于外出就餐和喝咖啡，当用完额度后，我就会开始喝速溶咖啡，吃自带午餐。

——詹姆斯·卡瓦略，27 岁

我的富足人生就是没有负罪感地进行消费。我不会再说买不起这买不起那，相反，我会说我选择不在它们身上花钱。

——唐娜·伊德，36 岁

钱能让人快乐吗？

当然！我知道。你可能听说过一项研究，该研究发现金钱能让人快乐，但是金额一旦超过 7.5 万美元，快乐就会逐渐变少。事实上，美国经济学家迪顿和心理学家卡尼曼 2010 年的研究发现，"情绪健康"的峰值为 7.5 万美元。可是如果采取另一种衡量标准——"生活满意度"，你就会发现，无论是 7.5 万美元还是 50 万美元，甚至 100 万美元都不会有峰值。

迪伦·马修斯在一篇精彩的 Vox（虚拟主播）文章中指出：大量的数据表明，你赚得越多，你对自己的生活就越满意。"对发展中国家和发达国家来说，国家越富裕，人民的生活满意度越高。"

那如何用钱过上更幸福的生活？威兰斯等人在《纽约时报》上表示："花钱给自己争取时间的人，比如将自己不喜欢的任务外包出去的人，总体生活满意度更高。"

总之，不要相信头条新闻。金钱是富足人生中很小的一部分，但也是很重要的一部分。你可以通过有策略地花钱，过上满意度更高的生活。

普通上班族

没有六位数的薪水，你也能成为有意识消费的人。我的朋友朱莉在旧金山的一家非营利机构工作，年收入约 4 万美元，但她每年能攒下 6 000 多美元，远远超过大多数美国人。

能做到这一点，是因为她非常自律：在家做饭，与别人合租一套小公寓，并充分利用公司提供的所有福利。当别人邀请她出去吃饭时，她会检查自己的**信封预算系统**，看看自己是否负担得起。如果负担不起，她会礼貌地拒绝。但是如果决定外出，她就从不为花钱感到内疚，因为她知道自己负担得起。然而，仅仅在房租和食物上省钱是不够的。她还会积极存钱，把大部分钱存到罗斯个人退休账户里，留出额外的钱用于旅行。每个月，这笔钱都最先自动转出。

从聚会或晚餐与朱莉的交谈中，你绝对看不出她省下的钱超过大多数美国人。我们很容易根据最粗略的数据对人们的支出做出武断的定论：凭借工作和衣着就足以了解他们的财务状况。但是，朱莉证明了这些表面数据并不总是全面的。无论处境如何，她都选择把投资和储蓄放在首位。

物质上，我可以毫无愧疚地纵容自己为时尚爱好花钱，还可以住在安全舒适的公寓里。我可以选择最健康的食物，坚持日常锻炼。我能放弃朝九晚五的工作，尝试开创自己的事业。我的精神健康以及婚姻状况得到了很大的改善，因为我们不再总是为钱发愁。

——希拉里·布克，34 岁

利用心理学省钱

我的一位读者年收入 5 万美元。在研究了我的一些建议后，他发现自己税后收入的 30% 都花在了订阅服务上。订阅内容从网飞到手机话费，再到有线电视，简直是五花八门。订阅是企业最好的朋友：它可以让公司自动从客户身上赚取可预测的收入。你上一次仔细检查每月订阅并取消订阅是什么时候？可能从来没有，那么我给你个建议——"点单法"。

点单法是一种利用心理学削减开支的方法。原理是这样的：尽可能取消所有可自由支配的订阅，比如杂志、有线电视，甚至是健身房。然后，像点菜一样选择你需要的东西，与其花钱买一些从未在有线电视上看过的频道，不如从 iTunes（苹果媒体播放器）上买想看的剧集，每集才 2.99 美元。每次去健身房都买日卡（大概 10 美元或 20 美元）。

点单法奏效的三个原因：

1. 许多订阅可能物非所值。大多数人都高估了订阅服务的价值。例如，如果我问你一周去几次健身房，你可能会说："哦，一周两三次吧。"胡扯。一项研究显示，健身房会员平均对自己的健身卡使用率高估 70% 以上。办 70 美元月卡的会员平均每月去健身房 4.3 次。每次去健身房的费用超过 17 美元。其实，他们还不如花 10 美元买一张日卡。

2. 你会被迫进行有意识消费。被动地看着自己的信用卡账单，然后说"啊，对，我记得那个有线电视账单"是一回事，每次你想花 2.99 美元购买电视节目又是另一回事。当你积极思考每一笔费用时，你的消费就会减少。

3. 你会重视自己花钱买的东西。 与通过订阅购买的东西相比，你会更看重自己掏腰包购买的东西。

点单法的缺点。 这种方法要求你在生活中取消很多自动化设置，这也是省钱要付出的代价。先试两个月，看看感觉如何。如果不喜欢，重新订阅就好了。用这个方法来练习，慢慢"弄清自己的消费记录"，然后在重新开始的时候，加入一些自己的创意。

如何执行点单法：

1. 计算一下你上个月在订阅上花了多少钱（例如，订阅音乐、网飞和健身房服务）。

2. 取消那些订阅，像点菜一样单点。

3. 在整整一个月内，检查并计算你上个月在这些项目上花了多少钱。然后你就会清楚地了解这个方法能省多少钱。

4. 现在，开始行动。如果你花了 100 美元，那么尽量减少到 90 美元，然后减少到 75 美元。不要太低，消费要有可持续性，不能完全与时代脱节。但是你可以精确地控制租电影或者买杂志的数量，因为这都是需要你自掏腰包的。

记住，这并不是在剥削你自己的权益。理想的情况是，你发现自己以前每月花 50 美元订阅的并非你真正想要的东西，而现在你可以有意识地将这笔钱重新分配到你

他们做对了什么？

对大多数人来说，我上面提到的朋友都很奇葩。

他们有自己的计划。他们有计划地把钱花在自己认为重要的事情上，不会让自己陷到新手机、新车、新假期以及所有新东西的枯燥消费中。我那位爱鞋的朋友住在一间极小的房间里，因为几乎不在家，每个月她能因此节省数百美元。喜欢派对的那位朋友乘坐公共交通工具，不装修公寓。普通上班族的那位朋友非常详细地规划了每一项支出。

他们每个人都是先花能花的钱，不管是每个月要付500美元还是2 000美元。他们都建立了自动理财系统，这样当钱最终进入支票账户时，他们知道这些钱是可以被毫无负罪感地花掉的。他们不像大多数那样整天为如何理财发愁！他们熟知网络储蓄账户、信用卡以及基本资产配置。他们并非专家，只是比别人领先一步。

对我来说，这是一个令人羡慕的状态，也是本书的主要内容：让你的储蓄和投资自动化，并享受消费，不再为购买新牛仔裤感到内疚，因为你只花能花的钱。

你也可以做到，只需要制订一个计划，就这么简单。

想对朋友的消费做出评价？

在对朋友的消费进行评价时，我们会根据表面特征做出快速判断。"你居然花了300美元买牛仔裤！""你为什么在全食超市买东西？""你为什么要住在房租那么高的地方？"

其实，大部分时候我们的判断也没错：年轻人没有结合长期目标仔细考虑自己的财务选择，没有存款，也没有制订投资和储蓄计划。所以，当认为你的朋友买不起300美元的牛仔裤时，你可能是对的。

我一直尽量避免对朋友的消费做出评价，但有时候却做不到。我想强调的是：价格并不重要，重要的是经济条件。你想花钱享受美味佳肴或者昂贵的红酒？如果今年你25岁，还有2万美元存款，可以，没问题！但是如果你的朋友年薪只有2.5万美元，一周还要出去玩4次，我敢肯定他的消费很不理智。

因此，尽管评价朋友的消费很有趣，但请记住，一定要考虑他们的经济条件，这一点很重要。

想了解更多如何处理金钱和感情关系策略的内容，就继续阅读吧！

· 有意识消费计划：固定支出、投资、储蓄和无负罪感消费

你愿意和我一起玩个游戏吗？大约需要 30 秒。

想象一个代表你每年收入的饼状图。如果有魔法，你能把饼状图分成你需要的东西和想花钱的东西，那么它会是什么样子的？不要纠结于确切的百分比。只需要想想一些大类：房租、伙食、交通，可能还有学生贷款等。有没有储蓄和投资呢？记住，在这个游戏中，你有魔法。还有你一直想去的难得一次的旅行呢？把这个也放进饼状图。

一些读者反馈，这一步是本书最具挑战性的部分。但我相信，这也是回报最高的部分，因为你可以有意识地选择如何花钱以及思考如何过上富足人生。

因此，让我们继续讨论有意识消费计划的细节。不要被建立一个庞大的预算系统的想法吓倒。你只需要在今天拿出一个初级版本，并在日后不断改进。

有意识消费计划包括四个主要部分（俗称"四大水桶"）：固定支出、投资、储蓄和无负罪感消费。

有意识消费计划	
固定支出 房租、水电费、债务等	实得工资的 50%~60%
投资 401K 计划、罗斯个人退休金计划等	10%
储蓄 度假、礼物、房子首付、应急备用金等	5%~10%
无负罪感消费 外出就餐、喝酒、看电影、购买服饰鞋履等	20%~35%

每月固定支出

固定支出是你必须花的钱，比如租金、抵押贷款、水电费、电话费和学生贷款。根据经验，固定支出最好占实得工资的50%~60%。在做其他事情之前，你必须弄清楚这些费用加起来有多少。你会觉得这个很容易算出来，对吧？

其实这是个人理财中最棘手的问题之一。要想弄清楚这个问题，我们得一步一步慢慢来。下面的表列出了一般人的基本开支（普通人生活所需的最低费用）。如果发现表中没有你的主要消费类别，那就加进去。请注意，我没有把"外出就餐"或"娱乐"包括在内，因为它们属于无负罪感消费那一类。简单起见，我也没有将税费包括在内（你可以搜索"国税局预扣税计算器"来复核雇主从你的每份工资中"预扣"的税款数额）。这些例子都基于你的实得工资。

每月支出项目	每月支出金额
房租 / 房贷	
水电费	
医疗保险和账单	
车贷及日常用车开销	
公共交通费用	
其他贷款或债务	
食品及日用品	
服饰	
网络 / 有线电视	
……	

先把你知道的费用填上。

至于没有算清楚的费用和类别，还需要深入分析。查看之前的消费记录，填写所有金额，确保涵盖每一个类别。简单起见，你只需要查看过去几个月的消费记录。想知道你把钱花在哪儿了，最简单的方法是查看信用卡和银行对账单。当然，你可能无法通过这种方式获取每一笔费用的去向，但至少能知道 85%，这就足够了。

所有费用都填好后，还要再加上 15% 没算上的费用。是的，这一步很重要。例如，你可能没有算上"汽车维修费"每年高达 400 美元（每月 33 美元），以及干洗、紧急医疗或者慈善捐赠的费用。这 15% 的费用基本上可以涵盖你没有考虑到的事情，随着时间的推移，你可以得到更准确的估值。

（我的理财系统里其实有一个名为"愚蠢错误"的类别。刚开始，我每个月会准备 20 美元作为应急备用金。然后，不到两个月，我就花了 600 美元看医生，还被开了一张 100 多美元的交通罚单。计划赶不上变化，因此，我现在每个月会省下 200 美元以备不时之需。到了年底，要是钱没花完，就存一半花一半。）

一旦知道了精确的数字，你就要从实得工资中把它们扣掉。现在你会知道你还有多少钱可以花在其他方面，比如投资、储蓄和无负罪感消费。此外，你还会觉得可以在某些消费领域减少支出，然后把省下的这部分钱拿来储蓄和投资。

长期投资

长期投资包括你每个月投到 401K 计划账户和罗斯个人退休账户的资金。这一部分最好占税后实得工资的 10%（或者你每月工资的 10%）。401K 计划占了工资的 10%，所以，如果已经有了 401K

计划，你就需要把这个数额加到实得工资中，这样就可以得到一个月的总工资。

如果不确定该给你的投资项目分配多少资金，你可以打开 bankrate.com 网站的投资计算器（在网站搜索"投资计算器"），然后输入你的金额，比如每月存款 100 美元、200 美元、500 美元，甚至 1 000 美元。假设回报率为 8%，你会看到经过 40 年，不同的投资额带来的巨大差异。

因为大部分投资会投到有税收优惠的退休账户上，这一点我们将在本章讨论，所以去掉税收就可以得到一个粗略的金额。你只要明白税收最终会占 401K 计划账户收益中很大一部分就够了。记住，现在存得越多，以后的报酬也就越多。

60% 解决方案

我之前说过 85% 解决方案——专注于实现大部分目标，达成"足够好"的目标就可以了，而不是纠结于实现 100% 的目标，那样只会让你不知所措，最终一事无成。前 MSN 理财频道主编理查德·詹金斯写了一篇文章《60% 解决方案》，他建议把钱分成几个简单的部分，最大的基本支出（如食物、账单、税收）占总收入的 60%。剩下的 40% 分成 4 个部分：

1. 退休储蓄（10%）
2. 长期储蓄（10%）
3. 非定期消费的短期储蓄（10%）
4. 娱乐费用（10%）

> 这篇文章广为流传，但奇怪的是，我的朋友都没有听说过。我提出的有意识消费计划与詹金斯的 60% 解决方案有相似之处，但更适合年轻人。我们在外出吃饭和外出娱乐上花销巨大，反而在住房上支出较少，因为我们可以和别人合租，跟拖家带口的中年人相比，住得也更舒服。

储蓄目标

这一部分包括短期储蓄目标（如购买节日礼物和度假）、中期储蓄目标（几年后的婚礼）和更大的长期储蓄目标（如房子首付）。

确定每个月应该存多少钱，看看这些例子，你一定会感到震惊。

给朋友和家人的礼物。曾经，生活很简单。每逢节假日，只需要给父母和兄弟姐妹准备礼物就可以了，但后来家里有了新成员——侄女、侄子以及亲家的亲戚。突然，每年你需要买更多礼物了。

不要被买礼物之类的开销吓着了。你早就知道买节日礼物和生日礼物的钱肯定要花。纪念日礼物呢？还有毕业礼物之类的特殊礼物呢？

对我来说，富足人生是可以为可预见的花销做好准备，这样才不会对这些支出感到意外。提前做好计划不是"奇怪"的行为，而是明智之举。你知道每年 12 月都要买圣诞礼物！那么在 1 月就要提前做好计划。

现在，我会告诉你如何把这个原则应用到花费更大的支出上。

如何消除花钱的负罪感

如果要说个人理财作家喜欢做什么事，那就是让你对花钱有一种负罪感。我的意思是，你知道他们写的究竟是什么东西吗？

"和朋友出去玩的时候想喝饮料？为什么不喝水呢？"

"想去度假？为什么不去公园散步呢？"

"为什么会有人想买新牛仔裤？衣服上的污渍更能彰显性格。"

如果按照个人理财作家的建议去生活，我们每个人就应该在后院种地，做自给自足的农民。读者朋友们，我跟大家一样喜欢《愤怒的葡萄》，但那不是我想要的生活。

好笑的是，个人理财作家现在流行拿单笔消费来推断：如果你用这笔钱投资 40 年，会升值多少，然后让你为此感到内疚。

比如，如果你把原本计划在度假上花的 2 000 美元存起来，投资 40 年，那么这笔钱以后会升值，超过 4 万美元。

当然，这个方法确实可以让钱升值。但这就好比我下次去海滩，用保温瓶收集海水，步行 500 英里[1] 去海水淡化厂，然后让前台的人帮我一个忙，帮我把海水淡化了。为什么不试一下呢？

你觉得我在开玩笑？《今日美国》的一名作家写了一篇文章，题为"一个三明治价值多少钱？它能让你的存款

1　1 英里 ≈ 1.609 千米。——编者注

损失 9 万美元"。

关于富足人生，如果你还在锱铢必较或者计算一个三明治是否值 9 万美元，你的方向就大错特错了。

几十年来，这些文章的确对读者产生了一些影响。他们开始相信，管理金钱的唯一方法是把钱存起来，然后列出一长串的不消费名单。很快，负罪感不仅仅来自理财专家和外界，还来自你自己。

例如，我认识的很多读者年收入超过 20 万美元，却不敢为自己花钱。他们觉得在豪华餐馆吃饭，即使半年才去一次，也是一种"浪费"行为。

他们把自己关进了节俭的监狱。你也不想最后落得像有人在"财务独立"论坛上写的一样："回顾过去几年的生活，看看银行账户里的存款，如果可以体验更多的生活，找到更多的激情，我会很乐意放弃大部分存款，延迟退休。我银行有存款，却未曾过好我的生活。"

你有没有注意到，这么多理财专家是如何使用"担心"、"害怕"和"内疚"这样的词语的？他们为什么不一开始就告诉你所有不该花钱的东西？因为他们都在打防守。

我有不同的方法。

我相信，如果在生活中获得了巨大的成功，你就永远不必担心午餐的价格。而且，"担心"、"内疚"和"钱"这几个词甚至不会同时出现在一个句子里。你会花钱做任何想做的事情。不仅仅是买一个三明治，你还可以享受难忘的假期，给家人准备礼物，或是给自己和家人安全感，一切由你决定，而且你完全不会有负罪感。

婚礼（无论你订婚与否）。 一场婚礼的费用平均超过 3 万美元。但根据我的经验，如果把所有费用都考虑进去，实际上将近 3.5 万美元。（更准确地说，威尔·欧雷穆斯在美国知名网络杂志 *Slate* 上表示："2012 年，婚礼的平均费用为 27 427 美元，中位数为 18 086 美元。而在曼哈顿，大多数报道称，平均水平为 76 687 美元，中位数为 55 104 美元。"从财务角度看，我总是做最坏的打算，这样就能保守地进行规划。我和妻子举办了一场大型婚礼，所以我知道有些看不见摸不着的开销很容易让你超出预算。）

为了便于计算，我们就把 3 万美元视为平均数。

我们已知美国人结婚的平均年龄，所以你可以准确地计算出，在没有人资助或没有债务的情况下举行婚礼，你需要攒多少钱。如果你 25 岁，你需要为婚礼每月存至少 1 000 美元。如果你 26 岁，你每个月至少要存 2 500 美元。（我在书中详细介绍了如何筹钱办婚礼，包括我自己的婚礼。）

在不重要的东西上花一分钱都嫌贵，在预算范围内的东西上花多少钱都不嫌贵，这是我采用过的最有效的建议。我不会把钱花在有线电视上，也不会去买漂亮的新车和时髦的衣服，但我会把钱花在旅行上。等需要结婚买房的时候，我已经为婚礼和房子首付攒了一大笔钱。

——杰西卡·菲策尔，28 岁

买房。 如果考虑几年后买房，你可以查看你所在地区的房价。假设你所在社区的房价平均为 30 万美元，而你想按照传统支付 20% 的首付，也就是 6 万美元，那么要想在 5 年内买房，你每月要存 1 000 美元。

疯了，对吧？没人想这样存钱，但当你规划出未来几年的支出时，确实会让人吓一跳。你可能一时难以承受，但还是有好消息的。首先，存钱的时间越长，每个月需要存的钱就越少。如果决定等 10 年后再买房，那么你每个月只用为首付存 500 美元。时间太短会让你的储蓄压力很大，效果也可能不好。如果你在 20 岁开始为一场普通的婚礼存钱，每个月必须存大约 333 美元。但是如果 26 岁才开始存钱，你就得每月存 2 333 美元。其次，我们通常能得到外部的帮助，比如配偶或父母，但你当然不能把希望全部寄托在他人的帮助上。再次，理论上你还可以通过投资来达到自己的储蓄目标。这并非理想做法，但确实可行。

不管存钱是为了什么，你最好都把实得工资的 5%~10% 存起来，以实现你的目标。

无负罪感消费

除去所有开销、投资和储蓄，剩下的就是用于娱乐的钱，你可以用来做任何你想做的事情，一点儿都不用感到内疚。你可以去餐馆、去酒吧、坐出租车、看电影以及去度假。

根据其他方面的消费计划，无负罪感消费最好占实得工资的 20%~35%。

· 优化有意识消费计划

现在你已经打下了有意识消费计划的基础，可以开始做一些有针对性的调整，把钱花到你想花的地方。这样，你的计划就会像一个有生命力的系统，当遇到问题时会发出提醒信号，而不是像一团笼罩在你头上的乌云，时刻让你担忧"我感觉花得太多了"。只要"警报"没响，你就不用担心。

控制大头开支

优化支出看起来是个大工程，但其实不一定。如果用 80/20 分析法，你就会发现超支的 80% 通常只占支出的 20%。这就是为什么我更喜欢专注于解决一两个大问题，而不是试图从一堆小项目中削减 5% 的支出。

我是这样做的：随着时间的推移，我发现大部分支出都是可预测的。我每个月交的房租一样，地铁交通费基本不变，甚至每月花在礼物上的钱也基本相同（一年以上的平均值）。

知道了年均支出，你就不会为偶尔花 12 美元看电影而苦恼了。

但总有那么两三个支出变化很大的项目，你需要进一步细化并加以控制。

对我来说，这些项目有外出就餐、旅游和购买衣物。季节不同，不同品质的羊绒衫的价格也不一样，这就导致每个月花在衣服上的钱可能会相差几千美元。

我的理财工具

经常有人问我用什么工具理财。

最简单的方法是使用 Mint (mint.com)，它会自动与你的信用卡和银行同步，对支出进行分类，并显示你的支

出走势。Mint 是一款很好用的工具，可以让你非常容易地了解自己的消费情况，但是很快你也会发现它有一些缺点。

为了更好地了解支出，我建议你使用一款名为"You Need a Budget"（youneedabudget.com，或"YNAB"。我知道，这个名字颇具讽刺意味，毕竟之前我提到我有多讨厌预算）的预算管理应用。YNAB 让你的每一分钱都"各司其职"，比如"手机账单"或"无负罪感消费"。只需两周，你就会对自己的消费了如指掌。

最后，到了某个时候，你可能在不同账户上都有投资，比如上一家公司的 401K 计划账户上有几千美元，之前的罗斯个人退休账户上有几千美元，等等。这时你就会想综观所有投资，看看资产配置的整体情况。

有些人用"个人资本"（personalcapital.com）这一软件，但我只用先锋领航的。每个主要的经纪账户都能与外部投资关联，这样就能查看整体情况。

从本书的第一版开始，我的理财系统就发生了变化。我以前用的是 Mint，自从其被财捷集团收购后就变差了，所以现在我不用了（而且用了几个星期后，你也了解了自己的消费，确实可以不用了）。我准备之后用 YNAB，这个软件要好用很多。

我以前也会手动记录现金支出，但现在我很少用现金了（基本上只有给小费的时候才用现金），所以我不再手动记账。我会计算 6 个月内的平均现金支出，然后把它作为有意识消费计划的一个预算项目，以后我就不需要再手动记录了。因为我知道在一两个月内，我的平均现金支出不会超过几美元。

　　随着经验越来越丰富，我了解到自己的支出项目中只有几项有显著波动——外出就餐、旅行和购买服饰。这是我一直关注的"关键领域"，我将在接下来的几页展示如何处理这几个方面。

　　对于投资，特别是对资产配置进行投资，我会使用先锋领航。随着净资产增加，我找了一位"个人财务总监"，让他每月向我汇报一次关键数据。（我的网站课程"高级个人理财"中有更多关于这方面的内容。）

　　我每年都用 myfico.com 获取信用评分和报告。虽然这些信息都可以免费获取，但用它对我来说更方便。

　　为了计算投资方案的收益情况，我会使用 bankrate.com 上的计算器。

　　最后，我不知道你们是否和我一样，反正我十分讨厌纸质的目录和账单。为了减少邮件数量，我会在 optoutprescreen.com 网站上勾选不需要信用卡优惠，并用"目录选择"（catalogchoice.org）服务来阻止收到不需要的目录。

这就是我关注的重点。

要进行 80/20 分析，你可以用谷歌搜索"进行帕累托分析"。

现在我们举个例子：布赖恩每年税后所得为 4.8 万美元，即每月 4 000 美元。根据他的有意识消费计划，他的支出应该是这样的：

- **每月固定支出（60%）：2 400美元**
- **长期投资（10%）：每月400美元**

- 储蓄（10%）：每月400美元
- 无负罪感消费（20%）：每月800美元

可是 800 美元不够他花。回顾过去几个月的无负罪感消费情况，他发现自己每个月实际上需要 1 050 美元。他该怎么办？

糟糕的回答：大多数人只是耸耸肩说"我不知道"，吃块英国松饼，然后登录社交新闻平台红迪网去吐槽经济怎么不景气。他们从未想过要主动掌控自己的钱，所以这对他们来说完全是个陌生的问题。

稍微好一点儿，但仍然欠佳的回答：布赖恩可以减少在长期投资和储蓄上的支出。当然可以，但他也会因此付出代价。

最好是从每月支出中问题最大的两个方面，即每月固定支出和无负罪感消费这两部分下手。

最佳答案：布赖恩决定挑选出最大的三项支出进行优化。首先，他看了看每月的固定支出，发现他一直以 18% 的利率支付信用卡债务的最低还款，目前还欠了 3 000 美元。按照目前的计划，他大约要花 22 年才能还清债务，利息都要 4 115 美元。但是，他其实可以打电话给信用卡公司要求降低利率。新信用卡年利率降低到 15% 后，只需要 18 年以及 2 758 美元的利息他就能还清债务。他节省了 53 个月和 1 357 美元。虽然每个月只差 6 美元，但 18 年下来，总额还是相当可观的。

接下来，他查看了自己的订阅，发现一直在为网飞账户和星球大战会员网站付费，而这两个网站他很少使用。他取消了这些订阅，每月节省了 60 美元，还提高了自己交到女友的机会。

最后，他登录了 YNAB 的资金管理账户，发现每个月要花 350 美元在外面吃饭，250 美元在酒吧娱乐，共计 600 美元。他决定在接下来的 3 个月里把这个数字逐步降到每月 400 美元，这样他每月

我来教你变富

又可以节省 200 美元。

节省总额：每月 260 美元。通过调整支出，布赖恩能够制订一个行之有效的有意识消费计划。

布赖恩很聪明，只专注于改变那些重要的事情。他没有说每次出去吃饭都不喝可乐，而是选择改变真正影响总收入的大头开支。你经常会看到这种情况：有些人受到激励开始做预算，并决定吃饭时不点开胃菜，或者买普通牌子的饼干。挺好的，我也绝对鼓励你这么做，但节省这些小钱对总支出几乎没有影响。这些做法起初会让人自我感觉良好，可一旦意识到自己并没有因此变得更有钱，这种良好的感觉就持续不了几周了。

试着把注意力转移到能带来巨大且可衡量的变化的大头开支上。我每个月都关注几项大头开支，比如外出就餐、购买服饰和旅行。你大概已经知道什么是大头开支了。它们会让你感到害怕，你耸耸肩，翻个白眼说："是啊，我可能在……上花了太多钱。"

设定符合实际的目标

我的业务包含了在个人理财、创业和心理学等领域开设有关自我发展的视频课程。不久前，我们测试了一个健身项目，为此招收了几十名测试者，旨在帮助他们减肥。

大部分测试者和约翰面临同样的问题：超重 45 磅，有不良饮食习惯，多年不锻炼。现在约翰准备做出改变，而且准备得"非常充分"，他说他想减少 50% 的卡路里摄入，还要每周锻炼 5 次。

"天哪，"我们告诉他，"还是慢慢来吧。"但他坚持要在一夜之间做出改变：从完全不锻炼到一周锻炼 5 次。

不出所料，不到 3 周他就放弃了。

你应该知道，有些人对新事物会充满热情，结果热情过了头，不一会儿热情就消耗殆尽了。所以我宁愿每次要求低一点儿，也要让自己坚持到底。

曾经有位女士给我发邮件说："我总是告诉自己一周要跑 3 次步，但我从未做到。"我回复她："一周跑一次怎么样？"她回答："一周只跑一次？那有什么用？"

她宁愿天天想着一周跑 3 次，也不愿意真正地一周跑上一次。

不再为大头开支花更多的钱

最近和一个朋友吃早餐，他给我讲了一个非常有意思的故事。他和女友在一起两年了才开始谈论财务问题。"我真的花了这么长时间才赢得她的信任。"他说。他女友是一名教师，工资不高。在查看他女友的财务信息时，我的朋友注意到她有很多次透支记录。他让女友估计一下透支的数字。"有一两百美元吧？"她猜。

但实际上，她去年的透支总额达到 1 300 美元。

那他有没有被吓到，或者嚷嚷着要去银行谈判免除透支费呢？没有，他只是非常平静地安慰女友："先专心处理透支问题，怎么样？没有了透支，你会过得更轻松。"避免透支对她来说就是一个巨大的胜利。

可持续性改变是个人理财的核心。有时我会收到一些电子邮件，来信者说："拉米特！我开始理财了！以前我每周要花 500 美

元！现在我只花 5 美元，剩下的都存起来！"当读到这种信时，我只会叹息。你可能认为我会对某人每月存 495 美元感到非常兴奋，但我知道，当一个人从一个极端走向另一个极端时，他的行为改变几乎不会长久。

这就是为什么每次看到个人理财专家建议家庭把储蓄率从 0 提升到 25% 时（他们说："你可以做到！"），我只是摇摇头。给出那种建议是没有用的。习惯不会在一夜之间改变，就算改变了，可能也无法持续。

当要做出改变时，我会先选择一个重要的领域，从一点一滴的小改变开始，循序渐进地推进。举个例子，如果记账时发现每月预算少了 1 000 美元（这种情况比想象的要多），我会选择两个主要领域，也就是花钱最多但只要稍加努力就能减少开支的两个项目，集中精力控制开支。假设我每月花 500 美元在外面吃饭，情况如下：

第 1 个月：外出就餐花费 475 美元

第 2 个月：外出就餐花费 450 美元

第 3 个月：外出就餐花费 400 美元

第 4 个月：外出就餐花费 350 美元

第 5 个月：外出就餐花费 300 美元

第 6 个月：外出就餐花费 250 美元

这不是比赛，但仅仅用 6 个月，我就把外出就餐的费用减少了一半。将同样的策略应用到第二个项目上，我每个月也可以节省数百美元。而且这种策略更具有可持续性。

另一种做法是：看看你目前的支出，吓到抓狂，然后一刀切地把开支削减一半。突然要以截然不同的方式消费，你会无所适从。你认为这种雄心勃勃的支出目标能持续多久？

"我接下来一个月滴酒不沾。"这种话你听过多少次了？我不明白这种突发奇想有什么意义。就算一个月后，你确实只花了平时的50%，然后呢？如果你坚持不下去了，恢复到以前的消费习惯，那么你到底完成了什么目标？我更希望你选择削减10%的支出，然后坚持30年，而不是削减50%的开支，却只坚持一个月。

无论是想改变个人财务状况、饮食习惯、锻炼计划还是其他，你都应该试着从最小的改变开始。先改变一些你几乎不会注意到的事情，然后按照计划逐步扩大范围。这样，时间就会站在你这一边，因为每个月都比前一个月有进步，最后你会有前所未有的改变。

用信封预算系统控制大头开支

这些有意识消费和优化方法在理论上听起来不错，但要如何做到呢？我推荐使用信封预算系统。你可以通过这个系统，把钱分配到不同支出类别上，比如外出就餐、购物、租房等。一旦花完了一个月的预算，你就不能再多花了。如果真的遇到急需用钱的情况，可以用其他信封里的钱（比如你的"外出就餐"信封），但之后你必须缩减开支，直到把信封再装满为止。这些"信封"可以是抽象的（比如YNAB账户或者一张Excel表），也可以是实实在在的可以放入现金的信封。信封预算系统是我目前发现的可以保持可持续性简单消费的最佳系统。

例如，我的一个朋友在过去的几个月里一直在审视自己的支出。在核查消费记录时，她注意到自己每周都要花一大笔钱在外出娱乐上，所以她想出一个聪明的办法控制自己的可自由支配开支。她用借记卡开了一个单独的银行账户，每个月月初她会转200美元进去，当外出娱乐时，她花这里面的钱，花完了就没有了。

这些都是很好的训练。先养成习惯，然后系统化。

小贴士：如果开通了一个这样的借记账户，你要记得告诉银行工作人员不要让你的消费超过账户余额。你可以说："如果我的账户上只有 30 美元，可我想消费 35 美元，我希望系统禁止我这样做。"有些银行可以接受这个请求。如果不这样做，可能会导致大量透支。

信封预算系统

1. 决定你每个月想在主要支出类别上花多少钱。（不确定？那就从外出就餐这个类别开始。）

2. 往每个信封（类别）里放钱。

3. 你可以把钱从一个信封转到另一个信封……

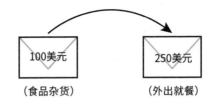

……但是，如果所有信封里的钱都被花光了，这个月也就只能这样了。

随便用什么系统来分配都可以，只要决定好每个月想在各类支出上花多少钱就行（从选择大头开支开始）。把分好的钱放到每个"信封"里。所有信封里的钱都被花光了，这个月也就只能这样了。你可以把钱从一个信封转到另一个信封……但是这笔钱来自另一个支出类别，所以你的总支出实际上并没有变。

有些书呆子朋友甚至把系统做得更复杂。下面是我的一位读者做的表格：

	外出就餐	打车	买书
每月次数	12	8	5
每次消费金额	23 美元	9 美元	17 美元

他告诉我："每个月我都会尽量减少在某些项目上花钱的次数和金额"。不到 8 个月，他就削减了 43% 的开支（他当然知道确切的数字）。在我看来，这种程度的分析对大多数人来说没必要，但它至少能表明：有意识消费计划可以让你获得多么详细的信息。

· **挣的钱不够花怎么办？**

对你而言，根据自身财务状况制订一个可行的有意识消费计划似乎遥不可及。有些人已经把开支削减到最低限度，但仍然没有什么钱。坦白讲，将 10% 的钱存起来养老这种建议对我来说是一种侮辱。他们连给车加油的钱都没有，怎么能指望他们存下 10% 的钱去做长期储蓄呢？

这有时是客观现实，有时只是一种主观感知。许多人写信给我，说他们是月光族，但实际上他们的预算比他们想象的有更多回旋余地（例如，自己做饭而不是下馆子，或者不要每年都换新手机）。他们只是不想改变消费习惯。

不过，确实有许多人过得很拮据，真的不能再削减开支了。既然如此，那么这个支出计划可能只是在理论上有用。但你可以做一件更重要的事，就是增加收入。能削减的开支很有限，但能增加的收入却是无限的。一旦收入增加，你就可以开始实施有意识消费计划。在此之前，用好以下三个策略可以让你挣得更多。

协商加薪

如果你有工作，协商加薪其实不难。

美国人力资源管理协会指出，每名员工的平均雇佣成本为4 425美元。企业花了近5 000美元招聘你，又花数千美元培训你，它真的愿意失去你吗？

要想加薪，你需要有详细的计划，不要跟我的朋友杰米一样。他觉得公司付的薪水远远不及他对公司的贡献，因此非常愤怒，但两个多月没有采取任何行动。等他终于鼓起勇气要求老板加薪时，却唯唯诺诺地问："我可以问一下加薪的事吗？"如果你是经理，第一反应可能就是："行啦，别再给我添麻烦了。"老板拒绝了他，杰米很沮丧，工资也没有涨。

记住，加薪不是你说加就能加的。你要向老板展示你的价值。你不能直接跟老板说因为你开销变大，所以需要加薪。没人在乎这些。相反，你要证明你如何为公司的成功做出了贡献，并要求得到相应的公平报酬。你需要这样做：

加薪考核前3~6个月：与上司讨论商定业绩期望，然后尽一切可能超越这个期望值，成为一名优秀员工。

加薪考核前 1~2 个月：准备一个"证据公文包"，用具体事实证明自己应该加薪。

加薪考核前 1~2 周：大量练习与上司的模拟对话，尝试使用恰当的对话策略和脚本。

要求加薪之前的 3~6 个月，和老板坐下来，问问他怎样才能成为公司的优秀员工。一定要非常清楚你需要怎样做才能达到目标。此外，你还要确认成为优秀员工是否意味着加薪以及能加多少。

约面谈时间：

老板，您好！

最近怎么样？祝您新年快乐！公司今年开年一切顺利，特别是公司即将启动 X 和 Y 项目。

我也希望能表现得更加出色，所以想和您聊几分钟，谈谈如何才能成为一名优秀员工。我自己有一些想法，但还想听听您的意见。不知您下周能否抽出 15 分钟？如果可以，下周一上午 10 点我去您办公室，行吗？

谢谢！

署名

请注意，这是个渐进的过程，不要直接提加薪，甚至不要问怎样成为优秀员工，仅仅只是约一个面谈时间。

面谈时：

你：您好，老板，谢谢您百忙之中抽空和我见面。之前在邮件里我说到，对于自己的岗位，以及如何成为优秀员工，我有许多想法，如果可以，我想和您讨论一下。

老板：当然可以。

你：在我看来，我在这个职位上的角色可以分为三个主要方面：A、B和C。我觉得自己在A上表现得不错，对B进入角色也很快，但在C上我还需要一些帮助，之前咱们也讨论过。您觉得我分析得对吗？

老板：嗯，没错。

你：我一直在思考这三个方面的问题，以及如何在这些方面更进一步。我很想跟您分享我的初步想法，但还是想先听听您的意见。在您眼中，要成为优秀员工，我在这三个方面要做哪些事情才最有意义？

老板：嗯……我不是很确定。也许是……

你：是的，我赞同您说的，我们想法一致。我是这么想的，具体来说，我打算在6个月内实现目标A、B和C。虽然听起来挺激进的，但我觉得我可以。这是您想看到的吗？您觉得这样是否有助于我成为优秀员工？

老板：是的，可以。我觉得你的计划很完美。

你：太好了。非常感谢您。我会继续努力，像往常一样每四周向您汇报最新进展。最后我还想提一下，如果6个月后我做得很出色，希望能和您谈一下调薪的事。不过今天就先这样，到时候再说好吗？

老板：行。期待你的表现。

你：好。我会把谈话记录打出来给您。再次感谢！

你明确地表明了自己的目标是成为一名优秀员工。你获得了老板的支持，而且确定了具体的目标，还主动跟进后续进展，以书面形式明确了你的目标。

现在该去实现这些目标了。首先，跟进你的每一项工作以及获得的成果。如果你所在的团队售出了 2.5 万个产品，那就想想你为此做了多少贡献，要尽可能量化。如果弄不清楚确切的成果，你就去问问更有经验的人，他们知道如何把自己的贡献与公司的成就联系起来。

一定要让老板知道你的工作进展。老板不喜欢惊喜，他们喜欢一两周一次的工作简报。

大概在你准备要求加薪的前两个月，和老板再约一次，展示上个月的业绩记录，问问他哪里可以继续改进。你想知道自己的工作是否在正轨上，所以定期汇报工作进展很重要。

在进行薪资谈判的前一个月，跟老板提一下，因为你最近表现不错，所以想在下个月的会议上讨论一下薪资问题。问一下要做些什么，才能让此次讨论富有成效。仔细听老板说的话。

这个时候，让你的同事在老板面前为你美言几句并没有坏处。当然，这是建立在你已经超出预期并取得了具体成果的基础上。我从一个斯坦福大学教授那里学到了这一招儿，当年我考斯坦福时，他曾向招生委员会推荐过我。以同事的一封推荐邮件为例：

老板，您好，

我希望您能了解（你的名字）对 Acme 项目的积极贡献。她成功地说服供应商把费用降低了 15%，为我们节省了 8 000 美元。她提前两周完成了目标，说明她有出色的组织能力，能保证项目进展顺利。

谢谢您！

（同事的名字）

现在"舞台"已经搭好了。

在要求加薪的前两周，找几个朋友提前演练一下，模拟如何进行薪资谈判。这看上去很奇怪，但谈判本身就是一种有意为之的行为。第一次谈判，你会感觉非常奇怪和不自在。所以，第一次谈判最好还是和有谈判经验的朋友演练一遍，他们会就你的表现给予反馈意见。

具体来说，虽然我希望你的老板能立即认可你的工作并同意加薪，但有时并没有那么容易。你要为以下情况做好准备：

· **"你没有完成目标。"** 如果确实没有完成目标，你就应该尽早和老板沟通，并一起商定应对计划。但是，如果你的老板只是以此为借口来混淆目标，或者改变目标，你可以这样回应："如果我有做得不足的地方，希望能和您讨论一下。但是在那一天（日期），我们对这些目标达成了共识。从那以后，我每周都有向您汇报进展。我全心全意地想要超越目标，正如您从（具体项目）中看到的那样，我已经做到了，所以我真诚地希望得到应有的报酬。"

· **"我之前没同意加薪。"** 你的回答："确实没同意。但我们在那一天的讨论中一致同意，如果我完成了这些目标，就是优秀员工，也就可以讨论薪酬调整事宜。"（拿出打印好的沟通内容。）

· **"这个我们可以改日再议。"** 你可以这样回答："我知道现在并不在公司调薪的时间点上。但是我花了6个月来实现这些目标，并且一直在向您汇报进展。我也会继续超越我的目标，但我想以书面形式确认一下我是否有望在下一次调薪时加薪。"

谈判的那一天，带上自己的薪资表、从 salary.com 和 payscale.com 网站下载的同等职务薪资行情以及你的成绩清单，准备好争取公平的薪酬。记住，这不是在向妈妈要柠檬水喝。你现在是一名要求公平的薪资待遇的专业人士，你要以合作伙伴的身份去讨论如何让公司发展得更好。

这是你所有准备和努力的结晶。你可以做到的！

如果你成功加薪，恭喜你！这是增加收入的第一步。如果没能加薪，问问老板你要做些什么才能在职业生涯中脱颖而出。当然也可以考虑跳槽，去一家发展空间更大的公司。

小妙招：快速了解你的薪酬情况

想知道你的年薪是多少，就把你的时薪乘以 2，然后在后面加 3 个 0。如果你每小时挣 20 美元，那么每年大约挣 4 万美元。如果你每小时挣 30 美元，那么每年大约挣 6 万美元。

反过来也可以算时薪。要想知道时薪，把你的工资除以 2，去掉 3 个 0。所以，年薪 5 万美元大约就是时薪 25 美元。

这个一般是以每周工作 40 小时计算的，不包括税费和福利。这是一种非常简便的好算法。在你决定是否要买某样东西时它非常有用。如果买一条裤子要花掉你 8 个小时的时薪，那么它值得吗？

找一份高薪工作

这就是第二条增加收入的途径。如果你觉得现在的公司没有给你提供成长机会，或者你正在找新工作，加薪就更容易了。在招聘环节中，你有前所未有的优势。

我在书中详细介绍了薪资谈判。

从事兼职

想挣更多，最好的方法之一是从事兼职。代驾就是一个很简单的例子，但我们还要更深入了解。想想你有什么技能或兴趣能为别人服务，不一定非要是什么专业技能。保姆也是一个很好的自由职业（而且报酬很高）。如果有空闲时间，你可以在 upwork.com 这样的网站上注册，成为一名虚拟助理。

只要相信自己的赚钱能力，你就会惊喜地发现，其实你已经拥有别人愿意为之花钱的潜在技能，这是你之前从未意识到的。我们围绕这一点构建了一个完整的课程，叫作"Earn1K"（意思是"赚1 000 美元"），我非常欣赏学生们把不同的点子变成赚钱的生意。

例如，有一位叫本的读者，他喜欢跳舞。通过我们的 Earn1K 课程，他学会了如何将这项技能转化为一项业务：教男士跳舞。他创业后不久，《早安美国》就电话采访了他。

还有漫画艺术家朱莉娅，她为别人画肖像，收费是每小时 8 美元。我们教会了她如何把绘画变成六位数的生意。

还有其他成千上万种赚钱渠道，甚至还有做家教、遛狗这样简单的工作。记住，忙碌的人希望能雇人打理他们的生活。分类广告网站 craigslist 上的求职板块就是一个开始自由职业的好起点。

如果有某方面的专长，你就联系那些可能有用人需求的公司。比如我上高中时，给 50 个不同行业的网站发了邮件，这些网站看起来很有趣，但是它们的营销和文案都很差，所以我主动提出帮它们重写网页。大约有 15 家回复了，我最终为一家公司编辑了一份文案，这家公司最终提拔我管理其销售部门。

后来我在大学期间给风险资本公司提供咨询，教其如何用电子邮件和社交媒体进行营销。这是你我都熟知的东西，但它们对这些风投公司来说却很陌生。这种咨询很有价值，这些公司甚至愿意为此支付高额咨询费。

· 灵活调整消费计划

尽你所能设计并实施合适的有意识消费计划，给自己一些时间来适应它的节奏。当然，你可以多花点儿时间研究一些战略性的投资决策，比如"我应该把每月储蓄目标定为10%还是12%"。但首先，你得把最基本的东西定下来。在接下来每个月的实践中，你还会遇到一些意外状况。

你总是会有意想不到的现金支出，比如忘记带雨伞时，你不得不打车或买一把新伞。即使忘了记录这些意外的小笔支出，你也不要抓狂。如果感觉这个计划压得你喘不过气来，那就缓一缓。我会尽量用信用卡购物，减少使用现金，这样消费就会自动记录在软件中（不管你是用YNAB、Mint还是其他工具）。我有多年的记账习惯，所以了解自己平均每个月要花多少钱。我会在有意识消费计划中记录每个月的平均花费。

万事开头难。一旦开了头，后面的事情就好办了。把记账作为每周的优先事项，我每周日下午留出30分钟来记账。

如何处理意外支出和非定期支出

像结婚礼物、汽车修理费和滞纳金这样的意外支出会打乱消费

我来教你变富

计划，令你沮丧。因此，制订计划的另一个关键就是要考虑意外情况，灵活调整计划。

已知不定期支出（车辆注册费、圣诞礼物、假期）。把这种不定期开支列入预算不难，其实这些支出已经包括在你的消费计划中了：在储蓄中，大致确定这笔钱的数额，然后把钱分配到这个目标中。不一定有多精确，只需要一个大概的数字，然后每个月为这个目标存钱。例如，如果知道买圣诞礼物大约要 500 美元，你就从 1 月开始每个月存 42 美元（即 500 美元除以 12 个月）。这样圣诞节到来的时候，你就不会因有大笔支出而深感不安了。

未知不定期支出（意外医疗费用或交通罚单）。这类意外支出其实属于每月固定支出，因为有些意外支出不管你怎么做都是避免不了的。前文我提出在固定支出的基础上再增加 15% 的资金用于意外支出。我还建议每个月留出 50 美元用于意外支出。但很快你就会意识到，这笔钱其实少得可怜，根本不够应急。随着时间的推移，你会更清楚每月应该留出多少意外支出资金，你也可以对金额做相应调整。到了年底，如果我的账户上还有余钱，我会存一半，剩下一半用来娱乐，作为对自己的奖励。

	定期	不定期
已知	·房租 ·贷款或债务 ·水电费	·圣诞礼物 ·车辆注册费
未知	·如果赌博成瘾，你可以把输掉的钱分在这一类上	·结婚礼物 ·医疗费用 ·交通罚单

好在渐渐地你会对自己的支出情况有更准确的了解。大概一两年之后（记住，目光要放长远），你会对如何做预算有非常准确的理解。一开始会很难，但之后会越来越容易。

意外收入的"问题"

有意外支出，也就有意外收入。人一旦发了大财，就会忍不住拿来挥霍享乐，但我建议你克制这种本能，做到有意识消费。

意外的一次性收入。有时候，钱就是会从天而降，比如生日红包、纳税申报单或意想不到的兼职机会。但是，我不鼓励你把这些收入都存起来。如果我得到了一笔意外之财，我会把一半的钱用于娱乐，通常是买很久之前就看上的东西。我一直都是这样！通过这种方式，我会不断激励自己追寻那些奇怪的、与众不同的想法，这些想法可能会给我带来某种回报。另一半的钱则放到投资账户里。这显然比毫无计划、不明不白地把钱花掉要好。不管是从短期还是长期来看，有意识地处理意外的一次性收入都更有意义。

加薪。加薪不同于一次性收入，加薪具有持续性，因此，如何处理这部分钱尤为重要。当加薪时，要记住关键的一点：用钱来提高生活水平没问题，但剩下的钱都要存起来。比如，你加薪 4 000 美元，那就花 1 000 美元，剩下的 3 000 美元存起来或者用于投资。加一次薪就能让你升级到完全不同的财务水平？太天真了。

如果加薪了，你不妨现实一点儿：这是你努力的结果，就应该享受一下。买一些渴望已久的好东西，并珍藏这段回忆。至于剩下的钱，我强烈建议你尽可能用于储蓄和投资，因为人一旦开始习惯某种生活方式就再也回不去了。买了奔驰，你还会再开丰田卡罗拉吗？

在零售业工作了 5 年，我设定了一个攒 1 万美元的目标，这样就能去投资股市。我决定把在 28 岁前攒下的钱都用来买股票；28 岁以后的一切储蓄都投资混合型投资基金，避免因为我的不专业而影响投资收益。我把每次加薪的一半投入 401K 计划，并从微薄的零售工资中攒下了 1 万美元。薪水每增加 4%，我的养老金计划投资就增加 2%。

——贾森·亨利，33 岁

· **有意识消费计划的妙处**

制订一个合适的有意识消费计划，其好处在于，一方面它可以帮助你做决策，让你更轻松地拒绝花钱（"对不起，这不在我这个月的计划中"）；另一方面，它又能让你自由地、没有负罪感地享受花钱的感觉。当然，也会有难以决策的时候。下定决心改变消费方式，是这本书的所有建议中最难实现的，因为这意味着要做出选择和对某些事情说不。不过，有了信封预算系统，你的这种痛苦会大幅减少。如果朋友约你出去吃饭，而你的预算又不够，这时礼貌地拒绝会比较容易。毕竟，这不是你个人的问题，而是你的系统设定。记住，大多数人在本质上都是普通人。他们一生都在痛苦中挣扎，觉得"应该"对自己的钱做点儿什么，但总是今天推明天，到最后一事无成。大多数人直到 40 多岁才开始考虑储蓄。相比之下，你现在已经非同凡响了，因为你知道，只要建立一个简单的系统，你就可以做出艰难的决定，花起钱来也不会有负罪感。

▪ 行动步骤：第 4 周

☞ 1. **拿到工资后，确认你以前把钱花在了什么地方，弄清楚应该制订什么样的有意识消费计划（30分钟）。** 立刻行动起来，不要想太多。只需将你的税后实得收入分为固定支出（50%~60%）、投资（10%）、储蓄（5%~10%）和无负罪感消费（20%~35%）4个部分。看看计划是否合适。

☞ 2. **优化你的消费计划（2小时）。** 深度剖析你的储蓄目标和每月的固定支出。试试"点单法"。你的保险实际上要花多少钱？能优化吗？今年你会花多少钱买圣诞礼物和度假？把这些开支按月分解，然后重新评估你的计划。

☞ 3. **选择大头开支（5小时）。** 在You Need a Budget或者Personal Capital这两个应用上注册账号。假设想每月削减200美元的开支，你会瞄准哪一个或哪两个大头开支？开始使用信封预算系统。

☞ 4. **维护有意识消费计划（每周1小时）。** 每周将所有现金收据输入系统。调整消费计划中每个部分的百分比（我们将在下一章详细介绍）。最重要的是，你要保证这个系统切实可行，能让你长期坚持下去。

好，深呼吸。你做到了。你完成了这本书最难的部分！你拥有了一个有意识消费计划，不再时常担心自己的开销，以后也不会说"我能买得起这个吗？""我知道我以后会担心，但现在……"这样的话。现在，我们要让这个系统自动化，如此一来，每一份新的收入都会立即被分配到该去的地方，比如固定支出、投资、储蓄以及无负罪感消费。

第 5 章

连睡觉时都在理财

让账户自动为你工作。

新生的可爱小宝宝，你是喜欢他们的小手和大眼睛，还是可爱的小喷嚏和纯真无邪的微笑？

我也是这样看待系统的，看到的是系统的美。我精心打造了我的个人理财系统，将其应用于 65 项奖学金的管理，并完成了斯坦福大学本科和研究生的学业。我还建立了一个能让我每天阅读2 000 封电子邮件的系统，以及一个外出度假时能帮我给植物浇水的灌溉系统。

你可能还没有爱上系统，但是读完这一章，你就会爱上它。

因为，资金自动化管理系统将是你所建立的最赚钱的系统。15年前，我建立了自己的自动理财系统，从那以后，它每天都在后台自动运行，我赚的钱越来越多，而且几乎不需要花时间去管理。

你也可以这样做，并彻底改变对储蓄、投资甚至消费的想法。其他人总在叹气："我需要定下心来，存更多的钱。"（但他们几乎从来都做不到。）他们总是很被动。

相反，我们要主动出击，建立一个符合正常人类行为的系统。

我们会对理财感到无聊，会分心、缺乏动力，因此，要利用科技来确保我们的钱仍能增值。

换句话说，现在开始行动，你就能永远受益，而且还是自动受益！你可以掌控一切。

你可能会说："如果有稳定的收入就好了。"但是如果你的收入就是不稳定呢？据我所知，有些自由职业者一个月能挣 1.2 万美元，然后接下来的 3 个月就接不到活儿了。如果你的收入波动如此剧烈，那么你应该如何实现财务自动化？（我在书中为你提供了答案。）

在上一章，你建立了一个有意识消费计划，以确定你想在每个类别（固定支出、投资、储蓄和无负罪感消费）中的花费。你该不会以为每个月都要手动转账吧？根本不需要。在本章中，我们将创建一个自动理财系统来管理资金。它会利用你已经开好的账户，比如你的信用卡、支票、储蓄和投资账户进行自动转账，这样你的钱就会被分配到它该去的地方。

我的大部分财务都已经实现自动化了，这样我就不用担心每月的预算问题。对我来说，最大的收获就是每周不用考虑财务问题。我每年大概只用回顾一下投资，然后思考一下我的消费习惯就好了。

——詹娜·克里斯滕森，26 岁

一劳永逸

不知道你怎么认为，我希望我的工作越来越轻松。当我在职业生涯中遇到工作越来越忙的人时，我总是感到很困惑。这就像现实版的马里奥兄弟，每通一关，生活就变得难上加难。你为什么想要那样的人生？

这就是我喜欢系统的原因：现在把工作放在首位，以后你就可以一劳永逸。现在投资一点点，以后就不用大量投资。当然，说起来容易做起来难。不知为何，我们永远都没有时间在资金管理上做到前后一致，老实说，这一点永远不会变。因为谁真的会在乎理财呢？这跟每周打扫车库一样，让人完全没有动力。因此，我们想拥有一个切实可行的自动化系统，能为我们处理大部分待办事项。

如果遵循我的自动理财建议，你就可以实现这个梦想。这一切都是由一个原则驱动的，我称为一劳永逸曲线。

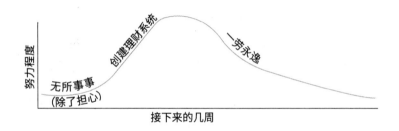

把时间花在哪里和把钱投到哪里一样重要。当然，建立一个自动理财系统需要花几个小时。什么都不做可能会更轻松，但这样的话，你的余生将被理财捆住手脚。现在花几个小时，以后你可以节省大量时间。你的资金流动会自动化，然后每分钱都会自动转到第4章说的"有意识消费计划"中相应的账户，完全不用你操心。

这几个小时带来的收益是巨大的，因为这个自动系统会让你专注于享受生活中的乐趣，不用再担心是否支付了账单，也不用担心是否会再次透支。你会开始把钱视为达到目的的一种工具，而不用费力地对每个类型的消费进行追踪，也不用每周把钱从一个账户转到另一个账户。

我 23 岁时读了这本书，当时我有 1.7 万美元的存款。我为长期目标（退休、应急储备金）和中短期目标（修车、度假，甚至圣诞礼物）建立了一个强大的自动储蓄系统。10 年后，我存下了 17 万美元。我还采用这本书的建议，在买车和协商手机账单时获得了最佳交易条件，节省了数百美元。

——莉萨·伦斯福德，33 岁

自动化的力量

我们知道人非常懒惰，凡是辛苦费力的事情都不想做，结果常常为此付出经济代价。想想每年有多少人仅仅因为没有利用 401K 计划配比而损失几千美元。不付诸行动总共让我们损失了多少钱？

采取行动的关键很简单，就是让理财自动化。你觉得你每周都会关心理财吗？不会的，你并不在乎。当然，你现在可能关心，但两周后你只会关心网飞和推特。没有人真正关心如何理财，我也根本不在乎。我只希望银行和投资账户别再没完没了地给我发邮件。

所以你一定要为理财事先做好计划。我们之前在谈及 401K 计划时讨论过这个话题，但现在要把它应用到你赚的每一分钱上。你可以不采取任何行动，让储蓄和投资账户消极增长。事实上，你一旦设置了自动支付，就很难停止向退休账户供款！不是因为你不能调整这个系统（相反，你随时可以调整），而是因为你很懒，不想去调整。我就很懒。但你只需要知道如何利用这个系统就行了。理财系统一旦建立，你就完全不用干预，哪怕你被科莫多巨蜥活活吞掉，这个系统还是会按照预设条件继续自动把钱从一个账户转到另一个账户，就像幽灵一样提醒你在理财方面的先见之明。这听起来有些吓人，但的确很酷。

如果你想在有生之年积累一定的财富，唯一确定的方法就是让理财系统自动运行，让生活中所有重要的财务事项都实现自动化。我建议大家把生活中的一些财务事项设置成自动管理。不用一个小时就可以完成设置，然后继续你的生活。

——戴维·巴赫，《自动百万富翁》作者

▪ 让每个月的理财时间不超过90分钟

我希望你现在已经接受了我的观点：自动化是一条必由之路。在第 4 章，你建立了一个基本系统，即有意识消费计划。它会告诉你钱要分配到哪里。现在来回顾一下，请查看下表中分配给四个类别（或称"四大水桶"）的粗略百分比。

有意识消费计划	
把这些作为你的消费指南，并在必要时进行调整。	
固定支出 房租、水电费、债务等	实得工资的 50%~60%
投资 401K 计划账户、罗斯个人退休账户等	10%
储蓄 度假、礼物、房子首付、应急备用金等	5%~10%
无负罪感消费 外出就餐、喝酒、看电影、购买服饰鞋履等	20%~35%

现在，让我们以你的有意识消费计划为例，探讨如何实现自动化。为此，我使用了一个名为"下一个 100 美元"的概念。简单来说就是，你会怎么花掉接下来赚到的 100 美元？全部存到投资账户吗？还是把 10% 存到储蓄账户？大多数人只是耸耸肩，不想花时间去想如何分配，所以轻率地花掉了这 100 美元，这太让我伤心了。

但是有更好的办法！它实际上涉及使用有意识消费计划中所确立的指导方针。如果按照第 4 章说的来做，你应该已经知道有多少钱要用于固定支出，还剩下多少钱用于投资、储蓄和消费。因此，如果赚了 100 美元，并且你的计划与上面的例子相似，你就可以把 60 美元用于固定支出，10 美元用于投资，10 美元用于储蓄，然后把剩下的 20 美元花在你想要的任何东西上。很酷，对吧？不止如此，因为一旦全部实现自动化，钱就会直接从你的支票账户转到对应的账户上，甚至都不用你经手。

要了解它是如何运作的，就以我的朋友米歇尔为例吧。

米歇尔拿的是月薪。她的公司会自动扣除工资的 5% 存到她的401K 计划账户中，这是她与公司人力资源部门事先协商好的。剩下的工资会直接存入她的支票账户。（简单起见，我没有算上税费，但是你可以和人力资源部门协商来决定公司每次扣除的税费。）

大约一天后，她的自动理财系统就会开始从她的支票账户中转账。她的罗斯个人退休账户将提取工资的 5%（加上 401K 计划账户的存款，就把 10% 的实得工资分配给了投资），1% 的款项会存入婚礼储蓄账户，2% 存入购房首付储蓄账户，还有 2% 会存入应急基金。（这实现了她的每月储蓄目标，总共有 5% 的实得工资用于储蓄。）

我每月大概花一个小时理财，包括支付账单、检查信用卡和银行账户的余额、观察投资组合中的一些资产（我不怎么交易，只是想了解一下）。我可能会每个月对储蓄计划进行一次评估，看看能否计划一次假期或购买更多的东西。

——珍妮弗·张，32 岁

她的系统也会自动支付固定资金。她已经设置好，这样她的大部分订阅费和账单都可以通过信用卡自动支付。那些不能用信用卡支付的账单，例如水电费和贷款，则自动由支票账户支付。最后，信用卡公司会自动发送邮件，给她寄一份账单复印件，让她花 5 分钟核查确认。之后，系统就会自动从她的支票账户全额支付账单。

现在，账户里的余额她可以大胆消费，不会因此而有负罪感了。她知道，无论如何，在花这部分钱之前，她已经达成了自己的储蓄和投资目标，这样就可以真正享受购物，买自己想要的东西了。

为了确保不超支，她对外出就餐和购买新衣这两个消费大项格外注意。她在 YNAB 应用中设置了提醒，如果超过支出目标，她就会收到通知。她还在支票账户中放了 500 美元备用金，以防万一。（有几次，她动用了储蓄账户中的"意外支出费用"支付了超支开销。）为了更方便地追踪消费，她尽可能使用信用卡支付所有娱乐性消费。从自己的消费习惯中她了解到，她差不多每月要花 100 美元喝咖啡和付小费，所以她把这些也纳入无负罪感消费，无须追踪收据或手动录入数据。

在月中，米歇尔的日历会提醒她查看财务软件，确保没有超支。如果控制得好，就一切照旧。如果超支了，她会决定削减某些开支来控制这个月的总体消费。幸好她有 15 天来调整，她可以婉拒外出就餐的邀请，让预算重回正轨。

使用 YNAB 这样的记账工具，可以让我更细致地了解自己的财务状况。有了这个应用程序，我很容易将自由支配的支出和付清账单所需的资金区分开来，这方便了我分析财务状况。

——凯尔·斯莱特里，30 岁

到月底，她花了不到两个小时来检查自己的财务状况，她此前已投资了 10%，存了 5%（用于婚礼、购房首付和应急备用金），按时支付了所有账单，全额付清了信用卡，并且随心所欲地花了想花的钱。她只婉拒了一次邀请，但这没什么大不了的。事实上，这些都不是问题。

自动理财中的"无形脚本"	
自动"听起来"真的很好，然而很少有人付诸行动，原因如下：	
无形脚本	**实际含义**
"只有在市场下跌时投资，我才感觉自己有更多的控制权。"	我能理解你为什么对自动理财感到紧张，但你可以控制好紧张情绪。你可以随时进行检查，并根据需要停止或更改任何设置。 更重要的是，请诚实回答这些问题：你是否每个月都在坚持投资？所有钱都花在该花的地方了吗？你会自动重新平衡收支吗？ 如果答案是否定的，你就亏了。我们需要解决这个问题。
"我的启动资金很少，感觉没有必要设置自动理财。"	现在就开始养成自动理财的习惯。随着收入的增加，你的理财习惯也会调整，系统也会自动成长。

无形脚本	实际含义
"我根据收入的变动情况手动投资。收入波动很大的话，自动理财就很难实现。"	这个"自动理财系统"可以处理不定期收入。
"说实话，我不知道该怎么做。"	谢天谢地，终于有人说了实话，而不是瞎编一些废话，比如，他们想要如何"控制"投资这样的废话。我们说的是投资回报！各位，不懂这些也没关系，继续读下去。
"我自己理财的话，费用比较低，我更能控制钱的去向（至少我感觉是这样的）。这也能逼着自己去追踪目标和进度。"	唉！又是感觉。有时候感觉是一种微妙的直觉，你应该倾听这种直觉的召唤。但有时，感觉会反复无常，具有误导性，会将你引入歧途，你应该重视证据，用事实说话。这是其中的一个例子。用一句话来说就是：自动理财会让你节省更多时间和金钱，带来更高的投资回报。

· 创建自动理财系统

既然明白了系统的运作原理，那就开始实施这一系统吧。首先，要把所有账户连接在一起。然后，为自动转账设置不同的日期。下面，我假设你每月领一次工资，如果你两周领一次工资，或者你是一个收入不稳定的自由职业者，那么我还会介绍一些微调的方法。

在进行设置前，你需要列一张完整的清单，包括你所有的账户、它们的网址以及你的登录名和密码。我之前说过，我用LastPass上的账户来安全地存储这些信息。不管选择如何存储这些信息，你最好花半个小时把所有这些随时需要的账号存在同一个地方，以后就省事了。

提醒一下，如果你还没有直接存款账户，请跟人力资源部门联系，用你的支票账户进行设置。（这很简单。基本上只需要把支票账户的账号给雇主即可。）此外，你还需要把你的401K计划账户供款都安排妥当。理想情况下，你应该在学习第3章的时候设置好401K计划账户，如果没有，现在就去设置！即使已有一个401K计划账户，你也要根据新制订的有意识消费计划来调整每月的供款。

我的财务管理实现了自动化，正为退休、婚礼和紧急情况储蓄，然后就没有别的需要考虑了。这具有革命性意义，因为我每个月都可以在不同事物上自由地花钱，不用担心自己的预算不够。读这本书的时候，我还不觉得为婚礼存钱有多重要，但是现在临近订婚，我才意识到筹备婚礼有多贵，提前存钱有多重要！男朋友刚刚意识到这一点，而我已经为此存了好几年钱。这本书无疑给了我很大的帮助。

——朱莉娅·瓦格纳，28岁

关联账户

现在该把账户关联起来了，以便设置账户间的自动转账。登录任何账户，你都会发现有"关联账户"、"转账"或"设置付款"这样的选项。

以下是你需要建立的所有关联：

- 如果还没有关联任何账户，你就先把你的工资账户和你的401K计划账户关联起来，这样每个月就会自动存款到401K计划账户。
- 关联支票账户和储蓄账户。
- 关联支票账户和投资账户/罗斯个人退休账户。（关联投资账户而不是银行账户。)

- 关联信用卡与使用支票账户支付的所有账单。(你如果真的还在手写支票来支付账单,那么请加入现代社会吧,你要知道,人类已经发现了火,也发明了可燃发动机。)你如果每个月还在用支票支付有线电视费,那么请登录账号将其换成用信用卡支付。

- 有些账单(如租金和贷款)不能用信用卡支付,你可以把这些普通账单和支票账户进行关联。(登录该公司官网并启用从你的支票账户转账到该公司账户的功能来实现这一点。)

- 将所有信用卡账户都设置为可以通过支票账户支付。(在信用卡的"转账"或"关联账户"页面进行设置。)

有些支付可能无法从支票账户中自动扣除。例如,如果你的房东是位老太太,她可能没有先进的支付平台或支付方式,不能让你输入支票账户信息并设定每月自动转账。唉,米尔德丽德太太,要跟上时代啊。

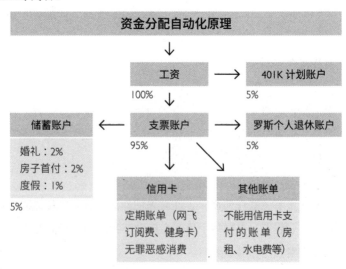

注:简单起见,此图表未考虑税费因素。

无论如何，你仍然可以使用支票账户的账单自动支付功能，几乎每个账户都不收手续费。举个例子，如果每月要开支票来付房租，那么你可以登录支票账户并设置自动账单来交房租；然后银行每月会给你开一张支票，寄给你的房东。只要时间安排妥当，让银行有足够的时间在到期日之前邮寄给你的房东就行了。

如何关联账户	
账户类型	应转入账户
工资账户	401K 计划账户 支票账户（直接存款）
支票账户	罗斯个人退休账户 储蓄账户（细分为各个储蓄目标） 信用卡 不允许信用卡支付的固定支出（如租金） 临时支出的现金
信用卡	固定支出 无负罪感消费

设置自动转账

现在所有账户都已关联，是时候回到你的账户并设置自动转账和支付了。很简单，只要登录各个账户网站，将支付或转账设置为你想要的金额和日期就行了。

要注意选择正确的转账日期。这很关键，但这经常被人忽略。如果时间设置不对，会引发更多问题。例如，如果设置每月 1 日还信用卡，但你要到 15 日才发工资，那么该怎么办？如果不同步所有账单，你就得在不同时间付款和对账。你不会想这么做的。

避免发生这种情况，最简单的方法是同步所有账单。为此，你要把所有账单收集起来，然后打电话给这些公司，要求更改账单日期。大多数情况只需要5分钟就能完成。账户调整期间，可能最初几个月的账单日期还是无法完全同步的，但之后会变正常。如果你每月1日发工资，我建议你把所有账单的付款日换成这个时间左右。打电话和相关公司说："我现在的账单日是每月17日，我想改成每月1日。除了打电话还需要做什么吗？"（当然，根据自己的情况，你可以要求把账单日期换成任何方便的时候。）

月初把所有事项都安排好，之后就该设置转账了。假设你每月1日拿到工资，我教你如何安排资金的自动流动。

每月2日：部分工资会自动转入401K计划账户。剩下的（"实得工资"）则直接存入支票账户。哪怕1日拿到工资，这笔钱也可能2日才到账上，所以一定要考虑到这一点。记住，要把支票账户当成电子邮箱的收件箱，所有钱都会先到支票账户上，再被分配到其他地方。注意：在第一次设置时，你要在支票账户中留一笔备用金，我建议放500美元，以防转账出现问题。你可以在几个月后把这笔钱取出来。不要担心，如果出了什么问题，使用谈判技巧来免除透支费用。

每月5日：自动转账至储蓄账户。登录储蓄账户，并设置每月5日从支票账户自动转账到储蓄账户。把日期设定在5日是为了给自己一些回旋的余地。如果出于某种原因，你在1日没有拿到工资，那么，你也有4天时间来调整或者取消当月的自动转账。

不要只设置自动转账，也要记得设定金额（具体金额可以使用有意识消费计划中设定的月收入百分比来计算，通常为5%~10%）。但是，如果你现在没有这么多钱也不要紧，你可以先设置一个5美元的自动转账，证明这个设定有效就行了。金额并不重要，5美元也不会弄丢，只要你明白运作原理就行了，这样增加金额就容易多了。

每月 5 日：自动转账到罗斯个人退休账户。在进行设置时，登录投资账户，并设置从支票账户自动转账到投资账户。请参考有意识消费计划来计算转账金额。理想的情况应该是实得工资的 10%（包括转到 401K 计划账户的 5%）。

每月 7 日：自动支付月账单。登录所有需要定期付款（如有线电视、水电费、车贷或学生贷款）的账户，并设置在每月 7 日自动付款。我更喜欢用信用卡支付账单，因为可以获得积分，还可以自动获得用户保护，并且可以使用 YNAB 等记账工具轻松记录所有支出。商家如果不接受信用卡，应该也会让你直接从支票账户支付。因此，如果需要，你可以在支票账户里设置自动转账。

每月 7 日：自动转账还清信用卡。登录信用卡账户，设置从支票账户中取款，并在每月 7 日全额支付信用卡账单。（因为你的账单是每月 1 日结算，使用这个系统，永远不会产生滞纳金。）如果你的信用卡有欠款，无法全额支付账单，那么也不要担心。你仍然可以设置自动转账，只需要将其设定为每月最低还款额或其他任何金额。

资金流动表	
日期	**资金去向**
每月 1 日	工资直接存入支票账户
每月 2 日	部分工资转入 401K 计划账户
每月 5 日	支票账户自动转账到储蓄账户 支票账户自动转账到罗斯个人退休账户
每月 7 日	支票账户和信用卡自动转账支付其他账单 支票账户自动转账支付信用卡账单

顺便说一下，在登录信用卡账户时，也要设置电子邮件通知（通常在"通知"或"账单"下面），让它每月给你发送账单链接，这样你就可以在支票账户自动转账之前查看账单。这有助于防止账单意外超出支票账户的可用金额，也有助于你调整当月的支付金额。

自动投资原则让储蓄变得更加容易。我曾和别人争论该买哪只股票、买多少以及限额等问题。我在这上面付出了大量的精力，但是仍然经常败给市场或时间更多的人。我也有一个托管投资账户，但在过去的8年里，自动投资账户比托管账户创造的收益更多。

——瑞安·莱特，38岁

调整系统

这是基本的自动化资金流安排。你可能会想："如果有固定收入就好了，可惜我没有固定的月薪。"这不成问题。你只要稍微调整一下上述系统，将其调整至和你发工资的时间同步就行。

如果你一个月领两次工资：那就在每个月的1日和15日启动上述系统，每次只用一半的钱。关键是，确保按时支付账单，这就是为什么把账单的到期日设定在每月的1日很重要。现在为了便于解释，我简单地说一下：你要用当月的第一笔工资支付账单，并把当月第二笔工资转入储蓄账户和投资账户。

如果一个月领两次工资，那么你还有另外两种选择：

· 用一笔工资支付一半的费用（退休金、固定支出），用第二笔工资支付另一半的费用（储蓄、无负罪感消费），但这可能不太灵活。

- 存一笔"缓冲"资金，用来模拟每月领一次工资。实际上，支付账单，为储蓄账户和支票账户供款，然后每月用工资"填补"，你要花一大笔钱。例如，假设你的实得工资是每月4 000美元（或半个月2 000美元），你可以在支票账户中保留6 000美元，并按照本章所述的自动理财系统进行操作。为什么要留6 000美元？因为你的自动理财系统每个月都要支付账单，给储蓄账户和支票账户转钱，所以要额外准备一点儿，以防出现问题（比如工资迟发）。如果"缓冲"资金不成问题，你就找到了简化系统的好方法，即使实际上每月领两次工资，你也可以模拟每月领一次工资。

如果收入不稳定：我认识很多自由职业者和从事其他工作的人，他们某个月挣 1.2 万美元，然后接下来的两个月一分钱也赚不到。该如何应对这种收入波动较大的情况呢？

好消息是，只需要多做一个步骤，这个系统就可以完美契合收入不稳定的人的需求。总结一下你接下来要做的事情：在收入高的月份存钱，为收入低的月份建立缓冲资金。随着时间的推移，你会存下足够的缓冲资金来模拟收入稳定的情况，从而实现系统的设计目标。即使在收入不高的月份，缓冲资金也可以保证你有钱花。

你可以像下面这样做。

首先，不同于有意识消费计划，你必须弄清楚每个月需要多少钱才能维持生活。房租、水电、食物、贷款，这些都是最基本的生活需求，花点儿时间把这些写下来。

其次，回到有意识消费计划上。在开始投资之前，先完成一个储蓄目标，即攒够 3 个月基本工资作为缓冲资金。例如，如果每月至少需要 3 500 美元的生活费，你就需要存 10 500 美元的缓冲资金，这笔钱可以帮你度过收入不高的几个月。缓冲资金应该存在储蓄账户的子账户中。你可以从两个渠道筹集这笔资金：一是在建立缓冲资金的时候先不考虑投资，而是把本该投资的钱存进储蓄账户；二是在收入较为理想的月份，将赚到的额外收入都存进缓冲资金子账户。

攒够了 3 个月的缓冲资金你就大功告成了，恭喜你！（你可以更进一步，准备 6 个月的应急资金。）现在你拥有了一笔稳定的缓冲资金，可以模拟稳定收入了。

想想看，假如你在某个月收入惨淡，甚至一分钱都没赚到，你仍然可以轻松自如地支付各种开销。而收入较好的月份，你可以留出 3 个月或 6 个月的缓冲资金。通过自动储蓄，你为自己赢得了时间，生活也稳定了。

现在回到有意识消费计划，正常的话，你应该把钱投入投资账户。如果是自由职业者，那么你可能没有传统的 401K 计划账户，你应该考虑 Solo 401K 计划账户和简易雇员养老金计划，它们都是很好的替代。请记住，在收入较好的时候，多存一点儿钱到储蓄账户，来补偿收入不好时的亏空，这才是明智之举。

检查信用卡账单

我尽可能用信用卡支付，这样可以自动下载交易记录，并对支出进行分类。此外，还可以获得旅行积分和额外的用户保护，比如电子设备的免费附加保修。

早期我如何检查系统：以前，我每周都会花 5 分钟回顾信用卡上的所有消费记录。如果不做任何设置，信用卡每个月会自动从我的支票账户全额扣款，这样我就不用担心会产生滞纳金。如果发现系统错误，我就会打电话给信用卡公司要求解决。

先说一下每周的回顾。只要涉及给小费，我都会格外留意信用卡的账单。每次从餐馆吃饭回来，我都会把收据保存在书桌的一个文件夹里。到了周日晚上，我会检查一下文件夹，花大约 5 分钟核对收据明细和信用卡网站上的消费记录。只要按 Ctrl + F 键查找某一金额（比如 43.35 美元），然后确认无误就行了。如果实际消费 43.35 美元（含小费），我却发现餐馆收了 50 美元，我就知道有人想从我身上赚快钱。这时，你要问自己一个问题：印度人会怎么做？

答案是：给信用卡公司打个电话。

现在我如何检查系统：我现在不再每周核查，也不会揪着多出来的 6 美元小费不放。你经验越丰富，越能发现自己的异常支出，即使有人多收了 6 美元小费也没什么关系。

相信我，我知道这听起来很奇怪。我建立这个理财系统是因为，我对系统中的每一笔交易都非常了解，但最终你会意识到，建立系统是为了让你着眼大局。任何有意义的系统都有一些浪费。如果有人多收了我 5 美元小费（而信用卡公司却没有记录），那也正常。

我创建的这个系统有适当保障，可以定期核查，但我知道仍然会有缺漏，这不可避免。没关系，只要能着眼大局就行了。

我实现了财务自动化，7 年多来，我已经存了大约 40 万美元。我也为退休账户赚足了钱。

——丹·舒尔茨，35 岁

关于个税还有最后一点要说明：如果是自由职业者，你就要自己缴纳自雇税，如果你是一般上班族，公司通常会处理这个问题。自雇税很快就会变得非常棘手，我会告诉你我的经验法则，也鼓励你和专业人士谈谈。

许多自由职业者不了解自雇税的规定，等到了缴税的时候，他们可能会震惊不已。我认识许多自由职业者，他们在发现自己要缴纳巨额税款时都大吃一惊。根据经验，你应该把收入的40%存起来用于缴税。有些人存了30%，但我更倾向于保守一点儿，到了年底，与其欠钱，不如多存点儿钱。

问问记账员，他会告诉你到底应该存多少钱，以及如何做到按季度自动付款，所以，咨询专业人士还是值得的。如果收入不稳定，那么我建议你使用YNAB作为财务规划工具。

我什么时候可以花钱？

你已经建立起基本的自动理财系统。资金每个月都会自动流入投资账户和储蓄账户。你在关注大赢面的同时，也削减了开支，那么你什么时候可以花这些钱？

这个问题问得好。只有一个人问过我这个问题，他其实是担心存得太多。

答案很简单：一旦控制了金钱，并且达成了目标，你就应该花掉剩下的钱。要知道你储蓄的目标是什么。如果还没有"去度假"或"买新滑雪板"，也许你应该设立这样一个目标。否则，这些钱用来做什么？

金钱存在的一大原因，就是让你做自己想做的事。没错，你现在花的每一元钱以后都会更值钱。但是，只为明天而活是不行的。大多数人都忽略了一点，就是投资自己。想想旅行，以后这对你来说值多少钱？或者参加那个能让你接触到所在领域顶尖人物的会议，这又有多大价值？我的朋友保罗给自己留出了专门的"社交预算"，他每年都用这笔钱去旅行，去结识一些有趣的人。如果你投资自己，那么潜在的回报是无限的。

如果完成了储蓄目标，你就可以少存点儿钱，增加无负罪感消费。

最后一件事：我得到的最好回报是慈善事业，我希望这听起来不会太俗。无论是付出时间还是金钱，无论是回馈你所在的社区还是全世界，懂得回馈社会都十分重要。你可以在当地学校或青年组织做志愿者（我在一个名为"纽约关怀"的组织做志愿者），向支持你所关心的事业的慈善机构捐款（我给教育慈善组织"希望的铅笔"捐了款）。

钱存得太多是个问题，好在也有很好的解决方案。

· 实现资金管理自动化

恭喜你！你的资金管理实现了自动化。你不仅可以做到自动按时支付账单，而且每个月都在存钱和投资。这个系统的妙处在于，你不干预它，它也可以自动运行，而且非常灵活，可以随时增删账户。提前做好预设，你就能开始赚钱了。

我之所以喜欢这个系统，有以下三个原因。

自动化资金流迎合了人类的心理。现在，你有了理财的动力。想象一下 3 个月或者 3 年后的生活。你会变得非常忙碌，因为要专注于其他事情而无暇理财。这很正常。但是这个系统会继续为你赚钱。已经有成千上万的人使用该系统并从中受益了，你也可以尝试一下。

系统会同你一起成长。哪怕每月只存 100 美元，你的系统也能正常工作。现在，想象一下，你获得了加薪，投资也有持续稳定的收益，还有其他一些意想不到的收入（比如退税）。事实上，想象一下你每月捐献 1 万美元，甚至是 5 万美元，系统仍然会运行得很好。

系统让你由"冲动"变得"冷静"。我喜欢这个系统的一点是，它能让你摆脱日常生活中情绪化的"冲动"决定，让你专注于更长期的"冷静"决定。想想大多数人怎么描述自己的日常购物行为：对是否要买甜点感到非常"挣扎"，对买咖啡感到"内疚"，一掷千金只为买一个漂亮的手提包让自己更有"罪恶感"。

我讨厌上述情绪性词语。钱应该让人开心，而不是让人变得消沉。要做到这一点，你就不能每个月都为大大小小的决定而感到苦恼，必须看长远一点儿。

这个系统可以让你实现对富足人生的愿景。我认为你可以根据钱的去向来了解自己的价值观。正如我常说的："给我看某人的日历和账单，我可以从中知道他看重的东西。"你的支出反映了你是什么样的人吗？对于这个问题，你现在应该有答案了。

例如，我花了很多钱买衣服，但是毫无负罪感！我有一条贵得离谱的羊绒运动裤，穿上之后舒服得就像穿着一朵云。一个朋友知道价格后，他惊呆了。只看价格的话，确实是"贵得离谱"。但从包括储蓄、投资和慈善捐款在内的自动理财系统来看，这条裤子只是一条我喜欢且不会让我有负罪感的裤子，所以别再用"疯狂"和"离谱"这样的字眼了。这些只是我想要的东西，刚好我又买得起，所以就买了。

金钱不仅仅是让你能够奢侈一把的东西，你也可以用它来创造回忆，体验真正的快乐。结婚时，我和妻子坐在一起，共同决定对我们来说很重要的事情。我们很幸运，双方父母都在一起，身体健康。我们的梦想之一是，邀请父母和我们一起度蜜月（当然只是参与一部分），一起创造美好的回忆。我们邀请他们去意大利，一起完成美食之旅、上烹饪课和参加品酒会，基本上把他们当成皇室成员一样对待。

我们知道，我们想要创造一些美好的回忆。为此，我们对自动理财系统做了一些修改，然后钱就自动重新分配了。

我和妻子永远不会忘记，双方父母和我们在一起，有生以来第一次品尝新款奶酪的场景。这就是我所说的，金钱是实现富足人生的很小但很重要的一部分。

你可能想知道，你所投资的资金会发生什么变化。在把钱投向401K计划账户和罗斯个人退休账户后，你会发现账户里的钱每个月都在增长。所以，你需要把钱投到某样东西上，让它发挥作用。在下一章，我们将讨论如何让自己成为投资专家，以及如何从投资中获得最佳回报。

▪ 行动步骤：第5周

☞ 1. 把所有账户信息集中在一个地方（1小时）。如果想将账户相互关联，你需要逐个登录所有账户。你可以将所有登录信息集中在一个地方，方便在家和工作时随时访问，这样生活会更加轻松。

☞ **2. 关联账户（3~5天）**。设置自动理财系统，需要关联账户。关联账户是完全免费的，也不会花多长时间，但要用3~5天完成账户关联验证。

☞ **3. 设置自动理财系统（5小时）**。账户关联后，你需要将自动支付设置为自动理财系统的核心功能。之后，系统就会自动向投资账户、储蓄账户和固定支出账户供款，并留出一定的资金用于个人花销。请记住，你可能需要重新设置账单周期，这样才能创建一个及时还款的自动理财系统。

第 6 章

超越金融专家

为何专业品酒师和选股师对此一无所知？普通人如何超越他们？

如果我邀请你参加一个葡萄酒盲品测试，你能品出 12 美元的葡萄酒与 1 200 美元的葡萄酒之间的区别吗？

2001 年，波尔多大学的研究员弗雷德里克·布罗谢进行了一项研究，在葡萄酒行业引发了冲击波。为了了解饮酒者是如何决定喜欢的葡萄酒类型的，他邀请了 57 位公认的葡萄酒专家来评估两种葡萄酒：一种是红葡萄酒，一种是白葡萄酒。

在品尝了这两种葡萄酒后，专家们用"浓烈"、"醇厚"和"辛辣"来描述红葡萄酒——这也是常用来形容红葡萄酒的词语。他们对白葡萄酒的描述同样是标准的术语："活泼"、"新鲜"和"芬芳"。然而，这些专家都没有发现，这两种酒其实是完全相同的葡萄酒。更让人想不到的是，这些酒实际上都是白葡萄酒，而"红葡萄酒"是用食用色素染成的。

想想看，57 位葡萄酒专家竟然都没有发现他们喝的是完全相同的葡萄酒。

让我们来好好聊聊专家。

美国人很喜欢专家。当看到身着制服的高个子飞行员在操控飞机的时候，我们会备感安心。我们相信医生能开出正确的药方，相信律师会帮我们解决法律纠纷，对媒体上那些名嘴的言论自然也信以为真。因为在我们看来，专家受过专业训练，而且经验丰富，理应得到相应的尊重和报酬。毕竟，我们不会在街上随便雇一个人来为我们盖房子或拔智齿，不是吗？

我们在生活中一直受到教导，要听从教师、医生、投资专家这样的专业人士的意见。但专业知识的意义最终还是要看效果如何。你可以从最好的学校拿到最好的学位，但如果毕业后不能胜任工作，你的专业知识就是毫无意义的。在我们崇拜专家的文化中，结果是什么呢？在谈到美国的财政状况时，美国人都相当沮丧。我们在金融素养方面也有不及格的情况。最近的研究显示，在全美金融素养测试中，高中生的正确率仅为61%，而大学生的正确率也只有69%。别忘了，这只是基本的金融素养测试。

我们通常认为，"投资"就是猜测下一只最好的股票是什么，但事实并非如此。大多数美国家庭不仅没有通过储蓄和投资发家致富，反而负债累累，这一定是哪里出了问题。

说到投资，你很容易因各种选择而束手无策，比如，小盘股、中盘股、大盘股、房地产投资信托基金、债券、成长型基金、价值型基金或混合型基金。我还没提到费率、利率、配置目标和分散投资等让你更加头疼的因素呢。这就是为什么那么多人会说："我就不能雇个人为我做这些吗？"实际上，这是个让人抓狂的问题，因为金融专家，特别是基金经理和任何试图预测市场的人，他们往往并不比业余人士更擅长这项工作。事实上，他们往往表现得更糟糕。绝大多数人通过自己的投资可以比所谓的专家赚得更多。因此，我们不需要理财顾问，也不需要基金经理，只需要自动投资低成本基金就可以了。所以，这就是为什么对普通投资者来说，金融专业知识的价值就像神话一样。这里有几个原因，我会在下面详细说明，但我想鼓励你思考一下，如何对待生活中的专家。他们值得我们顶礼膜拜吗？他们值得你支付数万美元的咨询费吗？如果你的答案是肯定的，那么你对他们的要求又是什么呢？

事实上，凭自己你就可以发财致富，而非那些专家。你的富有程度取决于你能存多少钱和你制订的投资计划。承认这一事实需要勇气，因为若不富有，你就得承认这是自己的问题，你没有可以指责的人。因为你没有理财顾问，也没有复杂的投资策略，更不能怪"市场条件"不成熟。但从长远看，你可以精确地掌控自身财务状况。

你知道这本书对我来说最有趣的部分是什么吗？不是我在外面经常听到的个人理财口号（像"资产配置"之类的口号），而是大家在读完这一章后，发给我的质疑邮件。每当指出大家是如何把钱浪费在昂贵的共同基金上，或者理财顾问没能让你获得高于市场水平的收益率时，我都会收到一些电子邮件，说我在"胡说八道"。他们会说，看看他的投资回报就知道这不可能是真的。他们并不清楚在扣除税费后我究竟赚了多少钱。不过，他们肯定会有丰厚的回报，因为如果没有赚到很多钱，他们就不会继续投资了，不是吗？

在这一章，我将向你展示如何绕开金融专家的"专业知识"（和费用），只采用最简单的投资方法超越金融专家。我知道，让你明白依赖所谓的专家在很大程度上是无效的，要做到这一点并不容易。但请听我说，我是有数据支撑的，我也会告诉你如何靠你自己进行投资。

· 猜不透市场未来走向的金融专家

在开始讨论如何击败专家之前，我们先深入了解一下专家是怎么做的，以及为什么他们的建议经常漏洞百出。

最惹人注目的金融专家是权威人士和投资组合经理（选择共同基金中特定股票的人）。他们喜欢预测市场的走向是上涨还是下跌，以此取悦投资者。专家们没完没了地谈论利率、石油产量以及一只在中国振翅的蝴蝶将如何影响股市。他们把这种预测美其名曰"把握市场时机"。但事实上，专家根本无法预测市场会涨多高或是跌多低，甚至是朝哪个方向发展。每天都有读者给我发来电子邮件，询问我对能源行业、外汇市场或谷歌的看法。可谁知道这些呢？我当然也不知道，尤其是股票市场的短期走势。很可惜，事实上没有人能够预测市场的走向。即使这样，电视上的名嘴每天也在做着不切实际的预测，不管这些预测是对是错，也从来没有人追究他们的责任。

媒体会从每个细小的市场波动中捕捉信息。有一天，专家因股市下跌了数百点，就开始渲染悲观情绪并认为末日即将来临。但 3 天后，随着股市回升 500 点，头版就又充斥着乐观情绪和对独角兽公司的期望。这看起来很吸引人，但你退一步问问自己："我从中学到了什么？我有没有因为市场一天涨一天跌而不知所措？"其实，掌握更多的股市信息并不见得是好事，尤其是在不能确定可行性时，这会导致你在投资时犯错。投资的关键在于，你要完全忽略专家的任何预测，他们根本不知道将来会发生什么。

即便你认为基金经理更懂行情，他们也会成为金融炒作的牺牲品。你可以从基金本身的交易模式中看到这一点：共同基金会频繁地在股市中"周转"，这就需要大量买卖股票（此过程会产生交易费用，如果持有的账户不享有税收优惠，你还要缴税）。这些基金经理追逐最新的热门股票，也相信自己有能力发现数百万人察觉不到的东西。另外，他们也要求额外的报酬。尽管如此，基金经理仍有 75% 的时间未能跑赢大盘。

你可能会说："拉米特，我买的基金不一样。基金经理在过去两年里给我带来了 80% 的回报！"这听起来是不错，但有人赢了市场几年并不意味着他未来几年还能赢。从 2000 年开始，标普道琼斯指数公司展开了一项为期 16 年的研究，研究人员发现，那些在某一年业绩超过基准的基金经理很难在第二年获得类似的回报。该公司资深分析师瑞安·波里尔表示："如果你有一位今年跑赢指数的基金经理，那么他明年再次跑赢指数的可能性会比抛硬币赢的概率还小。"

如果我让你说出 2008 年到 2018 年的最佳股票，你可能会猜是谷歌，但你会猜到是达美乐比萨吗？让我们把时间调回 2008 年 1 月，如果你投资 1 000 美元在谷歌的股票上，那么 10 年后它的价值将略高于 3 000 美元，你的钱能在 10 年内上涨 3 倍的确非常不错。但是，如果你当时用同样的 1 000 美元购买达美乐的股票，那么你的钱到现在几乎可以涨到 1.8 万美元。

可问题在于，没有人能够一如既往地猜测出哪些基金或股票的表现会随着时间的推移而追平市场，甚至超过市场。任何声称自己能做到的人都是在撒谎。

所以，不要理会专家的预测，也不要理会那些十分罕见的反常市场变动。忽略基金过去一两年的表现，基金经理也许可以在短期内表现得很出色，但从长期来看，由于各种费用以及从数学角度挑选绩优股的难度越来越高（本章后面会详细介绍），基金经理几乎不可能跑赢市场。当你评估一只基金时，唯一的方法是看它过去 10

年或更长时间的业绩。

专家也把握不住市场时机

权威人士和媒体清楚地知道如何吸引我们的注意力：华而不实的图片、夸夸其谈的名嘴，以及对市场的大胆预测（几乎从未应验）。这些可能很有趣，但看看实际数据，你会大吃一惊。

普特南投资公司研究了标准普尔 500 指数过去 15 年的表现，在此期间，其年收益率为 7.7%。探究人员还注意到一些惊人的现象：在这 15 年里，如果你错过了 10 个最佳投资日（即股市涨幅最大的日子），你的收益率将从 7.7% 下降到 2.96%。要是错过了 30 个最佳投资日，你的收益率将降至 −2.47%——收益率为负！

以实际美元价值计算，如果你投资 1 万美元，并在这 15 年里一直投资市场，那么你最终会得到 30 711 美元。如果错过了 10 个最佳投资日，你最终会得到 15 481 美元。如果错过了 30 个最佳投资日，那么你最终会得到 6 873 美元，比你开始投入的本金还少。

这个计算结果很惊人。你会开始怀疑朋友和权威人士那些笃定的言论（"很明显市场正在下跌"）。别理他们！预测市场的走向可能会让你感觉良好。但坦白讲，在涉及投资和复利的时候，你的感觉只会把你引入歧途。

定期投资是唯一的长期解决方案，你可以将尽可能多的资金投入低成本、多样化的基金，即使在经济低迷的情

况下也是如此。这就是为什么长期投资者会说这样一句话：关注市场投资时间，而不是预测市场时机。

· 擅长隐藏糟糕业绩的金融专家

我前面说过，"专家"往往是错的，但更让人恼火的是，他们知道如何掩盖自己的错误，这样我们就发现不了他们的失败。事实上，金融行业，包括管理共同基金的公司和所谓的专家，比你想象的要狡猾得多。

专家最常用的一个伎俩就是，永远不会承认自己的错误。《不上当的投资书》作者丹尼尔·索林描述了一项研究，该研究阐明了晨星这样的金融评级公司是如何提供股票评级的，投资者可以通过其股票评级快速了解许多股票的表现。即使它们评估的公司正在遭受重创，甚至会使股东损失数十亿美元，投资者对评级还是会竖起大拇指表示赞成。该研究发现：

直至公司申请破产，50 家咨询机构中仍有 47 家建议投资者继续购买或持有这些公司的股票。

19 家公司中有 12 家在申请破产当日继续获得"买入"或"持有"的评级。

晨星这样的公司为基金提供评级，本应该简单反映基金的价值，但它给出的五星级评级完全是无稽之谈。为什么？原因有两个。

第一，获得五颗星实际上并不代表预测正确。研究人员克里斯托弗·布莱克和马修·莫里的一项研究表明，尽管低星评级在预测表现不佳的股票方面是准确的，但高星评级并不一定准确。他们在研究中写道："在大多数情况下，几乎没有统计证据表明，晨星评级最高的基金表现优于评级排名第二和处于中位的基金。"一家评级公司给某只基金评了五颗闪亮的星星，并不意味着该基金在未来会表现良好。

第二，当涉及基金评级时，公司会用"幸存者偏差"来掩盖这家公司的表现。幸存者偏差之所以存在，是因为失败的基金不会被纳入未来任何基金业绩的研究，原因很简单，它们不存在了。例如，一家公司可能会启动 100 只基金，但几年后只剩下了 50 只。这家公司可以大肆鼓吹其 50 只基金表现多么优秀，却忽略了另外 50 只已被抹除记录的失败基金。换句话说，当在共同基金网站和杂志上看到"十佳基金"的页面标题时，你要想想你没有看到的一面，因为出现在页面上的基金是那些没有被关闭的基金。当然，也会有一些五星基金，却不在成功的基金之列。

三位成功跑赢市场的传奇投资大师

现在，确实有投资者多年来一直跑赢市场。例如，沃伦·巴菲特在 53 年里创造了 20.9% 的平均年化回报率。富达的彼得·林奇 13 年来的投资回报率为 29%。耶鲁大学首席投资官大卫·史文森 33 年的平均年化回报率是 13.5%。他们都拥有非凡的投资技巧，并且赢得了世界上最佳投资者的称号。但是，这些人可以持续跑赢市场，并不等于你我也可以。

金融公司非常清楚幸存者偏差，但它们更关心的是拥有良好的基金业绩，而不是揭示全部真相。因此，它们有意识地创造了几种方法来快速测试基金，而且只销售表现最佳的基金，从而确保它们拥有"最佳"基金品牌的声誉。

这些把戏特别阴险，因为你永远不知道怎么提防。当看到满满一页都是15%年化回报率的基金时，你自然会认为它们将来也能给你15%的年化回报率。如果这些基金得到晨星公司的五星评级，那就更好了。既然认清了幸存者偏差和大多数评级都毫无意义的事实，那么我们很容易看出，金融专家和公司只是想揣满自己的钱包，而非确保你的投资得到最好的回报。

如何创造完美的选股纪录

既然知道长期跑赢市场几乎不可能，我们就用概率和运气来解释一下，为什么有些基金看起来具有不可抗拒的吸引力。虽然某个基金经理可能会在一两年乃至三年中幸运地跑赢市场，但从数学上讲，他不太可能持续跑赢市场。为了检验概率论，我们举一个简单的例子，一个不择手段的骗子想给一些天真的投资者推销他的金融服务。

他给1万个人发电子邮件，告诉一半人A股会上涨，告诉另一半人B股会上涨。他可能会说："这只是一封证明我了解内情的免费电子邮件。"几周后，他注意到A股确实上涨了。他剔除了B股人群，把重点放在了A股人群上，并给他们发了一封邮件，写着"我早就告诉过你"。这一次，他又发了两拨邮件。他告诉其中的2 500人C股会上涨，告诉其余的2 500人D股会上涨。如果C股或D股有一只上涨，那么在下一个周期中，至少有1 250人将看到他成功地挑选了两只股票。进而，在每个选股周期都会有收信者对他的选股"能力"越发敬佩。

我们喜欢在没有秩序的地方创造秩序。尽管骗子的成功完全是偶然的，但是我们仍会认为骗子拥有神奇的选股能力，然后去买他的"成功投资工具包"。你所看到的"五星基金"宣传也不过如此。这个故事的寓意是：不要仅仅因为一些骄人的数据就相信所谓的金融专业知识。

· 我敢打赌你不需要理财顾问

你已经看到我对媒体炒作投资和大多数专业投资者糟糕表现的愤怒。现在，我要提醒你留意另一类金融专业人士：理财顾问。

你们可能会说："但是，拉米特，我没有时间去投资！为什么我不能找个理财顾问呢？"是啊，多老套的外包论调。我们可以把洗车、洗衣和家政工作外包出去，为什么不能把理财也外包出去呢？

大多数年轻人不需要理财顾问。其实我们的需求很简单，只要花一点儿时间（比如在6周里，每周花上几个小时），我们就可以创建一个自动的个人理财系统来帮助我们理财。

此外，理财顾问并非总为你的利益着想。他们应该帮你做出正确的投资决定，但请记住，他们实际上没有义务做对你最有利的事情。有些人会给你很好的建议，但很多建议毫无用处。如果他们拿的是佣金，为了赚取佣金，他们通常会给你介绍一些价格高昂、资产膨胀的基金。

我做第一份工作时，公司经常举办研讨会，由一位从事投资的前雇员主持。他会给出相当标准的建议（例如，把钱存进401K计划账户，开一个罗斯个人退休账户，等等）。于是，我去咨询他，并在他那里开了一个罗斯个人退休账户。他还极力向我推销终身人寿保险。我妻子看了这些资料后说："嗯……不行。"她打电话要求取消，并把我们的钱拿了回来。我们还算好，把投出去的钱全部拿回来了，因为最初的投资本金接近五位数。大概就是在那个时候，我买了你的书，然后把我的罗斯账户从他那里转到了先锋领航……从那以后，我再也没有换回去。

——汤姆·T.，35岁

我来教你变富

我的朋友发现理财顾问在欺骗他

几年前，朋友乔给我发邮件，让我看看他的投资。他怀疑理财顾问欺骗了他。跟他谈了不到 5 分钟，我就发现他的情况很糟糕。乔是一位高收入的年轻企业家，这位理财顾问把乔当成未来 40 年的饭票。

我对他说了以下的话：

·在投资时，需要防范一些主要的投资陷阱，其中包括"终身人寿保险"、"年金"和"普美利加"。碰到任何一个，轻则多付了钱，重则上当受骗。

·多收的费用，再加上你的个人所得税，你要支付的费用会高达数十万美元（甚至你一生要支付 100 多万美元）。

·你应该把所有投资都交给一个低成本的经纪人。这样不仅支付的费用会比较少，还能获得更好的回报。如果这么做，你的理财顾问肯定会抓狂，他会打出所有情感牌来阻止你。因此，要跟他书面交流。

好戏即将登场，我坐回椅子上，搓着双手，等着看这场好戏。

在接下来的一个星期里，乔和他的顾问不停地来回发电子邮件。不出所料，这位理财顾问感到非常震惊！因为他的客户竟然想和他解约。以下是理财顾问说的一些话：

"（我感到震惊）尤其是过去几个月里，我们已经交谈了好几次，但我没有听到你有任何抱怨或者担忧……"

"……我一个人承担这项庞大的任务，为你制订所有的计划和投资，这样做似乎不好……"

我最喜欢的一句话是："不过，如果你仍然想解雇我，我可以告诉你关闭账户的步骤。"

最搞笑的是，我的朋友拒绝受到情绪操纵的诱导。他回答道："我不相信我们的一些共同决定真正符合我的最佳利益。不管失去信心是否有理由，以我目前的感受，我很难让我们的业务关系继续下去。"

乔的表现我给他打 A+。因为他不仅留住了几十万美元的费用，还向我们展示了自己的钱自己做主该是什么样子。

如果你目前正在与一名理财顾问合作，我建议你问问他是否是受托人（即他是否把你的理财收益放在首位）。乔的顾问就不是受托人，而是一名推销员，这一点从他建议乔（二十几岁，未婚）"投资"人寿保险就很明显了。像乔这样的人买人寿保险，唯一的理由是他有一个需要抚养的人，而不是为了让他的顾问的腰包更鼓。

如果发现你的顾问不是一个受托人，你就应该换人，不要担心他们会用什么样的情感手段挽留你。你需要关注回报，把理财收益放在第一位。

相比之下，只收取费用的理财顾问信誉要好得多。（在提供良好的投资回报或盈利方面，两者都不一定更好。但他们的收费方式不同，这会影响你的最终收益。）

可关键的问题是，大多数人实际上并不需要一名理财顾问——你可以自己做所有事情，靠自己取得成功。如果你一定要在聘请顾问和不投资之间做出选择，那么还是聘请一位顾问吧。那些财务状况非常复杂的人、继承或积累了大量财产（即资产超过 200 万美元）的人，以及那些确实忙得没时间自学投资的人，也应该考虑寻求顾问的帮助。花点儿钱开始投资总比什么都不做要好。如果你决定寻求专业帮助，可以从美国全国个人理财顾问协会网站（napfa.org）搜索理财顾问信息。这些顾问通常是按小时收费的，而不是收佣金，这就表明他们想帮助你，而不是通过理财推荐获利。

许多人不想花几个小时学习投资，而是依赖理财顾问，把他们当成拐杖，结果一生中掏了数万美元的管理费给别人。在 20 多岁的时候不学投资理财，到时候不管是无所事事，还是花大价钱请别人来"管理"资金，你都会付出巨大的代价。

我幸运地发了一笔意外之财，于是试着通过银行（当时是联信银行）推荐的一位理财规划师来做"智慧理财"。理财规划师让我投资了一些很差的基金，不仅表现低于标准普尔 500 指数，而且收费也高得离谱，害我几乎损失了 1/3 的钱。最终，我把所有资金都转到了先锋领航指数基金（我自己在先锋领航开了一个经纪账户）。我对此一点儿都不后悔，唯一后悔的是，我之前竟会浪费时间和金钱去信任一个"专业人士"。

——戴夫·纳尔逊，40 岁

· 当理财经理联系我时

几年前，一位朋友建议我和"理财经理"谈谈。我拒绝了，但他坚持要我这样做。"为什么不聊一聊呢？"我的朋友问。

我说我不知道，也许是因为我写过一本有关投资和个人理财的书，而且这本书还是《纽约时报》畅销书？我深吸一口气，提醒自己："做人要谦虚，拉米特。"于是，我决定接通这个电话。

朋友告诉我，这些经理在我不愿提及名字的财富管理公司工作。

哈哈，我开了个玩笑。他们是在富国银行私人财富管理公司工作。让我暂时打个岔，提醒你我为什么讨厌富国银行和美国银行。

这些大银行都是混蛋！它们敲诈你，收取近乎勒索的费用，并用欺骗的手段打压普通客户。没有人会站出来反对它们，金融界的每个人都想和它们做交易，而我没有任何兴趣与这些银行有生意往来。如果你想选择这两家银行，我劝你不要，因为这样做只会自讨苦吃。你可以在谷歌搜索"拉米特最佳账户"，便能了解我推荐的最佳支票账户、储蓄账户和信用卡。不过，我不会从这些推荐中谋取任何利益，仅仅是希望你不要被骗。

你真的需要一位理财顾问吗？

如果你真的想聘请一位理财顾问，这里有一封介绍情况的电子邮件，你可以修改后发送。

迈克，你好：

我正在寻找一名只收顾问费的理财规划师，我在 napfa.org 网站上看到了你。给你介绍一下我的财务状况：我有大约 1 万美元的总资产，其中 3 000 美元存在罗斯个人退休账户（未投资），3 000 美元存在 401K 计划账户，还有 4 000 美元现金。我正在寻找能将长期回报最大化，同时又能让成本最小化的投资。

如果你能帮我，我想约你面谈半个小时，向你咨询一些具体问题。我也想听听你是如何帮助那些有类似目标的人理财的。2 月 6 日，也就是下周五下午 2 点如何？或者 2 月 9 日周一，我也有空。

谢谢！

拉米特

这 30 分钟的面谈，应该不用花什么钱，但你要准备好问题。在网上可以搜索到几百个这样的问题（搜索"理财顾问问题"），但一定要问下面三个问题：

·你是受托人吗？你是如何收费的？是收佣金还是只收顾问费？还有其他费用吗？（你需要的是一个只收顾问费的受托财务顾问，这意味着他要把你的财务利益放在第一位。对于这个问题，除非对方的回答非常明确，否则就不要聘用。）

·你以前帮助过和我情况类似的人理财吗？你推荐了哪些总体解决方案？（获取证明人信息并给他们打电话。）

·你的工作风格是什么？我们是否会定期交谈，还是说我与助理联系？（你需要知道在最初 30 天、60 天和 90 天的事项安排。）

还是回到之前的话题。当听说这些人在富国银行工作时，我就知道我必须接这个电话，主要是因为我讨厌几乎所有理财经理（我喜欢角色扮演)。

我们快速了解一下理财经理的工作内容。理财经理找到那些有钱的人,问一大堆问题,然后帮助他们规划投资和理财。听起来很不错,是吧?他们还为你提供"尊享服务",比如投资组合分析、国际抵押贷款援助、税务规划服务等。作为交换,他们根据资产的百分比向你收取费用,而收取费用的百分比非常小,只有1%或2%。我的天哪,这又是什么费用!我们一会儿再讨论这个问题。

我于是与两位经理通了电话。得知他们在比弗利山庄工作,他们操着一口令人惊叹且圆滑的英国口音,我太爱英国口音了!

他们对我一无所知,甚至都没有花两秒钟时间研究一下我。"肯定会很有趣。"我心想。

他们问我从事什么工作,我说我是一名"互联网企业家"。接着他们告诉我,他们的服务对象就是企业家和社会名人。名人是理财经理的捞金目标,因为名人能赚大钱,而且来钱快,他们希望把钱委托给别人管理。两位经理开始介绍他们的服务,比如,如何帮助客户专注于工作,帮助客户处理所有财务"事宜"。(言下之意,我忙于购买兰博基尼和在酒吧吹瓶喝酒,无暇关注自己的投资。他们不知道我其实热衷于研究资产配置,并以此为乐。)他们还告诉我,他们会如何保证我的资金安全,可他们又怎么知道我将来何时需要用到这笔钱呢?(其实就是利用我对资金损失的恐惧罢了。)

我装傻充愣,问了很多非常基本的问题。"它是如何运作的?你拿我的钱会做什么?"我很小心地避免使用像"税收亏损割收"、"平均成本法",甚至"复利"之类的专业术语。相反,我会问:"你们能帮忙报税吗?"虽然我们只是在电话里交谈,但我几乎可以感觉到他们的眼睛在发光,因为他们急切地想告诉我那些复杂的避税方法(实际上,富人可钻的税收漏洞相对较少)。

然后，他们用漂亮的英国口音说了一些听起来无伤大雅，但实际上发人深省的话："我们不想迎合市场，我们只专注于资产保值。"

你听懂了吗？

他们的意思是："我们的投资回报将会低于你从廉价的先锋领航基金获得的回报。"用通俗的话讲就是："你本可以用 1 美元买到盐，我们不仅给你更差的盐，还收你 2 美元。但我们每半年就会用一个漂亮的皮质托盘将更差的盐送到你面前。"我现在笑出了声。在电话上按了静音，这样我就可以继续演戏了。

他们从未问过我的目标，比如为什么一个 30 岁出头的人，在他的职业生涯早期，会专注于财富保值而不是增值？

更重要的是，他们的服务费会是多少？我天真地问起这个问题，这个时候，我笑得都停不下来了，因为我知道接下来会发生什么。我真的迫不及待想目睹最精彩的部分。费用，我的天哪！当我问他们要花多少钱时，他们的语气带着一种轻蔑——如果你曾经和富人在一起谈论过某些东西要花多少钱，你就知道我的意思了。他们说："投资费用只是象征性的 1%，我们着眼于帮您理财，建立长期关系。"

你听明白了吗？

首先，他们避谈费用问题。"费用只是象征性的 1%。"才 1%，谁又会在乎呢？其次，请注意，这两位理财经理很快又将聊天话题转到目标客户希望听到的"长期关系"这样动听的词语上。为什么呢？我来告诉你其中的原因。（顺便说一下，如果我没记错，费用实际上在 1%~2%。保守起见，我们姑且就算 1% 吧。）所有服务只收 1% 的费用？听起来不错，对吧？

但你知道吗，随着时间的推移，1% 的费用可能让你的收益减少大约 30%。你肯定不知道，也没有人会算这笔账。这就是说，如果我向他们投资 100 万美元,他们收的费用将使我的收益由 210 万美元减为 150 万美元,这中间的 60 万美元进了他们的腰包!这么说,1% 的费用还是很高的!

不用了,谢谢!我宁愿把钱留给自己。一般人不明白这些费用到底有多高,因为其中的数学计算是极其违反直觉的,华尔街把它设计得让你琢磨不透。1% 看起来不多,但实际上代价高昂。

我自己投资,可以得到更好的回报,并且支付的费用也更少。

你想不想玩一个有趣的游戏?问问你的父母他们的投资费用花了多少。他们肯定不知道,如果知道实际花费,他们应该会非常沮丧。这样一想,还是不要去问了。

1% 可能会让你损失 28% 的回报,而 2% 的费用会让你损失 63% 的回报。真是让人难以置信。这就是华尔街如此富有的原因。这也是我坚持让你自学投资,以及华尔街在欺骗个人投资者时我会如此生气的原因。如果你看了这本书,还去支付超过 1% 的费用,那么我真的会被你气死。学精明点儿!你最好只支付 0.1%~0.3% 的费用。想想看,你可以留住几十万甚至几百万美元,而不是付钱给某位理财经理。你可能会花钱请人修剪你的草坪或打扫公寓,但投资理财不一样,费用会产生复利效应。好消息是,你在读我这本书。如果你能呼吸和阅读,那么这本书会教你如何赚大钱,反正比你把钱放在储蓄账户里要多得多。

值得一读的专家预测

以下是我喜欢的三位理财专栏作家和一个论坛。

摩根·豪泽尔开了一个心理学与理财的博客,也是这

方面最有趣的博客之一。阅读他的博文，了解你做某件事情背后的动机（以及为什么大家都在从事某种工作）。他的博客网址：collaborativefund.com/blog。

丹尼尔·索林创作了多本经典的投资类图书，他还写了一份非常棒的时事通信，在通信中他指名道姓，指出投资行业的人都是在胡说八道。以下是他论及的几个话题："机器人投资顾问表面的漏洞""主动型基金经理都是失败者""鼓起勇气，与众不同"。他的个人网站：danielsolin.com。

罗恩·利伯为《纽约时报》撰写《你的金钱》专栏。我喜欢读他谈到的各种话题，而且他总是站在客户这一边。他的个人网站：ronlieber.com。

最后，我很喜欢 BOGLEHEADS 论坛，在这个论坛上你可以找到很好的投资建议。他们会教你远离骗局和避免一时的狂热，让你重新专注于低成本的长期投资。网址：bogleheads.org/forum。

回到刚才的话题。回想起来，如果我当时问他们一个技术性非常强的问题，比如布莱克－斯科尔斯期权定价模型或者外汇兑换，那就棒极了，然后说："好吧，以后再聊！"只可惜我不擅长当场反驳。

下面是这个故事的启示。

1. 我喜欢在所谓的专业顾问面前假装对理财一无所知，这是我一生中最欢乐的时刻。

2. 你们中的绝大多数人不需要理财经理，甚至也不需要理财顾问。有这本书就够了，我希望你翻开阅读并加以运用。如果你遵循这些普遍使用的建议，过上富足人生并不是难事。

3. 理财经理知道他们无法跑赢市场，所以就设法把重点放在其他可以"增值"的途径上，例如，"任何人都可以在牛市中赚钱。当市场有变化时，我们会帮助你"，还有"我们可以在税收、遗嘱、信托以及保险方面为你提供建议"。所有这些本来就是合法的，不需要一个收佣金的顾问来完成。如果你在市场下跌时感到紧张不安，我认为更好的解决办法就是培养你在市场低迷时保持韧性和专注的能力。不要因为恐惧做决定。相信自己和你的理财系统。

4. 你的资产一旦达到七位数，或涉及孩子、退休、税收这样的复杂事务，你就可以考虑高阶点儿的建议。花钱聘请一位理财顾问交流几个小时，或者到我的网站学习一下个人理财高阶课程。

· 主动管理与被动管理

请记住，即使专业投资者的表现令人悲观和失望，我也绝不是说投资是浪费钱。你只需要知道投资方向就好了。

共同基金仅仅是股票或债券等不同投资的集合，它通常被认为是大多数人最简单同时也是最佳的投资方式。但正如我们看到的，基金经理 3/4 的时间都无法跑赢市场，也很难判断哪些基金会长期表现出色。而且，无论共同基金有多好，它们的高额费用都会影响回报率。(当然，也有一些低成本的共同基金，但由于给自己的投资组合经理和其他雇员的报酬方式不同，共同基金想与低成本、被动管理的指数基金竞争几乎是不可能的，稍后我会详细介绍这个问题。)

说到投资，如前所述，费用会极大地拉低回报率。这有点儿违反我们的直觉，因为我们习惯为服务付费，比如健身房会员或迪士尼乐园门票。如果我们从中得到了什么，那就应该支付公平的价格，不是吗？所以关键在于"公平"，但我们求助的许多理财专家都想榨干我们身上的每一分钱。

我注册了一只退休基金，不仅管理费很高，还必须连续5年每个月都往里面投钱，退休后才能把钱取出来。我当时是被这位理财顾问的外表和花言巧语给骗了。我在考虑是否要损失 1 000 美元的取消费用，把钱取出来。我觉得自己真是个白痴，竟然花那么多钱去买一只那么差劲的基金。

——金承宇，28 岁

共同基金使用"主动管理"的概念，这意味着，投资组合经理会积极地帮你挑选最好的股票，给你最好的回报。听起来不错，对不对？但是，即使用了那么多出色的分析师和厉害的技术，投资组合经理也会犯一些基本的错误，比如，过快抛售、交易过多以及草率猜测。这些基金经理频繁交易，以便向股东展示短期业绩，并证明他们一直在努力做事——他们所做的一切都是想让你掏腰包！他们不仅经常跑不赢市场，而且要收取费用。共同基金通常收取每年管理资产的 1%~2%（这一百分比被称为基金的费率），换句话说，1 万美元的投资组合如果按 2% 收取管理费，你每年要支付 200 美元。有些基金甚至在你申购或赎回时会收取额外的交易费（即前端收费和后端收费）。不管基金经理的业绩表现如何，他们都靠这些小伎俩来赚钱。

如果你不把它与另一种选择——"被动管理"相比较，2% 听起来好像并不多。指数基金（共同基金的表亲）的运作方式就是被动管理，其原理是用计算机取代投资组合经理。计算机不会企图寻找最热门的股票，它们只是有条不紊地简单选择某一指数所持有的相同股票（例如，标准普尔 500 指数中的 500 只股票），以求与市场相匹配。（指数是衡量一部分股票市场的一种方法。例如，纳斯达克指数代表某些科技股，而标准普尔 500 指数代表 500 只美国大型股票。也有国际指数，甚至还有零售指数等种类。）

大多数指数基金都贴近市场（或贴近它们所代表的细分市场）。正如股市可能今年下跌 10%，明年上涨 18% 一样，指数基金也会随着它们所追踪的指数涨跌。指数基金的费用比共同基金的要低，因为无须支付高昂的人工管理费，所以两者最大的区别就在于费用。例如，先锋领航的标准普尔 500 指数基金的费率仅为 0.14%。

你要记住，市场上有各种各样的指数基金，比如国际基金、医疗保健基金、小盘股基金，甚至还有与美国整体股市相匹配的基金。这意味着，如果股市下跌，这些指数基金也会下跌。但从长期看，经通胀调整，整体股市的回报率一直保持在 8% 左右。

让我们从两个方面来看基金的表现：缺点（费用）和优点（回报）。首先，比较一下被动管理型基金和主动管理型基金的费用。

哪种基金管理方式更好？			
假设投资 100 美元 / 月（回报率 8%）	被动管理型指数基金（费率 0.14%）	主动管理型共同基金（费率 1%）	投资者使用主动管理型基金要多支付多少费用
5 年后	7 320.93 美元	7 159.29 美元	161.64 美元
10 年后	18 152.41 美元	17 308.48 美元	843.93 美元
25 年后	92 967.06 美元	81 007.17 美元	11 959.89 美元

现在我来给你展示一下，这些数字在更高水平上是如何变化的。记住：看似微不足道的费用实际上会拖累你的收益。这一次，假设你把 5 000 美元存入一个账户，然后每月存入 1 000 美元，那么回报率同样是 8%。

哪种基金管理方式更好？			
假设投资 1 000 美元 / 月（回报率 8%）	被动管理型指数基金（费率 0.14%）	主动管理型共同基金（费率 1%）	投资者使用主动管理型基金要多支付多少费用
5 年后	80 606.95 美元	78 681.03 美元	1 925.92 美元
10 年后	192 469.03 美元	183 133.11 美元	9 335.92 美元
25 年后	965 117.31 美元	838 698.78 美元	126 418.53 美元

先锋领航的创始人约翰·博格曾在美国公共广播公司的纪录片《前线》（*Frontline*）中分享过一个令人震惊的例子。假设你和你的朋友米歇尔各自投资了过去 50 年来业绩表现相同的基金，唯一的区别是，你付的费用比她低 2%，你的投资年回报率是 7%，而她的是 5%，那么会有什么差别呢？

从表面上看，2% 的费用似乎并不多。你也会很自然地猜测，你们的回报率可能会有 2%，甚至是 5% 的差异。但复利的计算结果会让你无比震惊。

"假设以 50 年为期限，第二个投资组合会因费用问题而失去63% 的潜在回报。"博格说。

想想看，仅仅 2% 的费用就会让你损失一半以上的投资回报。

倘若是 1% 的费用，你肯定觉得 1% 不算多，对吧？可在同样的 50 年里，这笔费用将使你的收益减少 39%。我知道，50 年也许太长了，不值得考虑。那就让我们看看未来 35 年的投资状况。1% 的费用会让你掏多少钱？根据美国劳工部的数据，退休后，你的投资回报会减少 28%。

这就是我热衷于降低费用的原因。在投资时，费用就是你的大敌。

如果你投资做决定只考虑费用问题，那么指数基金是一个明智的选择。但我们也要考虑另一个重要因素：回报率。

就在结婚之前，我决定找一位理财顾问谈谈。因为我想在我和丈夫的财产合并之前，好好了解一下自己的财务状况。与咨询市场上最高的收费相比，这名顾问的收费并不算离谱，但他的建议确实荒谬，他吓唬我购买了并不需要的管理型产品（会持续产生费用）。这让我的财务状况变得比实际情况更复杂，而我不知道该怎么办。我是在度蜜月的时候第一次读到这本书的，回来后，我推翻了那位理财顾问为我做出的大部分决定。

——露辛达·B., 33 岁

尽管我一再强调共同基金在 3/4 的时间里都无法跑赢市场，但我要说的是，它们确实偶尔也会带来巨大的回报。在某些年份，有些共同基金表现非常出色，远远超过指数基金。例如，一只专注于印度市场的基金，在收益好的年份回报率可能达到 70%，但一两年的良好表现只能让你的回报走到这一步。你真正想要的是稳健的长期回报。因此，如果你正在考虑使用经纪人或主动管理型基金，那么打电话给他们，直截了当地问一个简单的问题："在过去的 10 年、15 年和 20 年里，你的税后收益和费后收益分别是多少？"没错，他们必须说清楚所有费用和税收问题。还有回报率的计算期限必须至少为 10 年，因为任何时间段的最后 5 年都太不稳定了，以至不会产生什么影响。我保证他们不会直接回答你，否则就等于承认他们没有持续跑赢市场。要想一直跑赢市场是很难做到的。

因此，稳妥一点儿的假设是，主动管理型基金往往无法跑赢或追平市场。换句话说，如果市场回报率为 8%，那么在超过 3/4 的时间里，主动管理型基金达不到至少 8% 的回报。此外，加上高费率，主动管理型基金必须比价格较低的被动管理型基金表现至少高出 1%~2%，两者才能持平，而这种情况根本不会发生。

在《不上当的投资书》一书中，丹尼尔·索林引用了巴布卡克管理研究所（现为维克森大学商学院）爱德华·S. 奥尼尔教授的一项研究。奥尼尔追踪那些以跑赢市场为唯一目的的基金，他发现，从 1993 年到 1998 年，只有不到一半的主动管理型基金跑赢了市场，并且从 1998 年到 2003 年，这一比例降到了 8%。不仅如此，当看到这两个时间段跑赢市场的基金数量时，他的反应是："确实令人沮丧。在这两个时期，跑赢市场的基金虽高达 10 只，但只占所有大盘股基金的 2%……无论是个人投资者还是机构投资者，尤其是 401K 计划的投资者，投资被动型基金或被动管理型基金，都会比投资那些价格更加昂贵、声称能够跑赢市场的主动管理型基金要好得多。"

总之，如果自己就可以做得更好且费用更低，你就没有理由为主动管理型基金支付高昂的费用。不过，你我都知道，即使看清了这里面的数学规律，理财也不是纯粹理性的，它有感性的一面。因此，让我们一劳永逸地解决让人们相信主动投资是值得的这一无形脚本，然后就可以开始投资了。

你知道了金融专业知识的神话，现在是时候看看你该如何投资，用更低的成本获得更好的回报了。在第 7 章，我会教你需要掌握的所有投资知识，包括投资选择和自动投资的所有技术性问题。

让我们开始吧！

注意：你如果不知道具体的行动步骤，那么请继续往下阅读。本章旨在介绍一些基本的专业知识，在第 7 章，你将要做一些重要的决定。

理财顾问的无形脚本	
无形脚本	实际含义
"我不知道，我只想花钱请人帮我解决问题。"	被那些行话和令人困惑的建议吓着是很自然的事情，但这是你的钱！学习基本的专业知识非常重要。无师自通的传奇人物吉姆·罗恩有一句名言："不要指望事情变得更简单，要憧憬自己会变得更优秀；不要指望问题会减少，要相信自己会掌握更多的技能。"不要指望有人牵着你的手，把你当成一个只会跳绳和嚼泡泡糖的 4 岁小孩。你要期望自己像成年人一样，遵守长期投资规律。别人能做到，你也可以。
"我喜欢他，他真的很值得信赖，我爸爸也请他当过顾问。"	我喜欢附近卖百吉饼的那个伙计，但这是否就是说，我应该和他一起投资？ 我们总喜欢把"讨人喜欢"和"值得信赖"混为一谈，这种倾向令人吃惊。芝加哥大学的一项研究证明了这一点。该研究题为：人们对美国医生的评价更多是基于对病人的态度，而不是治疗的效果。 你的顾问可能很讨人喜欢。他可能幽默风趣，也很体贴周到，但投资理财，还是要以结果说话。
"我怕赔钱。"	很好！你应该知道，顾问会收取顾问费，你付给顾问的每 1 美元都是你本可以用来投资的。例如，你付 1% 的费用，收益就减少 30% 左右。
"我的顾问在过去 4 年都跑赢了市场。"	也许他真的做到了，更有可能他并没做到，因为你没有把所有费用和税款考虑进去，他自然会隐瞒这些因素。正如研究表明，一个人现在很抢手，并不意味着他将来也会一直抢手。

第 7 章

投资不是富人的专利

花一个下午的时间创建一个简单的投资组合，然后变富。

在第 6 章，你了解了金融专家是多么无用，其实我们靠自己可以做得更好。现在，我们来到了应许之地。在这一章，你会学到如何选择自己的投资方式，支付更少的费用，并获得丰厚的收益。你可以通过问一些关键问题来确定自己的投资风格，比如，我明年需要用钱吗？还是可以让钱增长一段时间？我在为房子存钱吗？我能承受股市每天的大涨大跌吗？这些都会让我感到紧张不安吗？接下来，你还要研究基金，准确地选择合适的投资方式来达成自己的目标。这包括你所有的投资账户，比如 401K 计划账户和罗斯个人退休账户。（人们谈论的"投资组合"，指的是他们的 401K 计划账户、罗斯个人退休账户，甚至可能是其他投资账户。）在本章结束时，你会清楚地知道该投资什么，以及为什么投资，而且你可以用最低的费用，在做最少干预的情况下做到这一点。

我的目的就是帮助你在起步时选择最简单的投资方式，并使你的投资组合易于维护。只需要做到这两件事，你就可以走上致富之路。你会发现，很多拿着高工资的人既没有存款也没有投资；你还会注意到，人们为没有进行投资而寻找各种借口，比如"我没有时间"或者"股票会跌，我不想亏钱"。

大多数人对如何选择投资方式一无所知，但现在你不会和他们一样了！啊，这块应许之地真是馈赠丰厚！

在 24 岁开始做第一份工作之前，我根据这本书的建议开了嘉信理财个人退休账户、个人投资账户和支票账户。我现在 30 岁了，个人投资账户、401K 计划账户和个人退休账户中有超过 30 万美元的存款。

——斯米特·沙阿，30 岁

· 一种更好的投资方式：自动投资

开诚布公地讲，没有人真的喜欢理财。我宁愿拿着我的钱到东京参加一次美食之旅，或者在周末与朋友来一场滑雪旅行。我总是在寻找投入时间更少而回报更多的方法。比如，我在申请大学的时候创建了一个系统，这个系统每天可以填写 3 份奖学金申请，于是我在 6 个月内就申请到 20 多万美元来支付学费。近段时间，我每天都要处理 1 500 多封与我博客或这本书相关的电子邮件。我并不是在吹嘘我有多忙，而是为了表明，当涉及钱的问题时，我迫切希望用更少的精力获得更丰厚的回报。我曾不厌其烦地研究不用花费大量时间却能获得回报的投资方式，因此，我大力推荐你将经典的低成本投资策略与自动化理财结合起来。

自动投资并不是我刚刚发明的什么革命性技术。它是一种简单的低成本基金投资方式，受到诺贝尔奖获得者、亿万富翁沃伦·巴菲特等投资者以及大多数学者的推崇。你先要花大部分时间选定资金在投资组合中的分配方式，然后挑选投资方式（实际上，这个步骤花的时间最少），最后将你的定期投资自动化，这样你就可以一边看电视一边赚钱了。人天性懒惰，我们不妨接受这种方法并加以充分利用。

自动投资之所以有效有两个原因：

费用更低。就像我在第6章提到的，价格高昂的基金会在无形中消耗你的回报，没有什么比它们更能扼杀你的投资业绩了。投资这类基金太疯狂了，尤其是你明明能以更低的费用获取更丰厚的回报，为什么要为更有可能亏钱的投资方式买单呢？自动投资可以让你投资低成本的基金，从而远离那些毫无帮助且收费高昂的投资组合经理，这样你就可以省下几万美元的交易费用、因狂热交易产生的税款以及总体的投资费用，最终超越大多数投资者。

完全自动化。有了自动投资，你就不必关注最新的"热门股"或市场的微观变化了。你先挑选一个简单的投资计划，没有任何诱人的股票，也不用猜测市场的涨跌，只要把你的投资账户设置成自动供款。这样你不用做什么，就可以有效地专注于投资。你可以专注于自己的生活——在工作之余会会朋友，去不同的国家旅游，在高档餐厅里吃饭，而不是整天为钱发愁。我或许可以称其为真实生活者的禅宗投资。（这也是我永远做不了取名顾问的原因。）

好到难以置信？

我描述自动投资的方式基本上与说"小狗狗很可爱"无异，没有人会反对这个说法。自动投资听起来很完美，但市场下跌的时候又会发生什么呢？可能就没那么容易说清楚了。例如，我认识几个有自动投资计划的人，在 2008 年底股市遭受巨大损失的时候，他们立即停止投资，并将资金从市场上撤了出来。这一做法大错特错。对一个真正自动投资者的考验不会出现在股市上涨的时候，而会出现在股市下跌的时候。以我为例，2018 年 10 月，股市下跌，我的一个投资账户损失了 10 万多美元，但我一如既往，继续自动投资，每个月都是如此。

基本上你是在低价抛售股票，认识到这一事实需要勇气。如果你打算长期投资，赚钱的最好时机就是在别人都退出市场的时候。

我大概 3 年前开始投资，在这之前我阅读了大量金融图书，其中就包括你的书。我投资起步晚，差不多 31 岁才开始，但是我对自己的进步非常满意。我最大限度地利用罗斯个人退休账户，进行了更加积极的投资，我还将 15% 的资金投入先锋领航的 401K 计划账户，全部用来购买指数基金。我是家里第一个这样做的人，所以探索了一段时间才搞清楚。现在我的投资都自动化了，这种感觉很不错。

——乔·弗鲁，34 岁

结论： 自动投资可能没有对冲基金和生物科技股那么吸引人，但它带来的收益更高。再问一次，你是希望自己更有魅力还是更有钱？

朋友的话你该全部相信吗？

问题： 我的朋友告诉我，投资风险太大，我可能会赔光所有钱。真的是这样吗？

回答：那是一种本能的、情绪化的反应，并非有理有据、符合逻辑的。我可以理解人们对投资的这种紧张情绪，尤其是读了带有"市场调整"和"股市一夜暴跌10%"之类字眼的新闻后更会如此。这种新闻很容易让你陷入一种"DNA"（Do Nothing Approach）投资风格，即采取什么都不做的方式。非常不幸的是，现在害怕投资股市的人通常都会不约而同地在股价飙升时买入。就像沃伦·巴菲特说的那样，投资者应该"在别人贪婪的时候恐惧，在别人恐惧的时候贪婪"。

对你来说就不一样了。你懂得投资是如何运作的，所以你可以实施长期投资计划。是的，理论上你可能会赔光所有钱，但是如果你购买不同的投资产品，打造一个平衡的（或者"多样化的"）投资组合，这种情况就不会发生。

你会发现，你朋友担心的是投资的不利之处："你可能会失去一切！你怎么会有空儿去学习投资呢？外面有那么多骗子想要骗你的钱。"

假如不投资，那么每天损失的钱又会带来什么不利之处呢？

问问你的朋友，过去70年标准普尔500指数的平均回报率是多少。假设他们今天投资1万美元，10年甚至50年不动它，那么他们会有多少钱？他们不可能知道，因为他们甚至都不知道要假设的基本回报率是多少（试试8%）。人们说投资风险太大，那是因为他们不知其所不知。

· 财务自由的魔力

我记得在电视上谈过这本书。在节目录制之前，主播靠近我，向我表示祝贺。他说："恭喜新书出版，你现在还需要工作吗？"

这个问题我之前从未想过。我坐了下来，告诉他："不用，我不需要工作了。"

那是一个让人感觉无比强大的时刻，而且是交叉点的一个例子，在这个交叉点上，你的投资可以自动赚到足够的钱，满足你的一切开支。

想象一下，有一天醒来，你的账户里有足够多的钱，你再也不需要工作了。换句话说，投资帮你赚足了钱，投资的收益甚至超过了你的工资收入。这就是所谓的"交叉点"。这一概念首次出现在维姬·罗宾和乔·多明格斯所著的《要钱还是要生活》一书中。

这在个人理财中是一个极具影响力的观点：钱能生钱，而且到了一定程度之后，这些钱可以满足你的所有开支。这也被称为"财务自由"（FI）。

一旦到达交叉点，你可以做些什么？最起码，你什么都不用做。早上醒来，花3个小时吃吃早午餐，锻炼锻炼身体，见见朋友，做做自己喜欢的事。你可以选择工作，也可以不工作。毕竟，你余生都可以靠投资赚的钱养活自己。

很多人把这个叫作"提前退休"（RE）。和"财务自由"加在一起，就是财务自由（FI）+提前退休（RE）=FIRE。还有一种"精简版财务自由，提前退休"（LeanFire），指人们选择依靠"少量（lean）"的钱生活，通常是每年3万~5万美元，永远如此。他们拒绝物质主义，拥抱简单生活，通常方式比较极端。

而"奢华版财务自由，提前退休"（FatFire）是指，人们想要在最高消费水平上过着奢华的生活。你思考过为什么社会名流可以在一个聚会上消费 25 万美元吗？那是因为他们赚的钱太多了，不努力花都花不完。举个例子，2018 年，奥普拉·温弗瑞花 800 万美元买了一栋房子。这看起来简直贵得离谱，对吧？但事实是：她当时的净资产已经超过 40 亿美元，就算拿那些钱去做保守投资，回报率为 4%，仅仅靠投资，还不算她的薪酬，她一年就可以入账 1.6 亿美元。实际上，买这栋房子的钱对她来说可以"忽略不计"。

现在，把它放到你的生活中看看。大多数人的净资产不会达到 1.25 亿美元，但是，如果你有 100 万美元，200 万美元，500 万美元呢？计算一下（假设回报率是 8%），看看这能给你带来多少财富。简直让人大开眼界！

等你实现财务自由的时候，由于多年前做出的决定，你现在就可以衣食无忧了。就像有一个印度小孩儿叫"小拉吉"，他每天花 10 个小时备考 SAT，在几十年后获得了令人惊羡的工作和机会。他已经不记得自己花了多长时间学习，只是喜欢付出努力带来的结果，即使再过 25 年他也不会变。

我们再对术语进行一下总结：

· FI：财务自由。等赚的钱足够多了，你的投资将永久性地为你的生活买单。

· RE：提前退休。通常你在30岁或40岁的时候就可以退休。

· FIRE：财务自由（FI）+ 提前退休（RE）。想想那些30多岁就退休的人，从理论上讲，他们再也不用工作了，因为他们的投资足以支付他们每年的生活开支，年年如是，直到永远。

· 精简版财务自由，提前退休（LeanFire）：人们满足于依靠"少量"的钱生活，通常每年3万~5万美元。他们可能会做一些有趣的事情，比如去公园散步或观鸟。

- 奢华版财务独立，提前退休（FatFire）：人们实现财务自由，提前退休，并且过上奢华的生活：坐飞机头等舱，住四季酒店，或者让3个孩子上私立学校。

实现财务自由并提前退休并不容易，而且通常情况下，大多数人都会放弃这个念头。他们会说："我还太年轻了，先不考虑这些。"然后，过不了几年，他们又会说："对我来说，现在开始太晚了。"（有趣就有趣在这个借口变化得如此之快。）或者他们会给自己找最后一个合理的借口："我宁可现在就把钱花掉，也不愿未来30年都过着精打细算的生活。"

当然，真正的答案是，你可以选择是否让交叉点成为你富足人生的一部分。如果想到达这个交叉点，你可以选择实现这一目标的方式。

很多想实现财务自由的人把自己大部分工资都存了起来。他们说，忘掉许多人计划的存下收入的10%或者20%的目标吧，存70%怎么样？

举个例子，如果你的家庭收入是8万美元，你每个月的支出是6 000美元，按照储蓄和投资10%的一般建议，你可以在38年内到达你的交叉点，或者你也可以更早实现。

为什么这么说？

我来给你看一些实际数字。

选项1：你可以将月支出削减至3 000美元。对很多人来说，一年仅靠3.6万美元生活是难以想象的（或者换个说法，减少自己一半的开支是难以想象的），但是网上也有数不清的追随者真的做到了。遵循这个策略，你可以在短短12年到达自己的交叉点。（请记住，这里要做个权衡：12年对一个交叉点来说是非常快的，但是你的目标是每年3.6万美元的持续支出。）

选项 2：你可以提高收入，比如，你按照我在网站上的建议和老板谈薪资，获得 30% 的加薪。如果你把增加的工资都拿去投资，你会在 22 年内到达你的交叉点。请再次注意，这比选项 1 花的时间要长，而且长很多。但在这个例子中，你的目标是提前退休后每年支出 7.2 万美元。

选项 3：你可以将两种方法结合起来。如果收入增加 30%，支出减少 30%，你就可以在 9 年内到达自己的交叉点。可以看出，选项 3 到达交叉点所用的时间非常短，而且可以支出的金额相对较高。这就显示出同时瞄准收入和支出的优势。

大多数人从未以这种方式思考过自己的收入和支出。因此，他们和其他大多数人一样做着相同的事情：辛辛苦苦工作了几十年，每年却攒不下多少钱；在推特上大谈特谈税收的问题，却压根不知道自己在说些什么。仅读这一章，你就会意识到，只要愿意，你就可以大幅改变自己的工作时间。赚得更多，花得更少；或者赚得更多，花得更多！你的富足人生由你掌握。

顺便说一下，我对"财务自由，提前退休"有很复杂的感情。一方面，我喜欢任何能够帮助人们有意识消费和储蓄的策略。"财务自由，提前退休"对美国温和的储蓄率来说是一剂解药：它完全推翻了一般而言 10% 的标准；同时证明，如果你的目标非常明确，存下收入的 25%、40%，甚至 70% 都是有可能的。

另一方面，很多"财务自由，提前退休"的追随者都出现了压力过大、焦虑甚至抑郁的典型症状，并且认为在电子表格中输入一些神奇的数字就能拯救自己的不开心。这是不可能的。

在红迪网的"财务自由"论坛，你会发现有成千上万心心念念想要辞掉工作尽快退休的人。

一位红迪网用户评论道：

"回顾过去几年的生活，看看银行账户里的存款，如果我可以体验更多的生活，在余生找到更多的激情，特别是和我深爱的人在一起，我会很乐意放弃大部分存款，延迟退休。我银行有存款，却未曾过好我的生活。"

设定一个富有挑战性的财务目标对我来说不难（事实上，我倒挺喜欢这样的），我对那些和我有不同财务目标的人也没有意见。但是当人们用到"悲惨"、"疯狂竞争"和"焦虑"之类的字眼的时候，事情就变得有点儿危险了。

我的意见是：记住，生活不是电子表格。要积极进取，追求自己的目标——你可以拥有比以往更大的梦想，但又要记住：金钱只是富足人生的一小部分。

在读这本书之前，我对如何开始投资感到恐惧。我有一个401K计划账户，但是没有最大限度地加以利用，没有个人退休账户，也没有投资。我的父母在我成长的过程中给我灌输了物质稀缺的思想观念，他们不喜欢冒险。我最终开了一个罗斯个人退休账户，并且每年都按最高限额往里面存钱。去年我的401K计划账户缴费首次达到了上限，今年我打算继续这么做。我还开了一个个人投资账户，每个月自动往里面存钱。所有这些做法并没有影响我现在的生活方式。事实上，我的生活变得更好了。通过这些投资账户，我已经拥有了超过10万美元的退休金，个人投资账户里也有8 000美元了。

——戴维·钱伯斯，35 岁

· 更多便利还是更多控制？你来选择

我希望投资对你而言是尽可能轻松的，所以我打算这么做：我会为你提供一个简单版本和一个进阶版本。你如果是那种希望轻轻松松就可以赚到钱，又对理论不感兴趣的人，那么可以去看看关于**"为你的罗斯个人退休账户选择一只目标日期基金"**的内容。你可以在那儿找到逐步挑选单项投资（即目标日期基金）的指南。仅需几个小时，你就可以开启投资之路。

但是，如果你跟我一样，对投资痴迷，想要了解它的运作原理，甚至想要个性化定制自己的投资组合使其更容易控制，那就继续看下去。我将带你了解投资组合的组成部分，并帮助你构建一个既积极又平衡的投资组合。

· 投资不仅仅是选股

真的，并不仅仅是选股。问问你的朋友，他们认为投资是什么，我敢打赌他们会说是"选股"。伙计们，你们不可能总是选出长期表现优于市场的股票。选股太容易犯错了，比如，对自己的选择过于自信，或者股票下跌一点儿就恐慌不已。就像我们在第 6 章看到的，即使是专家也无法预测股市会出现什么变数。但是人们在投资博客和 YouTube 视频的反复灌输下，开始认为投资就是挑选出可以赚钱的股票，而且任何人都可以成功。这是不可能的。我不想这么说，但确实不是所有人都能成为股市赢家。实际上，那些所谓的理财"专家"大多数都失败了。

总而言之，一个鲜为人知的事实是：预测投资组合波动性的主要因素并不像大多数人认为的那样，来自你挑选的个股，而是来自你的股票和债券组合。1986 年，研究人员加里·布林森、伦道夫·胡德和吉尔伯特·比鲍尔在《金融分析师期刊》上发表了一项研究，震惊了整个金融界。他们证实了投资组合超过 90% 的波动性是由资产配置造成的。我知道"资产配置"听起来像句废话，跟"公司宗旨"或"战略联盟"差不多，但其实并非如此。资产配置是你的投资计划，是你将投资分配到投资组合中的股票、债券和现金的百分比。换句话说，通过将投资分散到不同的资产类别（如股票和债券，或者最好是股票基金和债券基金）中，你能控制投资组合的风险，从而保证不因波动而遭受损失。事实证明，你分配投资组合的方式，无论是全部投资股票，还是 90% 投资股票，10% 投资债券，都会对你的回报产生极大的影响。（后来，有研究人员试图衡量波动率和回报率的关联程度，但得到的最终结果十分复杂。）可以说，资产配置是投资组合里你可以控制的部分中最重要的。

显而易见，你的投资计划比实际投资更重要。

就拿本书来说，投资计划相当于本书的组织结构，也就是目录，目录比书中的任何言语都重要。这讲得通，对吧？对投资来说也是一样。如果能合理分配资金，比如不把钱都投到一只股票上，而是分散在不同种类的基金上，你就不用担心单一股票可能会使你的投资组合的价值缩减一半。事实上，作为个人投资者，分散自己的投资，你会赚得更多。想要知道如何配置资产，你必须知道你有哪些基本的投资选择。这就是接下来我们要讨论的内容。

鉴于你把握不好市场时机，也不会选择个股，那么资产配置应该成为你投资策略的重点，因为它是唯一一个你可以控制且会影响你投资风险和回报的因素。

——威廉·伯恩斯坦，《投资的四大支柱》作者

· 投资的基本要素

如果对投资机制不感兴趣，想直接跳过，去了解最简单的投资选择，那么你可以翻到"**目标日期基金**"那个部分。但是，如果你想了解更多的幕后详情，就请继续听我分解。

投资选择金字塔代表了你对不同投资方式的可能选择。最底端的最基础，包括投资股票、债券或留着现金不投资。我简化了这个部分，因为股票和债券的类型多种多样，你知道我的意思就够了。再往上是指数基金和共同基金。最后，处于金字塔顶端的是目标日期基金。

目标日期基金

更方便

控制较少

长期回报更好预测

指数基金 / 共同基金

比较方便

费用有高（很多共同基金收费都很高）
有低（如指数基金）

相较于目标日期基金，控制较多；
相较于股票/债券，控制较少

长期回报可以预测

股票 / 债券 / 现金

个股和债券的选择和维护都非常不便

高度控制

个股回报率很难预测、往往跑不赢大盘（偶尔可以跑赢）

债券的回报率很容易预测，但平均回报率低于股票

投资选择金字塔

让我们一起来看看每种投资方式（也叫"资产类别"），了解一下它们的内容。

股票

买股票其实就是买一家公司的股份。如果这家公司运营良好，你就可以指望买该公司的股票能帮你多赚点儿钱。人们讨论的"市场"通常是指像道琼斯（30 只大盘股）或标准普尔 500 指数（500 家市值较大的公司）这样的股票指数。投资迷可能会想，这些指数之间有什么区别呢？区别可大了，但总体来说，它们与你的个人财务状况关系不大。每个指数就像一所大学：委员会决定了每家公司加入指数的标准，而且随着时间的推移，委员会可以调整这一标准。

总的来说，股票是一种回报丰厚的投资方式。我们知道，股票市场的年均回报率约为 8%。事实上，如果选到了一只成功的股票，你的收益会比市场好很多；反之，股票没选好，收益就会差很多。尽管从整体而言，股票的长期回报较为可观，但是个股就不一定了。打个比方，如果将所有钱都投到一只股票上，你或许能获取巨大回报，也有可能会因公司破产而亏掉所有钱。

从长期来看，股票投资一直都是获取可观回报的好方法，但是我不鼓励你投资个股，因为单靠你自己选到一只成功的股票是非常难的。炒股难就难在，你永远不知道接下来会发生什么。例如，2018 年，社交娱乐平台 Snapchat 宣布，将重新设计其应用程序界面，于是仅在一天之内，它的股价就下跌了 9.5%。如果一家公司宣布的是好消息，情况可能就会相反。

在第 6 章，我证明了即便是那些以此为生的专业炒股者也无法预测股票回报。要知道，这些都是训练有素的分析家，他们可以像我看印度餐厅的菜单一样，无障碍地轻松阅读招股说明书。这些专家如饥似渴地阅读年报，他们能读懂复杂的资产负债表，如果他们都不能跑赢市场，你又有多大概率选到可能会涨的那只股票呢？

你的机会太渺茫了。这就是你我这样的投资者不应该投资个股的原因。相反，我们可以选择集合不同股票（有时为了分散投资，也包含债券）的基金，这样就可以减少风险，打造一个平衡的投资组合，让自己每天都能睡个好觉……我会在接下来的内容中做更多介绍。

债券

债券本质上是公司或政府发行的债务凭证。（严格来说，债券是 10 年以上的长期投资，而存款单则是借钱给银行。两者非常相似，为了便于说明，我把它们都称作债券。）如果你买了份 1 年期的债券，这就好比银行对你说："嘿！如果你借给我们 100 美元，一年后我们会还给你 103 美元。"

投资债券的好处在于，你可以选择贷款持续的期限或时长（2年、5 年、10 年等），而且你可以确切地知道当它们"到期"或"偿付"的时候，你会得到多少钱。另外，债券尤其是政府债券一般都很稳定，可以减少投资组合的风险。可以这么说，你购买政府债券唯一一种亏钱的可能就是政府拖欠贷款，但是政府是不会这么做的。如果政府的钱不够了，它只会印更多的钱。

但是，由于债券是一种安全、低风险的投资，即使是高评级的债券，其回报率也比绩优股要低得多。投资债券还会使你的钱失去流动性，意思就是它被锁定了，在一定时间内都不能被取出。从理论上讲，你可以提前把这些钱取出来，但要缴纳不少罚金，所以不推荐这样做。

　　了解了这些特质后，你觉得哪种人会投资债券呢？让我们梳理一下：非常稳定，回报率基本上能保证，但是回报相对较少……谁想投资呢？

　　一般来说，经济状况好的人和年纪大一点儿的人比较喜欢债券。年纪大一点儿的人喜欢债券，是因为他们想知道自己下个月可以得到多少钱来支付自己的医药费和其他费用。还有，有些老爷爷老奶奶无法忍受股市的波动，因为他们并没有多少其他收入能养活自己，而且 / 或者他们在这个世上的时间不多了，从任何打击中恢复过来对他们来说都太奢侈了。

　　另外，经济状况好的人因为已经拥有了大量财富，所以变得更为保守。可以这么说，当有 1 万美元的时候，你会想着激进投资，因为你想赚更多钱。但当有 1 000 万美元的时候，你的目标就会从激进投资转向保全资本了。查克·贾菲曾在哥伦比亚广播公司的"市场观察"专栏中分享了热爱投资的著名喜剧演员格劳乔·马克斯的老故事。

　　一个交易员问："嘿，格劳乔，你的钱都投到了哪里？"

　　格劳乔回答："都用来买国库券了。"

　　交易员大声喊道："那赚不了多少钱吧。"

　　格劳乔逗趣地回答："如果买足够多的国库券，你就可以赚到很多钱了。"

　　如果你的钱很多，那么你更愿意用较低的投资回报率换取保障和安全。因此，回报率在 3% 或 4% 的担保债券对富人来说还是很有吸引力的，毕竟，1 000 万美元的 3% 不是个小数字。

现金

从投资的角度看，现金是指闲置的、没有被投资的资金，只能从货币市场账户（基本上是高利率的储蓄账户）中获得少量利息。传统上，现金是投资组合的第三部分，仅次于股票和债券。你希望手头有流动的现金以备不时之需，并在市场不景气时作为对冲工具。当然，你要为这一安全性付出代价：现金是你投资组合中最安全的部分，但也是回报最少的部分。事实上，考虑通货膨胀因素，持有现金实际上你是在亏钱。

这就是为什么我会说，它在传统上是投资组合的一部分。只要像我在第 5 章描述的那样，努力实现自己的储蓄目标，并且有足够甚至更多的钱来应付紧急情况，你就没有太大问题。不用担心你的投资账户里还有现金，简单就好。

· 资产配置：大多数投资者忽略的关键因素

如果买了所有不同种类的股票或股票基金，你的投资就分散了，但只是分散在股票这一个资产类别里。这就像成为威斯康星州友谊县最受欢迎的人，这很好，但我们谈的是适度竞争。（友谊县这个地方其实是真实存在的，我的朋友在那里长大，他教过我他和伙伴们用过的帮派标志：两只手紧紧握在一起以示友谊。）

在各只股票上进行分散投资很重要，但在不同的资产类别（比如股票和债券）之间进行配置更重要。从长期来看，只投资一种类别的资产很危险。这就是资产配置这一重要概念发挥作用的地方。请记住，分散投资是指深入一个类别（例如，购买不同类型的股票：大盘股、小盘股、国际股等），而资产配置却是指跨越所有类别（比如股票和债券）。

在决定如何配置你的资产时，最重要的考虑因素是每种类别对应的回报率。当然，基于你所进行的不同类型的投资，你可以期待不同的回报率。更高的风险通常意味着更高的回报。观察一下下面的表格。乍一看，很明显股票是回报率最高的，所以我们就都投资股票吧！

股票和债券 90 年来的年均回报率		
纽约大学企业金融学教授阿斯瓦斯·达莫达兰分析了过去 90 年的投资回报。这些数字向我们展示了标准普尔 500 指数在很长一段时间内的回报率。		
股票	债券	现金
高风险	低风险	超低风险。将现金存放在一个有息货币市场账户中，而不是塞在你的床垫下
11.5%	5.2%	3.4%
你应该注意到，过去的情况并不能预示未来的结果。从更具技术性的角度来说，你还应该注意，这些回报率都是算术平均数（复利增长率是 9.5%），不包括通货膨胀。		

不要这么快就下决定。记住，高回报意味着高风险。所以，如果你买了一大堆股票，结果你的投资组合次年下跌了 35%，顷刻间你的财务状况就会瘫痪。到时候你就只能靠吃饼干充饥了，看看是你的钱先赚回来还是你先被饿死。

资产配置其实是你一生中要做的最重要的决定之一，对你来说，这个决定可能值数十万美元，对别人来说，代价可能更大。但人性的奇特之处就在于，我们更有可能谈论新开的餐厅或者某个电视节目而不是我们的资产配置。

事实上，我们中有很多人在此之前甚至从未听说过"资产配置"这个词。

这是因为，金融媒体觉得这个词太复杂，我们理解不了，所以转而使用了"安全"和"增长"这类字眼。但在现实生活中，资产配置才是唯一重要的。我觉得你这么聪明，肯定学得会。

资产配置会对现实世界产生影响。很多人都听说过，五六十岁的人在上次经济衰退期间，投资组合出现了灾难性的下跌。他们的资产配置得不恰当，不应该都投资在股票上，也不应该在经济低迷时期卖出这些股票，如果他们坚持留在市场上，随着时间的推移，他们本该得到丰厚的回报。

年龄和风险承受能力很重要。如果只有 25 岁，那么你还有大把的时间赚钱，拥有一个主要由股票基金组成的投资组合没准也是可行的。但要是 25 岁以上，过不了几十年就要退休了，你可能更希望降低风险。这样即使市场不景气，你也能控制自己的资产配置。如果年纪更大一点儿，尤其是已经到了 60 岁或 60 岁以上，那么看在上帝的分儿上，你投资组合的绝大部分就应该放在稳定的债券上了。

债券可以起到平衡股票的作用，当股票下跌时，债券通常会上涨，从而降低投资组合的整体风险。用部分资金投资债券，整体风险就会降低一些。当然，如果哪只生物科技股上涨了 200%，你就会希望把买债券的钱都投到股票上；倘若股票下跌了，你又会很庆幸你的债券还在，不至于亏掉所有钱。尽管看起来有悖常理，但如果你的投资组合中加入了债券，它确实会有更好的总体表现。因为当股票下跌时，债券通常表现更好，它对回报虽有一点儿影响，却大大降低了你的风险。

你可能会说："但是，拉米特，我还年轻，想要更加积极地投资，我不需要债券。"我同意你的想法，债券确实不适合 20 多岁的年轻人。如果你才 20 多岁或 30 岁出头，那就没有必要降低自己的风险，你可以单一地投资股票基金，让时间冲淡任何风险。

但是，你若超过了 30 岁，就会想用债券平衡自己的投资组合，从而降低风险。如果股票整体表现长期不佳怎么办？这时候你就需要持有债券来抵消不景气的影响。

另一种有趣的情况是，通过购买更多债券来降低风险。如果你的投资组合规模非常大，你的风险状况就会非常不同。有一个著名的例子，个人理财专家苏茜·欧曼在一次采访中被问及她的净资产数额。她回答："有位记者估计我的流动净资产为 2 500 万美元，已经很接近了，我还有 700 万美元的房产。"

记者问她把钱都投到了哪里。她说，除了股市的 100 万美元，剩下的都投了债券。

她的回答震惊了整个个人理财界。都投资债券了？

但她可以找出近 2 500 万个充分的理由来解释为什么这样做，大多数人却不能。就像一位理财顾问告诉我的那样："一旦赢得了比赛，你就没有理由去承担不必要的风险了。"

· 分散投资的重要性

既然了解了金字塔底部资产类别（股票、债券和现金）的基本情况，现在我们就来探讨一下每个资产类别中的不同选择。股票有很多种，每一种我们都要持有一点儿，债券也是如此，这就叫作"分散投资"，本质上意味着深入每个资产类别（包括股票和债券），并投资它们所有的子类别。

从下面的表格中我们可以看到,广义的股票实际上包含许多种不同的类型,比如大型公司的股票(大盘股)、中盘股、小盘股和国际股票。但有一个问题:它们的表现都不稳定。在同一年里,小盘股可能会带来高额收益,而国际股票可能会大幅下跌,每年情况都不一样。同样,不同类型的债券也有不同的优势,比如不同的回报率和税收优惠。投资大师威廉·伯恩斯坦在其2012年出版的《在有冰球的地方滑冰》(*Skating Where the Puck Was*)一书中写道:"接受事实吧,就算在风险资产中分散投资,你也几乎无法避免有不景气的时候,但它确实可以帮助你撑个几代或几十年,长期的经济低迷对财富的破坏性更大。"分散投资是为了长期安全。

股票和债券的类型	
股票	债券
大盘股 市值(由流通股乘以股价得到)超过100亿美元的大型公司	**政府债券** 由政府支持的超安全投资。低风险的代价就是政府债券的回报率比股票低
中盘股 市值在10亿~50亿美元的中型公司	**公司债券** 由公司发行的债券比政府债券风险要高,比股票风险要低
小盘股 市值低于10亿美元的小型公司	**短期债券** 期限通常短于3年的债券
国际股票 来自其他国家公司的股票,包括新兴市场(如中国和印度)和成熟市场(如英国和德国)。美国人有时可以直接购买这些股票,但有时必须通过基金购买	**长期债券** 这些债券往往在10年或更长的时间内到期,其回报率也相应高于短期债券

股票和债券的类型	
股票	债券
成长型股票 这种类型的股票增长可能高于其他股票，甚至高于整个市场的股票	**市政债券** 又称"市政公债"，是由地方政府发行的债券
价值型股票 价格看似很低的股票（即比它们所值的价格更低）	**通货膨胀保值债券** 该债券是一种能抗通货膨胀的超安全投资
请注意，"房地产信托投资基金"（REITs）像股票一样，是一种可以让你通过单一的股票代码投资房地产的投资类型，由于结构复杂，它不属于以上任何类型。	

　　每种资产类别的表现差异如此之大，这给了我们两点启示。第一，若想通过投资赚快钱，你往往会亏钱，因为你不知道将来会发生什么。任何一个告诉你他能预知未来的人都是傻瓜或者是收了佣金的业务员。第二，你应该持有不同类型的股票（或者债券），以平衡自己的投资组合。例如，你不能只持有美国小盘股或小盘股的基金。如果它们 10 年内的表现都不好，那就真的很糟糕了。然而，你若持有小盘股，加上大盘股，再加上国际股票，以及更多其他类型的股票，你就能有效地防止被任何一种类型拖垮。因此，如果想投资股票，你就应该分散投资，购买所有类型的股票或股票基金，从而拥有一个平衡的投资组合。

老奶奶需要什么：按年龄划分的典型资产配置

　　以下是典型的投资者随着年龄的增长，其资产配置

（请记住，这是不同投资的组合）发生的变化。这些数据源自先锋领航的目标日期基金。

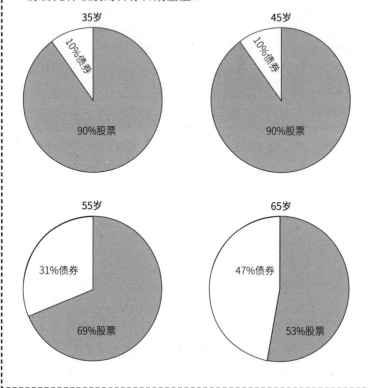

35岁
10%债券
90%股票

45岁
10%债券
90%股票

55岁
31%债券
69%股票

65岁
47%债券
53%股票

这些配置只是一般的经验法则。有些人在三四十岁之前更喜欢全部投资股票，还有一些人则较为保守，想以部分资金投资债券。但要强调的是，如果我们才二三十岁，可以激进一点儿，去投资股票和股票基金，即使它们暂时下跌也无妨，因为时间是站在我们这边的。

老实说，如果你对投资这件事很紧张，而且刚刚起步，那么你最大的危险不是自己的投资组合风险过高，而是懒惰和不知所措，根本不做一点儿投资。这就是为什么了解基本情况很重要，但是千万不要被这些变量和选择束缚。

随着时间的推移，你可以通过管理自己的资产配置来降低风险，并获得很大程度上可预测的投资回报。30 年后，你的投资方式将与现在的大不相同。这是很自然的事：你 30 多岁时投资要比 60 多岁时更激进。等 60 多岁了，你会发现年纪越大，越喜欢唠叨年轻时每天早上如何在 3 英里的雪地上艰难跋涉（单程）去上学的冗长故事。真正的投资工作是打造一个适合你年龄和风险承受能力的投资计划。

所有这些听起来都完全合理："年轻时，我激进投资；年老时，我变得保守。"

只不过有一个问题。

你到底如何才能做到这一点呢？你应该选择哪些具体的投资？你应该投资个股吗？（不应该。）大多数人都卡在了这里，认为投资只与股票有关。这并不奇怪，当试图更加深入地思考这个问题时，他们就会感到困惑，因而推迟了自己的投资决定。

不要让这种情况发生在你身上！让我们继续沿着投资选择金字塔往上走，看看另一个关键投资选择：基金。

▪ 共同基金：看似不错的选择，非常方便，但往往既昂贵又不可靠

从事金融业的人并不蠢。这些人很擅长创造可以满足投资者需求的产品（或者这个行业希望人们购买的产品）。1924 年，共同基金横空出世，它就像一个篮子，装满了不同类型的投资（通常是股

票）。共同基金不要求投资者自己完成挑选个股的艰巨任务，而是允许普通投资者简单地选择适合自己的基金类型。比如，不仅有大盘股、中盘股和小盘股共同基金，还有专注于生物科技、通信，甚至欧洲股票或亚洲股票的共同基金。共同基金非常受欢迎，因为它们使你能够选择一只包含不同股票的基金，且不必担心把太多的鸡蛋放在同一个篮子里（你购买个股时可能会这样做），同时你也不需要留意招股说明书或跟进金融新闻了。由于包含多种不同类型的股票，这种基金还可以提供即时的分散投资。

大多数人第一次接触共同基金是通过他们的 401K 计划账户，在那里他们要从一堆令人眼花缭乱的选项中做出选择。你购买股票型基金，基金经理就会为你挑选出他们认为能产生最佳回报的股票。

共同基金是非常有用的金融工具。在过去的 85 年里，事实证明它们是非常受欢迎的，而且收益极高。与其他投资方式相比，共同基金一直是华尔街的摇钱树。因为以向客户提供"主动管理"（由专家挑选组成一只基金的股票）作为交换，金融公司可以收取客户高额的手续费（也叫费率）。这些费用会吞掉你的一部分回报。为什么？不为什么！你又不用付那些钱！当然，费率低的基金也有，但大多数共同基金的费率都很高。

我不是在责怪那些金融公司售卖共同基金。那些公司鼓动普通美国人进行投资，而且，即使在购买时需要被扣除一定费用，与什么都不做相比，共同基金也是一个很好的投资选择。但现在情况发生了变化。就像第 6 章介绍的那样，现在有更好的投资选择，即成本更低、表现更好的指数基金。

共同基金的优点：你可以放手不管，让专业的基金经理为你做投资决定。共同基金包含多种不同类型的股票，因此，即使其中一家公司倒闭，你的基金也不会随之下跌。

共同基金的缺点：因为有费率、前端收费和后端收费（毫无价值的销售费用不会给你带来任何收益），在整个投资周期，共同基金年费可达数万美元甚至更多，而这些费用只不过是让金融从业者利用共同基金赚取更多利润的旁门左道。而且，如果你投资了两只共同基金，它们可能会在投资上有重合，这就意味着，你的投资也许并没有你想象的那样多样化。最糟糕的是，你要花钱雇一个专家来管理自己的资金，而 75% 的专家都没有跑赢市场。

简言之，共同基金因其便利性而十分盛行，但由于主动管理型共同基金太贵，它们已不再是最佳的投资选择。主动管理没法与被动管理竞争，这就让我们转向了指数基金，它是更具吸引力的共同基金的表亲。

在我读到你的书并开始真正了解共同基金的前一年，我用自己的第一笔钱投资了一只主动管理型基金。那是一项长期投资，所以肯定能赚钱，但是与基准指数基金相比，我还是错失了一些赚钱的机会。我最终发现，缴纳资本利得税是有意义的，所以我现在能够将其用于低成本投资。谢谢你，拉米特，你为我们指了一条明路。

——阿南·特里维迪，35 岁

· 指数基金：基金家族里的明星成员

1975 年，先锋领航集团的创始人约翰·博格推出了世界上第一只指数基金。这些简单的基金购买股票并追踪市场（更准确地说，是追踪市场上的"指数"，比如标准普尔500指数），而传统的共同基金则雇用收费高昂的专家团队，试图预测哪些股票表现良好，并频繁交易，此过程会产生税收，并向你收取费用。总之，他们的收费会让你感到崩溃。

指数基金设定的门槛更低：不需要专家，也没有跑赢市场的企图。只需要一台尝试自动追踪指数，并为你保持低成本的计算机。指数基金的策略是"如果战胜不了它们，你就加入它们"。不仅如此，它们的成本很低，具有税收效率，几乎不需要任何维护。换句话说，指数基金只是由计算机管理，努力追踪市场指数的简单股票集合。有针对标准普尔500指数的指数基金，还有针对亚太基金的，针对房地产基金的，任何你想得到的都有。和共同基金一样，它们也有基金代码（如VFINX）。

博格认为，指数基金对个人投资者来说表现更好。主动管理型共同基金的经理通常都跑不赢市场，但他们会向投资者收取不必要的费用。

有一种有趣的效应叫作"虚幻的优越感"，指的是我们都认为自己比别人（尤其是美国人）更好。举个例子，在一项研究中，93%的受访者认为自己的驾驶技术排在所有驾驶者的前50%，这显然不太可能。我们相信自己有更好的记忆力，相信我们比别人更善良、更受欢迎、更公正。相信这些让我们自我感觉良好！但是心理学研究已经证实，我们每个人都有缺陷。

一旦明白了这一点，你对华尔街的认识就更深刻了：每个共同基金经理都相信他能跑赢市场。为了实现这个目标，他们会采用一些花里胡哨的分析和数据，并且频繁交易。颇具讽刺意味的是，这导致了大量的税负和交易费用，再加上费率，使得普通基金投资者几乎不可能在一段时间内跑赢市场，甚至连大盘都跟不上。博格选择抛弃共同基金的旧模式，引入指数基金。

现如今，指数基金已成为一种简单高效的赚钱方式。但请注意，这种基金与市场的步调是一致的。如果二三十岁时你持有的全是股票，当股市下跌时（就像它时不时发生的那样），你就会遭受损失。做好心理准备吧！投资有涨有跌是很正常的。从长期看，股市总是上涨的。当你购买了指数基金，你金融界的朋友会很恼火，因为你让他们没钱可赚。华尔街很害怕指数基金，为了打压指数基金，他们会采取一些措施，比如加强共同基金的营销，胡扯一些"五星基金"的废话，或是发表强调行动而不是结果的博文怂恿你做出投资。

专业人士都认可的好投资：指数基金

你不一定非要相信我的话，这里有几位专家也指出了指数基金的好处：

我认为98%或99%，可能超过99%的人在投资时都应该广泛地分散投资，而不是进行交易。这将引导他们转向成本非常低的指数基金。

——沃伦·巴菲特，美国最伟大的投资者之一

当意识到在过去几十年里，跑赢市场的投资顾问寥寥无几时，你可能就掌握了更好的投资方法，比如成为一名长期的指数基金投资者。

——马克·赫尔伯特，《赫尔伯特金融摘要》前主编

高费率的花费比你想象的多		
投资组合中的金额	低成本指数基金的年度开支（0.14%）	主动管理型共同基金的年度开支（1%）
5 000 美元	7 美元	50 美元
25 000 美元	35 美元	250 美元
100 000 美元	140 美元	1 000 美元
500 000 美元	700 美元	5 000 美元
1 000 000 美元	1 400 美元	10 000 美元

优点：成本极低，易于维护且具有税收效率。

缺点：当投资指数基金时，你通常需要投资多个基金来进行全面的资产配置（就算只有一只基金，也比什么都没有强）。如果真的购买了多只指数基金，你就不得不定期重新平衡自己的投资（或者调整自己的投资，从而保持原本的目标资产配置），通常一年到一年半就得平衡一次。每只基金通常有一个最低投资额，但如果你是每月自动投资，那就没有这个要求了。

总之，投资指数基金明显优于购买个股、债券或者共同基金。

因为费用不高，如果你想要决定和控制自己投资组合的构成，那么指数基金是个不错的选择。

但如果你是那种绝对不会为了找出合适的资产配置和指数基金而抽时间调查的人呢？老实说，大多数人都不想建立多样化的投资组合，即使一年只需要调整一次，他们也不愿意重新平衡和监控自己的基金。

如果属于这类人，你可以选择金字塔最顶端的投资方式，即简单到不能再简单的投资选择：目标日期基金。

· 目标日期基金：以一种简单的方式投资

无论你是从"**投资的基本要素**"那节直接跳到了这里，还是阅读完投资基础知识后最终决定选择一条简单的投资道路都没有问题。目标日期基金对你来说是最简单的投资选择。

目标日期基金是我最喜欢的投资，因为它是 85% 解决方案的典范：不那么完美，但对任何人来说都容易上手，并且表现良好。

对我来说，这本书最有益的地方就在于，它解释了你真正需要了解的退休账户的基本知识，并且介绍了可以使你的投资变得"足够好"的 85% 解决方案，这样你就不必为选择哪种基金而感到紧张不安了。我支持的观点是：行动起来，挑选某类基本的生命周期（目标日期）基金比陷入分析瘫痪而不存钱要好。

——卡伦·杜德克 - 布兰南，37 岁

目标日期基金是一种简单的基金，它会基于你的退休计划自动为你进行分散投资。(在本书中，我们假设你会在 65 岁退休。)你不必重新平衡股票和债券，因为目标日期基金会帮你完成。举个例子，如果在上次经济衰退期间，持有目标日期基金的美国人多一些，退休者看到他们的退休金大幅减少的情况就会少得多，因为目标日期基金会在这些人接近退休时自动转换为更加保守的资产配置。目标日期基金实际上是"组合型基金"，或者是由其他可以自动分散投资的基金组成的集合。例如，一只目标日期基金可能包含大盘股基金、中盘股基金、小盘股基金和国际股票基金(而这些基金又会分别持有这些领域的股票)。换句话说，你的目标日期基金会包含很多种其他的基金，每种基金又包含自己领域的股票和债券。听起来很复杂，但不管你信不信，这确实会让事情变得更简单，因为你只需要持有一只基金，剩下的都不用管了。

目标日期基金不同于指数基金，后者的成本也很低，但如果想实现全面的资产配置，你就得持有多只基金。持有多只基金意味着，你必须定期重新平衡自己的基金，通常是一年一次。这个过程费时又费力，你需要将自己的资金重新分配到不同的投资中去，从而恢复原来的目标资产配置(或者与原来的股票、债券和现金占比的饼状图保持一致)。这也太痛苦了。

幸运的是，目标日期基金会根据你的大致年龄，自动为你挑选投资组合。你 20 多岁刚起步时，它们会为你挑选激进一点儿的投资，随着你年龄越来越大，它们又会转向保守一点儿的投资。除了不断向目标日期基金里投钱，你什么都不用做。

目标日期基金并不适合每个人，因为它们只针对一个变量：你计划退休的年龄。如果有无限的资源，也就是更多的时间、资金和准则，你可以根据自己的确切需求建立一个专属投资组合，从而获取更加丰厚的回报。尽管在成长的过程中，我们的父母一直说我们是与众不同的，但事实上，我们大多数人都是普通人。而且，我们中很少有人有资源或有意愿持续监控自己的投资组合。这就是目标日期基金的好处：它们被设计出来就是为了吸引懒人。换句话说，对很多人来讲，由于采取了一刀切的方式，在回报上他们可能会有一点儿损失，但比起使用这类基金带来的方便快捷，这点儿损失也不算什么了。我认为，如果这种方式可以带动你投资，拥有一只基金就可以管理所有投资的好处，可以弥补任何不足。

目标日期基金并不都是一样的，有一些要更贵，但一般来说，它们成本较低且具有税收效率。更重要的是，除了设置按月、按季度或按年自动供款，你不需要做任何工作。你无须主动投资、监控或重新平衡自己的投资，因为目标日期基金会帮你处理好这些琐事。很酷吧？

需要注意的一点是，你需要100~1 000美元才能购买基金。如果你没有这么多钱，那就设定一个储蓄目标吧。一旦攒够了最低投资额，你就可以设立自己的基金账户，并设定每月一次自动转账。目标日期基金容易上手、成本低，而且简单有效，再怎么推荐都不为过。

▪ 选择并购买投资产品

到目前为止，你应该知道自己想投资什么了：目标日期基金或指数基金。如果你觉得自己可以跑赢市场又或者个股更具诱惑力，因而考虑购买个股，那么我建议你把所有钱都装进大密封袋里，一把火烧了。这样至少不会让中间人白白得了便宜。

如果不想一辈子都在花时间管理自己的资金，而且对85%解决方案很满意，你就选择一只目标日期基金吧。只需要投资一只便捷的基金，你就可以获得不错的回报，并且还能不被束缚地生活，做自己喜欢做的事情。如果你痴迷于个人理财，愿意在投资上花时间，并希望得到更多的控制权，那就选择指数基金吧。不管属于哪类人，你都要弄清楚自己到底要投资什么。让我们开始行动！

· 常见的投资选择：401K计划

我们在第 3 章讨论过，如果你的雇主提供 401K 计划配比，在进行任何其他投资之前，你首先需要往你的 401K 计划账户中存钱。如果雇主不提供 401K 计划配比，那请跳至下页罗斯个人退休账户那一部分的内容。你应该提前就开好自己的 401K 计划账户，现在你需要关注的是，如何分配你要投进去的资金。（即使在开设账户时必须挑选基金类型，你也可以随时返回更改之前的资金分配。）只要向人力资源部门要一张相关的表格即可，或者最好直接在你的401K 计划网站页面上更改。

你知道我有多喜欢减少人们选择的余地，让他们采取行动吗？提供 401K 计划的公司把这一点发挥到了极致：它们会提供一些投资基金供你选择，通常还会给它们起名字，例如激进投资（一只主要由股票构成的基金）、平衡投资（这类基金包含股票和债券），以及保守投资（主要是由债券构成的更为保守的组合）。

如果不确定不同的选择意味着什么，你就向人力资源专员要一份介绍基金差异的表单。注意：远离"货币市场基金"，它等于将你的资金以现金形式搁置起来，没有将其用于投资。你要让你的资金为你服务。

作为年轻人，我鼓励你在提供的基金中选择一只最激进且你能接受的基金。你知道的，年轻时越激进，你以后可能拥有的财富就越多。这一点对 401K 计划账户来说尤为重要，因为它是一个超长期的投资账户。

这取决于你的雇主使用哪家公司来管理你的 401K 计划账户，你所选的基金费率可能会有点儿高（我觉得只要超过 0.75% 就很高了），但是，总的来说，你会得到巨大的税收优惠和雇主配比的福利。因此，即使不完美，这些基金也是值得投资的。

· 使用罗斯个人退休账户进行投资

在进行 401K 计划配比之后，下一个最佳投资点就是你的罗斯个人退休账户了。（想必不用我提醒你，除了增加免税收益，罗斯个人退休账户还有一个主要的好处，那就是你可以灵活选择自己想要的任何基金。）

如果你将钱存入罗斯个人退休账户，这些钱就躺在那儿了。你需要对这些钱进行投资，才能获得良好的回报。最简单的投资是目标日期基金。你只要认购该基金，设置每月自动缴费，然后就不用管了。

为你的罗斯个人退休账户选择一只目标日期基金

假设你像我推荐的那样，正在通过先锋领航寻找目标日期基金（尽管有很多其他可靠的公司也提供目标日期基金），你会发现先锋领航提供的基金名称包括"目标退休 2040""目标退休 2045""目标退休 2050"。这些基金的主要区别在于它们的分配方式：名称中含有的数字（代表你退休的年份）越大，基金中含有的股票数量就越多。

为了找到合适的基金，请选择你可能退休的年份。如果像大多数人一样，你考虑在 65 岁退休，那就查找与你退休那一年最接近的基金（比如 2050 年）。你也可以搜索"选择先锋领航目标日期基金"。

和大多数目标日期基金一样，这些基金的费用都非常低。最重要的是，它们会随着时间的推移自动重新分配，因而省去了重新平衡（或者通过买入卖出来保持原有的目标资产配置）的麻烦。简言之，它们为你做了所有的苦差事，你要做的仅仅是尽可能多地投入资金。

在研究这些基金时，你可能要记住几个注意事项：有些公司称它们为"目标日期"基金，而另一些公司称它们为"目标退休"或"生命周期"基金，名称不同但所指相同。有些公司会给你设置一个最低投资额，通常为 1 000~3 000 美元。但是如果你同意进行自动投资（你也应该这么做），这个最低投资额通常可以被取消。最后，你可以根据自己的年龄和风险承受能力选择任何目标日期基金。如果你 25 岁，不喜欢承担风险，那就挑选一只为更年长的人设计的基金，从而获得更为保守的资产配置。

---

72 法则

72 法则可以帮你快速地计算出你的投资资金翻倍需要多长时间。它的原理是这样的：用 72 除以你的回报率，

得到的就是投资翻倍所需的年数。(针对我们当中的数学迷,这儿有一个公式:72 ÷ 回报率 = 年数。)假如你投资了某只指数基金,其回报率是 10%,那么你需要 7 年多一点儿的时间 (72 除以 10)让资金翻倍。换句话说,如果你今天投资了 5 000 美元,投进去就不管了,回报率为 10%,大约 7 年后你就能获得 1 万美元,而且这 1 万美元还会继续翻倍。当然,你也可以每月增加更多的投资,充分发挥复利的优势,积累更多财富。

· 买入目标日期基金

既然你已经确定要投资的目标日期基金,实际购买这只基金的过程就很简单了。

登录你的罗斯个人退休账户。如果你按我前面说的去做了,登录应该很方便。

你存入账户中的现金至少应该足够支付该基金的最低投资额(通常为 1 000~3 000 美元)。

如果你设置了每月自动投资 50 美元或 100 美元 (你应该这样做),有些公司会取消最低投资额的要求。但有些公司,像先锋领航,无论如何都不会放弃这一要求。如果真的想买一只有最低投资额要求的基金,但又没有这笔钱,你就得在买入之前先存钱。等账户里的钱存够了,就去输入那只目标日期基金的代码(有点儿像指数基金代码 VFINX 之类的)。如果不清楚代码,你可以直接在账户中搜索。

然后，点击"购买"，就这么简单！

对购买的每只基金你都可以设置自动供款，这样你就不用每个月手动操作了。

自从读了这本书，我在过去4年里存的钱加上赚的钱至少有7万美元。这都是因为阅读了有关401K计划账户和罗斯个人退休账户（在先锋领航开的）章节的内容，并投资目标日期基金后才实现的。

——詹娜·克里斯滕森，26岁

一个小小的投资失误让她损失了9 000美元

本书的一位读者给我写了一段她和朋友的对话。她的朋友说自己已经为个人退休账户存了近10年的钱。

然后，她给我发了下面这封电子邮件，描述了她们的对话。

本书读者："10年！哇，太棒了！"

她的朋友："是啊，但钱几乎没怎么涨。"我的读者听后感觉有些失落。

本书读者："你知道自己得买些基金，对吧？仅仅把钱转到个人退休账户是不够的。你必须选好资产配置。"

她的朋友："你说什么？"

拉米特，我的朋友10年来一直往罗斯个人退休账户里存钱，却从未选择投资基金。这是一个很不错的储蓄账户，她却错失了10年的复利投资增长机会。我不知道对此是应该更生气，还是应该更悲伤。

你弄清楚状况了吗？她的朋友开了一个罗斯个人退休账户（就像你在第 3 章做的那样），甚至已经把钱转了进去，却从未采取最后一步：把钱用来投资。

很少有专家会明确地告诉你，开了罗斯个人退休账户之后，要实实在在地把自己的钱用于投资。

最遗憾的是什么？她朋友"投资"的 3 000 美元原本可以涨到 1.2 万多美元，随随便便就可以赚 9 000 美元。而且，因为这是罗斯个人退休账户，这些收入还可以免税。

我不得不问问她的朋友得知真相后的感受。

她的朋友说："我有种上当受骗的感觉。这些年我本来可以赚更多的钱，但是没人告诉我还有这重要的一步。"

这就是我开始撰写理财书和文章的原因。这名女士经历了惨痛的教训。她连罗斯个人退休账户都开好了，甚至还存了好几千美元进去，但是由于不了解账户的这个小功能，白白损失了 9 000 美元的免税收入。

她是否要为不知道罗斯个人退休账户的运作原理而承担一些责任呢？当然要了。

但是代价也不至于这么惨重。你不必成为一名理财专家才能正确地投资理财，就跟我不必弄懂化油器原理也能开车是一个道理。

罗斯个人退休账户只是一个账户。一旦把钱存进去了，你必须开始投资不同的基金，这样你才能看到自己的资金在增值。

帮我个忙，把这些信息分享给那些你认识的刚刚起步的投资者。我们真的可以帮他们在几年内赚到数千美元。

· 大卫·史文森的资产配置模型

所以，你现在不满足于一只目标日期基金，想挑选自己的指数基金构建你的专属投资组合了。

你确定要这样做吗？

如果你正在寻找一项投资，它能让你达成85%的投资目标，既不需要监控，也不需要重新平衡，甚至不用时刻关注，那就选择上面提到的目标日期基金吧。

（你看得出我是目标日期基金的忠实粉丝吗？）

请记住，大多数试图自己管理投资组合的人甚至都跟不上大盘。之所以失败，是因为他们在问题刚一出现时就抛售，或者买卖过于频繁，因此产生的税负和交易费抵销了回报。最终的结果就是，他们在一生中损失了数万美元。此外，如果你购买的是单只指数基金，每年你都得重新平衡，从而确保自己的资产配置不会发生改变（关于这一点，稍后会有更多介绍）。目标日期基金能帮助你处理这一麻烦。如果只想找到一个简单的投资方法，你就选它吧。

但是，如果你想更好地控制投资，且足够自律，可以承受市场的下跌风险，也可以花时间每年至少重新平衡一次自己的资产配置，那么选择自己的指数基金投资组合对你来说也是不错的选择。

那好，就这样做吧！如果你已经读到这里，想必我的警告并没有劝阻你建立自己的投资组合。既然吓不住你，那么我不妨帮帮你。

我们前面讨论过，构建投资组合的关键不是挑选出多厉害的股票，而是找到一种平衡的资产配置，让你能够抵御风险，随着时间的推移，逐渐积累起庞大的资产。为了说明如何分配和分散你的投资组合，我们将使用大卫·史文森的建议作为一个模型。史文森管理着传说中的耶鲁大学捐赠基金，可以说是资金管理界的碧昂丝。30多年来，他创造了惊人的13.5%的年化回报率，要知道，大多数理财经理甚至无法超过8%。这意味着从1985年至今，他几乎每5年就让耶鲁大学的资金翻一番。最重要的是，史文森是一个真正的好人。他在华尔街运营自己的基金，每年本来可以赚数亿美元，但因为热爱学术，他最终选择留在耶鲁。他说过："当我看到同事们为了更高的薪水纷纷离开学校，去做本质上相同的事情时，我很失望，我们应该怀有一种使命感。"这个家伙我爱极了。

总之，史文森建议，你的资金应该按以下方式分配：

30%的国内股票：美国股票基金，包括小盘股、中盘股和大盘股。

15%的发达国家国际股票：来自英国、德国和法国等发达国家的基金。

5%的新兴市场股票：来自中国、印度和巴西等发展中国家的基金。这些股票比发达国家的股票风险更大，所以不要让它们达到你投资组合的95%。

20%的房地产投资信托：也称房地产投资信托基金。这一基金用于投资国内外抵押贷款、住宅及商业房地产。

15%的政府债券：利率固定的美国证券，提供可预测的收入并平衡投资组合中的风险。债券作为一种资产类别，一般来说回报要比股票低。

15%的通胀保值债券：这是一种可以用来抵制通货膨胀的中期国库券。最终你可能想拥有这些，但比起其他回报更好的项目，它们可能是我最次的投资选择。

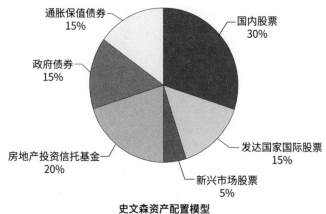

史文森资产配置模型

史文森在配置中进行了大量的数学计算，但最重要的是，没有任何一个选择在投资组合中占据压倒性的比例。我们都知道，低风险通常意味着低回报。但资产配置最棒的地方就在于，你可以在保持同等回报的情况下降低风险。

史文森的理论很不错，但我们如何才能使其变为现实，并挑选出他建议的基金呢？解决之道是，选择一个由低成本基金构成的投资组合。

选择你自己的指数基金意味着，你要四处发掘并确定最适合自己的指数基金。我总是从最受欢迎的公司开始研究，像先锋领航、嘉信银行和普信集团等，你可以上它们的网站看看。

保持在可控范围

问： 我应该投资多少只基金呢？

答： 想知道应该持有多少只基金，我建议你不要搞那么复杂。理想情况下，你应该只持有一只（目标日期基金）。但如果你正在挑选指数基金，一般而言，可以选3到7只基金来创建一个良好的资产配置。要涵盖国内股票、国际股票和房地产投资信托基金，有可能的话，再加上一小部分长期国库券。记住，我们的目标不是面面俱到，而是创建有效的资产配置，然后继续生活。

你在查看这些网站的时候，可以研究各种基金（可能要点击网站上的"产品和服务"），看它们的成本是否较低且符合你的资产配置目标。

第一，在挑选指数基金时，你的首要任务就是把费用减至最低。找出那些管理费（"费率"）低一点儿的基金，大概在0.2%左右的就可以了。先锋领航、普信和富达的指数基金都值得买。记住，费率是为数不多的几个可控因素之一，高费率会让你损失惨重，你的钱最终都进了华尔街的腰包。

第二，你要确保挑选出来的基金适合你的资产配置。毕竟，你选择指数基金就是为了更好地控制自己的投资。如果想要排除某些基金或者优先考虑重要的基金，你可以将大卫·史文森的模型作为一条基线，有必要的话可以对其做些许改动。例如，如果你才二十几岁，资金有限，你可能会想先购买一些股票基金，股票基金可以获得相当可观的复利。等年纪大了，资金更充足了，你就可以购买债券基金来降低自己的风险了。换句话说，在寻找各类基金时，你要带着战略眼光去挑选国内外股票、债券和其他投资工具。你不能随便挑选一些基金，还奢望拥有平衡的资产配置。分析一下你当前的投资组合，登录你的投资账户并使用它们的投资工具。例如，我登录先锋领航的账户，就可以看到自己投资组合中股票与债券或国际股票与国内股票所占的比重。对任何考虑购买的基金，你都可以这样做。(每家大型投资公司都会提供这种服务。如果你选择的公司没有，那么你可以使用 Personal Capital 在线网站。) 这种方式非常不错，能帮助你深入了解自己的资产配置，并确保基金组合多样化。

第三，你绝对应该关注一下挑选出来的基金在过去 10 年或 15 年的回报如何。同时要记住，过去优异的表现并不能保证未来乐观的结果。

当在大多数网站上点击"产品和服务"时，你很容易就能找到一个基金筛选器。比如，输入关键词"费率低于 0.75% 的国际指数基金"就可以找到符合你要求的基金。记住，这并不简单，打造自己的投资组合需要事先进行大量的研究。

下面是一个全部由先锋领航基金构成的投资组合样本，用来说明你最终可能得到的投资组合结果：

股票

30%：全市场指数 / 股票（VTSMX）

20%：总体国际股票指数 / 股票（VGTSX）

20%：房地产投资信托指数 / 股票（VGSIX）

债券

5%：短期国债指数基金（VSBSX）

5%：中期国债指数基金（VSIGX）

5%：先锋领航短期国债指数基金（VSBSX）

15%：短期通胀保值债券指数基金（VTAPX）

以上只是现有的数千种指数基金中的一小部分，你可以灵活配置这些基金。不管是希望更加激进还是更加保守，你都可以根据自己的风险承受能力改变资产配置。例如，如果看着这些基金你说"哦，我没有时间管理7只基金"，那就现实一点儿。也许你想买股票基金，但现在只买了一只债券基金；也许你还不需要考虑通胀保值债券。先选好起步阶段的基金，以后可以再调整，从而达到资产配置的平衡。

花点儿时间确定哪些基金可以帮助你逐步建立一个全面、平衡的资产配置，即使买一只基金也比什么都不买强。但这并不是说你要购买我上面列出来的全部7只基金，你应该列一张最终要买的基金清单，以便更好地完善资产配置。

平均成本法：做长线投资

如果想让自己看起来很聪明并震慑住别人，我会冷静地看着他们，把一块松饼嚼上几秒钟，然后扔到墙上，大声问："你使用平均成本法了吗？"人们对此往往印象深刻。他们会慢慢地挪开，然后与周围的人窃窃私语。我能猜测，他们肯定在讨论我这个人是多么精明斯文、知识渊博。

总之，"平均成本法"指的是，在一段时间内定期投资一定金额，而不是一次性将所有资金都投到一只基金上。为什么要这么做？想象一下，如果明天你投资了1万美元，结果股票下跌了 20%。这时，你只剩下 8 000 美元了，要想重新补齐 1 万美元，股票需要上涨 25%（而不是 20%）才行。通过定投，你可以避免股价下跌带来的损失。如果你的基金真的下跌了，你可以用折扣价低价买进。换句话说，通过逐步投资，你不用刻意去把握市场时机，让时机适时为你服务就好。这就是自动投资的精髓，可以让你持续地投资同一只基金，而不必理会市场何时上涨何时下跌。在第 5 章中，我介绍了自动投资的基本架构。为了进行自动投资，你需要将你的账户设置为每月自动从支票账户中划扣固定数额的资金。请记住：如果你设置了自动付款，大多数基金都会免收交易费。

但是这里还有一个问题：如果你有一大笔钱可以投资，那么选择平均成本法更好，还是一次性投资更好？答案会让你大吃一惊。先锋领航的研究表明，事实上，一次性投资在 2/3 的时间里都要优于平均成本法。因为市场是趋于上涨的，股票和债券的表现往往要比现金好，在大多数情况下，一次性投资会产生更加丰厚的回报。但这里有一点要注意，如果市场下跌，上面的结论就不成立了。（当然，没有人可以预测市场的走向，尤其是短期内的走向。）投资不仅仅是一个数学问题，它还涉及你的情绪对你的投资行为所产生的实际影响。

简言之，当大多数人将每月工资的一部分拿出来进行投资的时候，他们就已经开始采用平均成本法了。但是，你若有一大笔钱，那么在多数情况下，一次性投资会为你带来更加丰厚的回报。

我来教你变富

· 买入单只指数基金

列出投资组合中需要的指数基金（通常为 3~7 只）之后，你就可以逐一购买了。如果你有能力一次性买入所有基金，那就买吧。但是大多数人都做不到，因为每只基金的最低投资额都在 1 000~3 000 美元。

就像目标日期基金一样，你要设定一个储蓄目标，攒够第一只基金的最低投资额，购买之后继续买一点儿，并为下一只基金设定新的储蓄目标。投资不是搞竞赛，你不需要明天就拥有完美的资产配置。下面教你如何长期购买多只指数基金。

假设你已经在第 4 章检查过自己的"有意识消费计划"，而且这一计划能够让你给 401K 计划账户供款后，每月还能投资 500 美元。如果所有基金都有 1 000 美元的最低投资额要求，那么你需要为购买指数基金 1 设定一个两个月存 1 000 美元的储蓄目标。一旦攒够了最低投资额，就把这 1 000 美元从储蓄账户转到投资账户里，然后买入这只基金。现在，为你刚刚买入的这只基金设置每月定投 100 美元。然后，将原来每月用于投资的剩余的 400 美元（总共 500 美元，扣除投资指数基金的 100 美元）存起来，为购买指数基金 2 重新设定一个储蓄目标。等钱攒够了，你就买入指数基金 2。必要时重复这一过程。当然，你可能要花几年时间才能买齐所有需要的指数基金，但请记住，你做的不是短期投资，而是 40~50 年的长期投资。这就是构建完美的投资组合要付出的代价。

注意，等拥有了需要的所有基金之后，你就可以根据资产配置将资金分配到不同的基金中，但这不是简单地平均分配。请记住，你的资产配置决定了你在不同领域投资的资金数额。如果你购买了7 只指数基金，但每月用于投资的钱只有 250 美元，一般人（也就是大多数人）如果什么都不懂，就会把钱平均分成 7 份，给每只基金分配 35 美元。但这样做是不对的。依据你的资产配置，你给不同基金分配的金额应该有所不同，计算方式如下：你每月的投资总额 × 某项投资在资产配置中所占百分比 = 你在这项投资上所分配的资金。例如，假设你每月投资 1 000 美元，史文森的资产配置模型推荐你将 30% 的资金用于投资国内股票，你用 1 000 美元乘以 0.3 得到 300 美元（即 1 000 美元 ×0.3= 300 美元），然后用这笔钱购买国内股票基金。以此类推，对投资组合中其他基金也要进行类似计算。

最后，如果你选择投资自己的指数基金，为了使基金与目标资产配置保持一致，你每年都要重新平衡一次。我会在第 8 章介绍这个问题。

· 其他投资类型

除了股票、债券、指数基金和目标日期基金，还有许多其他类型的投资。贵金属、房地产、私人初创公司、加密货币，甚至艺术品都可以成为你的投资对象，只是不要期待太高的回报。尽管我严重警告过不要买个股，但你还是可以尝试买几只真正喜欢的公司的个股。

房地产

对大多数美国人来说，房子就是他们最大的"投资"。然而，随着投资机会越来越多，基本住宅对个人投资者来说并不那么理想。为什么？因为它们的回报率一般很低，尤其是在考虑维修和房产税等成本时（租房者不需要支付这些费用，但房主需要）更是如此。我将在第 9 章介绍更多的房地产内容，但通常情况下，大多数人都将刚需的住房跟以买卖获利为目标的投资混为一谈了。想想看，谁会为了赚钱卖掉自己的房子，然后把钱攒起来？如果你的父母曾经卖掉了房子，那么他们是否搬进了更小的房子里，花着省下来的钱？并没有！他们用这笔钱付了下一栋更贵的房子的首付。

你希望自己投资组合中的每个部分都保持平衡，这样就没有哪个领域会超过其他领域。如果你每月要花 2 000 美元还房贷，没有多余的钱分配给其他领域，那就不是一个平衡的投资组合。如果你购买了房地产，不管是用来自住还是投资，一定要继续为其他投资领域（既可以是目标日期基金，也可以是你自己的指数基金组合）投入资金。

艺术品

艺术顾问报告称，艺术品投资的年回报率在 10% 左右。然而，斯坦福大学的分析师在 2013 年的研究中发现："艺术品投资的回报率被严重高估了，而风险却被低估了。"他们发现，在过去 40 年里，艺术品投资的实际年回报率接近 6.5%，而非业界声称的 10%。高估的主要原因是选择偏差：没有考虑到热门作品的重复销售。此外，投资特定的艺术品，这件事与试图预测哪只股票会赚钱没有本质差别。读了第 6 章，你就知道预测有多难。

总的来说，艺术品投资可能获利颇丰，但关键在于挑选到有升值潜力的艺术品。可以想象，这并不容易。为了让你知道投资艺术品有多难，《华尔街日报》报道了约翰·梅纳德·凯恩斯的大量艺术品收藏：他花了 84 万美元（以 2018 年的美元价格计算）收藏了一批艺术品，现在这些艺术品价值 9 900 万美元，相当于每年的回报率为 10.9%，这样的回报率相当可观了。除了有一点：其中两件艺术品的价值加起来占了所有收藏品价值的一半。想想看：世界上最好的艺术品收藏家精心购买了 135 件作品，而仅仅两件就占了所有收藏品价值的一半。你能预测到哪两件会值那么多钱吗？对大多数人来说，答案是否定的。

高风险、高回报的投资

投资并不只有目标日期基金和指数基金。很多人都明白，从逻辑上讲，他们应该建立一个由低成本基金组成的多元化投资组合，但同时他们也想享受投资的乐趣。如果你也有同样的感觉，那么，你也可以将投资组合的一小部分用于"高风险"投资，但是要有把这部分资金当作投着玩儿的心态，亏了也无所谓。我在自己的投资组合中留出 10% 用于此类投资，包括我喜欢、了解并且会使用的特定股票（例如，像亚马逊这样专注于客户服务的公司的股票，我相信它们能提升股东价值），可以让我专注于特定行业的基金（我有一只专注于医疗保健行业的指数基金），甚至包括天使投资（指个人投资刚起步的私人公司。我偶尔会看到这样的天使投资机会，因为我曾在硅谷工作，有一些朋友在创办自己的公司时，会从朋友和家人那里募集早期创业资金）。所有这些都是风险非常高的投资，这些投资仅仅是为了好玩儿，投资输了也输得起。不过，获得丰厚回报的可能性也是有的。如果把投资组合的其他部分安排妥当后仍有余钱，你一定要学会灵活应对，不过在你想投资的地方还是可以投资一点儿的。

违反直觉的 297 754 美元教训

在你们 15 岁的时候，你们的爸爸都忙着教你们怎么开车，怎么使用剃须刀，或者为你们举办成年礼。而我的爸爸却让我去开一个罗斯个人退休账户。

15 岁还不到可以开罗斯个人退休账户的年龄，所以爸爸帮我在亿创理财开了一个"保管"账户。上高中的时候，我打过好几份工，做过比萨，给足球比赛吹过哨，做过互联网公司的销售员，挣了几千美元，于是我拿着这笔钱开始寻找投资对象。

对那时还是愣头儿青的我来说，这简直太令人兴奋了！我开始研究如何投资，包括：

· 寻找涨跌幅很高的股票。（因为我认为"高风险 = 高回报"，而我还年轻，所以可以忍受高风险，这样就能得到高回报！天哪！我真后悔当时那样想。）

· 目标锁定科技股。（"因为我懂科技！"）

· 阅读《产业标准》（*Industry Standard*）等杂志，在网络繁荣时期，这些杂志铺天盖地地宣传着不同的公司，广告篇幅达数百页。

· 那时，我以为投资就是挑选个股，所以我最后只买了 3 只股票。

我买了一家名叫捷迪讯光电的光纤通信公司的股票。该股票实际上跌至零。

我还买了早期搜索引擎公司 Excite 的股票，这家公司被收购后改名为 Excite@Home。最后破产了。

然后，我在一个叫亚马逊的小公司买了大约 1.1 万美元的股票。

我投资的几千美元变成了 297 754 美元。我应该为自己感到骄傲，不是吗？

错了。看起来我好像是赢了，但其实你可以从这个例子中学到很多违反直觉的教训。

是什么样的教训呢？

肤浅的教训："你选择亚马逊实在是太明智了！"

真正的教训：上面的想法正是我们应该吸取的教训。如果你的反应也是那样，请认真读下去：知道输赢的原因很重要。我确实在亚马逊的投资上获得了成功，但并不是因为我是一个好的投资者，纯粹是因为运气，几十年才能碰到这样的好运气。

肤浅的教训：如果买下一只亚马逊股票，你就会变得非常富有。

真正的教训：投资不仅仅是挑选个股。研究表明，即使是资深的投资组合经理，平均而言，也无法跑赢市场。我可以再选 100 只股票，但从统计资料看，我甚至都跟不上大盘。这纯粹靠运气。事实上，我在长期、低成本的投资上赚的钱要多得多。

肤浅的教训：选到正确的股票很重要。

真正的教训：尽早开始投资很重要。有一位督促我尽早开始投资的父亲真的是超级幸运。如果你的父亲也是如此，那就太好了。但是，我们假设你的父母对理财知之甚少。或者，直到最近，你都认为投资的唯一方式就是"选股"。我听到你说什么了——我们生活的起点不同。嘿，

> 我父亲也没有告诉过我举重的时候调动核心力量很重要。我们在开始时手中都握着不同的牌，但在读了这本书之后，你可以开始积极投资了。

· 疯狂的加密货币"投资"

我原以为只有在僵尸电影里才会看到没有大脑、四处游荡的人群，直到我遇见加密货币"投资者"。"投资者"这个词我用得不是很严谨，因为大多数加密货币的爱好者都没有其他投资。把他们称为"投资者"，和因为我会游泳就把我称为美人鱼一样没有道理。

下次当听到有谁大声叫嚷着说加密货币是投资界的未来时，你就问他们一个简单粗暴的问题：

"除了加密货币，你投资组合的其他部分是什么样子的？"

他们几乎从未有过多样化的投资组合，所以一回答就立刻暴露了他们投机者，而非投资者的身份。

你会听到三种回答：

· 哈哈，我不投资法定货币的。

· 传统投资太无聊了。

· 你不了解区块链。

给出这些答案的投资者有着逆向思维，这是肯定的。做一个逆向投资者，你唯一要保证的就是自己的想法正确。

当你遇到一个逆向投资者的时候，他只是听起来有些疯狂。然而，让两个逆向投资者待在同一间屋子里，你就会突然看到一群像僵尸一样的投机者聚在一起热烈讨论。这些人几乎都是年轻人、自由主义者，而且心怀不满。很少有事业有成的人会每天花 4 个小时在社交媒体上发布"HODL"［加密货币投资者对"买入并持有"（buy and hold）中"持有"一词的误拼］。你可以登录 bitcoin.reddit.com 网站去看看。当加密货币投资下跌 80% 之后，网站上的讨论就没那么热烈了。

把另类投资作为整体投资组合的一部分，我并不觉得有什么问题。真正困扰我的是，投机者对赚钱的想法怀有暴民心态，这些想法被合理化之后，又从"货币"扭曲为"投资"，最后演变为对全球货币的严厉（且目光短浅的）抨击。

为了便于说明这一点，我写了"加密货币是投资的拉米特指南"。

他们说：加密货币是一种可以用来支付各种商品的货币形式。

现实中：很少有商家接受加密货币。此外，人们似乎喜欢自己的货币保持稳定，1 美元就值 1 美元。当你的加密货币一周内波动超过 25% 时会发生什么？没错，人们往往就不花钱了，因为你的电视下周没准会便宜 25%。

他们说：加密货币允许人们利用密码学和分散化来保持匿名状态。

现实中：确实如此，人们有某些正当理由进行匿名买卖。但是，就目前来说，加密货币主要用来购买毒品。

他们说：加密货币比法定货币好。

现实中：如果你花 3 分钟以上的时间和一个狂热分子，哦，对不起，是粉丝，谈论加密货币，他们肯定会挑起关于法定货币的争论。这很快会让人联想到尼克松 1971 年发表的与金本位脱钩的言论，他们会跟着说："货币也不是真实的。"我只能盯着他们，眨眨眼。

他们说：这不是比特币的问题，而是区块链的问题。

现实中：比特币是一种使用了"区块链"技术的加密货币，该技术使用密码学和分散化架构。这项技术确实令人印象深刻，但粉丝们故意用它来诱导人们忽略那些在实际使用中不断出现失误的比特币和成千上万的应用程序问题。在一项研究中，80%的ICO（首次代币发行），我引用一句话来说就是，"被认定为诈骗"。粉丝们不仅无视这些，反而将区块链作为解决所有社会弊病的灵丹妙药。饥饿问题？区块链可以帮你解决。需要遛狗吗？用区块链怎么样？嘿，我需要换内裤了，有区块链吗？

他们说：加密货币是一项令人惊叹的投资。

现实中：2017年，比特币的投资回报率大幅上升。从1月到6月就增长了240%，而标准普尔500指数只增长了9%。这一点确实很难反驳。但不规律的回报率却是一个大问题，比很多人意识到的还要严重。短短3个月，比特币的回报率飙升超过340%，然后又如巨石一般急坠而下。就像其他任何类型的高风险赌博一样，你被暂时的高点迷惑，一旦下跌，你就开始掩盖自己的损失，不再谈及。他们若无其事的样子，正是我们一贯看到的表象。比特币价格飙升，跟风投资的人的数量也随之激增。当然，价格一旦下跌，人们就不会再讨论比特币投资了。

在投资加密货币的过程中，你会看到与赌博和邪教行为相同的迹象。

· 不管质疑什么都会被制止并严惩。

· 从事风险越来越高的行为（例如，借钱去"投资"加密货币）。

· 从加密货币最终会取代所有货币的角度解释一切价格上涨或下跌现象。

· 提出越来越不合理的主张，如"颠覆法定货币"。

- 不断转移目标（"它是一种货币……不对，它是一种投资……也不对，我们是来改变世界的"）。

　　如果你想投资加密货币，那就请便吧。我已经说过了，如果你有一个稳定的投资组合，那么我建议你拿 5%~10% 的资金去玩投资。只是首先要确保你的投资组合充分运作，也就是你已经完成了各阶段的投资部署，有了 6 个月的应急资金，并且通过定期的重新平衡控制了风险。当然，如果一开始对加密货币就有定论，你根本就不会读到这里。你早在比特币论坛上高呼着"HODL"和"FIAT"了。那我写这些还有什么意义呢？

· 行动步骤：第6周

☞ 1. **找出你的投资风格（30分钟）**。决定自己想要投资简单的目标日期基金还是更好掌控（但是更复杂）的指数基金。我建议采用目标日期基金作为85%解决方案。

☞ 2. **研究你的投资（3小时到1周）**。如果已决定要投资目标日期基金，你可以研究一下先锋领航、嘉信银行和普信集团的基金。这应该会花费几个小时。如果要建立自己的投资组合，你将花费更多时间（和更多资金来支付每只基金的最低投资额）。你可以将史文森的资产配置模型作为基本模板，确定哪些基金今天就要买，哪些之后才会买。决定了资产配置之后，你就可以用先锋领航的基金筛选器来研究基金了。

☞ 3. **购买你的基金（1小时到1周）**。购买目标日期基金很简单：先将资金转入你的投资账户。（如果是401K计划账

我来教你变富

户，你应该已经把钱从每笔工资中转存进去了。如果是罗斯个人退休账户，这笔钱应该在第5章所说的储蓄账户里。如果没有闲钱投资，你就设定一个储蓄目标，直到你有足够的资金来投资你的第一只基金。）资金到位并转入你的投资账户之后，登录账户，输入基金代码，你的任务就完成了。如果要购买单只指数基金，你通常需要一次购买一只，并为其他基金设立储蓄账户。

　　好了！你现在是名副其实的投资者了！不仅如此，你已完成6周计划的所有任务。你优化了自己的信用卡和银行账户，开始了投资之路。更棒的是，你的系统每个部分联系紧密，不用你费心劳神，它们就可以自动运行。本书还剩下一些内容，第8章我将重点探讨如何维护和发展理财系统。然后，在第9章，我会解答你们提出的所有理财和生活方面的随机问题。但事实上，通过这一章的学习，你已经啃下了最难啃的骨头。

维护和发展理财系统

你已经完成了最艰苦的工作，接下来，维护和发展你的
理财系统，开启富足人生。

你可能注意到了，这是本书最短的一章。因为你已经将 85% 解决方案落实到位，并处理好了理财中最重要的部分：信用卡、银行账户、支出和投资。你已经规划好自己的富足人生，也建立了一个基本上自动运行的理财系统，现在你有时间追求喜欢的东西了。你做得很好，而大多数人还在为每月的账单苦苦挣扎，所以恭喜你。不过，提醒你注意一点：如果你真的求知若渴，本章会提供更多信息，完善你的财务状况。我们将介绍一些帮你维护理财系统的论题，还将深入讨论如何优化投资。不过请记住：这是加分项，除非真的想这样做，否则没必要一定遵循本章的建议。

· 真诚坦白内心

我从小受到的教育是成为最优秀的人 —— 比别人学习更用功，工作时间更长，表现更好。这些教育让我在许多方面受益匪浅。但我也知道，盲目追求最好，却不反思努力原因的负面影响。所以在继续阅读之前，问问你自己，你这么努力的意义是什么。是为了多挣1000美元吗？还是为了实现富足人生？

有时候，理财建议只是一味地鼓励人们做"更多"的事情，而没有让人们停下来问一句："够多了吗？"人们只是把成功当成目标，而非一开始就明确努力的目标。什么时候才能停下来享受努力的成果呢？

我见过太多人决定掌控自己的财务状况（很好），然后改变生活，开始存钱（也很好），继续存钱并变得越来越积极（不太好），最后"生活在电子表格中"，每天都在计算资产增长了多少（非常糟糕）。这些人沉迷于这种理财游戏却不知为什么要这样做。

我不希望你活在电子表格中，生活也不只是调整资产配置，用蒙特卡罗法模拟投资。

从这个层面上讲，你已经入门了，现在是时候问自己为什么还要继续理财了。如果回答是"我想每年享受一次豪华假期，买头等舱机票"，那太好了！如果是"我在为未来三年积极存钱，这样我们就能搬进梦寐以求的社区了"，回答得好极了。我可以教你如何更快地实现这两个目标。

为了达成目标，我们来做一个练习，我称其为"从云端到街头"。

我问过很多人"为什么想要赚更多的钱"，常见的回答是，为了"自由"或"安全感"。这些答案很好，但我希望你深入思考。可是那些宏大却模糊的愿景从未满足我们的期待，给我们以鼓舞，反而是那些真实、具体的事物激励着我们前行，恰恰是那些街头巷尾的琐事在影响我们的日常生活。

如果目的非常明确，你就是想再赚1万美元，你会怎样从虚幻回到现实，从真实的生活中找到答案呢？

你的真实动机是什么？你可以树立一些崇高的生活目标，或者花 10 分钟散散步，弄清楚在某一时刻让你兴奋的动机是什么。答案往往比想象中要简单得多。

你的动机可能是乘出租车去享受下午 5 点的快乐时光，而不是汗流浃背地挤火车；或者花钱请朋友和你一起去豪华野营。我早期的一个真实动机是，在出去吃饭时可以点开胃菜！

我现在写这本书的真实动机是，答复那些每天都有人问的理财问题，再讲几个笑话。就这么简单。

那么你为什么想再赚 1 000 美元、1 万美元或 2.5 万美元呢？无须担心答案不切实际，只要坦诚地将答案和现实生活联系起来就行了。

我最喜欢的两件事是听音乐会和执教高中曲棍球队。多亏了这份工作和收入，我买得起音乐会的贵宾票。在指导球队之余，我还可以灵活安排时间做一份全职工作。

——丹尼尔·斯诺，38 岁

去杂货店购物时，我不看价格，只管买我需要和想买的东西。以前，我要想办法靠 50 美元撑一星期。现在，如果食谱需要一磅格鲁耶尔奶酪，我就直接去买。虽然结账时账单可能有些高，但其实都还好，我可以把挑选的任何东西都拿去结账。

——埃尔茨·琼斯，44 岁

如果你已经清楚了想赚更多钱的原因，我来告诉你如何实现这个目标。

· 充实你的系统：投入越多，收益越多

在第 7 章，你构建了投资组合，并设置成自动运行。这个自动系统很好，但只有投钱进去才能维持正常运行。这意味着，投入的资金量决定你系统的强度。

本书前几章介绍了如何实现 85% 解决方案——投资起步是最难的，也是最关键的一步，就算你每月只能存 100 美元也没关系。但现在重要的是，你投入系统的启动资金越多，回报就越多。

这时你的理财目标就派上用场了。例如，如果想在 15 年内达到财务自由并提前退休，你就应该加倍投入，积极储蓄和投资。或者，如果想在曼哈顿畅享生活，你可以给自己制订一个豪奢的支出计划，包括去酒吧消费和享受餐饮巨头 Seamless 提供的外卖服务（我知道你会这么做）。

当然，最好的回答是："是的，我既想积极存钱，又想过上富裕的生活。"只要计划充分（同样取决于你的理财目标，还有足够高的收入），你通常就可以二者兼得。

请记住，越早投资，收益越高，所以驱动理财系统的关键是投入的资金越多越好。

我的储蓄实现了自动化，这样偿还信用卡后还能存下一大笔钱。我不仅可以支付婚礼费用，还以市场最低价买下了圣迭戈的一栋房子。现在房子价值从 25 万美元涨到了 70 万美元，而且低得出奇的房贷让我们可以在一个广受欢迎且美丽的地方相对轻松地生活。

——阿莉萨·麦考奎斯辰，34 岁

换句话说，如果你发现一台神奇的赚钱机器，放进去 1 美元它能给你吐出 5 美元，你会怎么做？当然是投的钱越多越好！唯一的问题是时间，你今天投资的每 1 美元明天都会更值钱。

▪ 我会赚多少钱……

假设收益率为 8%，每月的投资值多少钱？

如果投资……	100 美元 / 月	500 美元 / 月	1 000 美元 / 月
5 年后	7 347 美元	36 738 美元	73 476 美元
10 年后	18 294 美元	91 473 美元	182 946 美元
25 年后	95 102 美元	475 513 美元	951 026 美元
注意：简单起见，所有计算未考虑税费。			

不要只看我提供的数据，你可以使用 bankrate.com 网站的投资计算器自己算算账。假设收益率为 8%，输入每月的投资金额，你就会发现，目前的存款增长速度比想象中要慢。但是每月多投入一点儿钱，就算多 100 美元或 200 美元，这些数字也会发生巨大的变化。

我在第 4 章阐述了一个有意识消费计划，建议你按照收入的百分比分配储蓄和投资金额。你的首要目标就是按百分比完成资金分配。现在是时候增加投资了，尽可能积累更多的储蓄和投资。我知道你的顾虑："还要投更多的钱？我一分钱都挤不出来了！"

我不是逼迫你投资，而是想帮助你，因为复利的收益很显著，现在存的钱越多，以后的收益越大。Bankrate 计算器可以帮你算清账。现在去试试有意识消费计划，看看你每个月能再挤出多少钱用来投资。优化消费计划可能需要你在购买汽车或房子等大件商品时认真议价（见第9章），或者尽可能地削减开支，我在个人博客上讲过这一点（搜索"拉米特储蓄"）。你甚至可以考虑协商加薪或换一份高薪工作。无论如何，要确保每个月都尽量投入更多的资金到理财系统。记住，现在是做这件事的最佳时机——理财系统越充实，你就能越快达成目标。

我将每月手动支付账单改成了自动支付账单、自动储蓄，并做出全年的开支预算。现在，我甚至每月都自动向慈善机构捐款。以前为了挣钱过得艰辛，现在几乎不用担心钱不够用，这真的让我感觉好多了。

——迈克尔·斯蒂尔，40岁

· 重新平衡投资

如果选择自主管理资产配置，你就必须经常重新平衡投资，所以我强烈推荐能帮你重新平衡资产配置的"目标日期基金"。（如果你已有目标日期基金，可以跳过本节内容。若是没有，你需要知道下列关于重新平衡投资的问题。）当拥有一个多样化的投资组合时，你的一些投资（如国际股票）会超过其他投资。为了保持合理的资产配置，你需要每年重新调整一次，这样国际股票在投资组合中所占的比重才不会超出预期。把投资组合想象成你家的后院：如果只想用后院15%的面积种植西葫芦，但它们野蛮生长，最终占据了30%以上的土地，你就要重新平衡土地面积，不是砍掉西葫芦，就是开辟一个更大的院子，这样才能保证西葫芦的种植面积只占15%。我知道我起初是在谈论个人理财，现在又说到有机园艺，我真是多才多艺！

假设你基于史文森的资产配置模型创建了自己的目标资产配置：

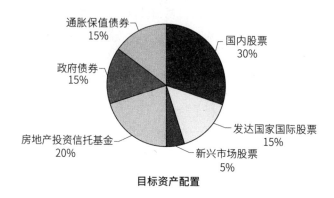

目标资产配置

现在假设国内股票一年上涨 50%（为便于计算，保持其他投资不变），突然，国内股票在你的投资组合中占了更大比例，其他的投资比例就会失去平衡。

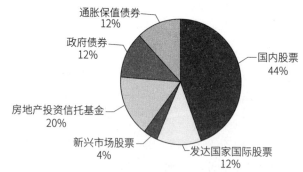

国内股市大涨50%后的目标资产配置

虽然在某个投资领域表现良好值得高兴，但你需要控制资产配置，这样各项投资比例才不会出现太大差异。重新平衡投资组合将确保你的资产保持合理配置，并保护投资免受某个特定行业波动的影响。

重新平衡的最佳方式是，在其他领域分配更多资金，直到你的资产配置回到正轨。怎么做呢？假设国内股票应该占30%，但现在却占资产配置的44%，那就暂时停止向这方面投资，并将这30%的投资份额平均分配给其他投资项目。你可以在投资账户内"暂停"自动投资到特定基金。登录账户，找到与初始资产配置不匹配的基金，停止自动支付。（别担心，你随时可以恢复自动支付。）也就是说，暂时不要投资表现出色的领域，增加投资组合内其他领域的投资，直到你的资产配置恢复到与目标比例一致。

请看下面的表格，了解运作流程。在这种情况下，你可以看到，8个月后资产基本上回归了目标比例，重新平衡到最初的资产配置。

注意，还有另一种重新平衡资产配置的方法。你可以卖出表现优异的股票，将资金投入其他领域，以此重新平衡并掌握资产配置。卖出股票会产生交易费用并需要填写文件表格，需要"深思熟虑"，所以我不喜欢也不建议这样做。

当投资组合重新平衡时，你不要忘记设置日历提醒自己，恢复暂停使用自动支付的投资组合。

另外，如果某只基金亏损，它就会导致你的资产配置紊乱。在这种情况下，你可以暂停投资其他基金，把钱投入亏损的基金，直到其恢复在投资组合中原有的比例。为方便计算，我推荐你使用personalcapital.com网站上免费的财务仪表板来重新平衡投资。

请记住，如果你投资了一只目标日期基金，该基金会自动调整，这也是我喜欢这种基金的原因之一。

重新平衡投资

国内股票上涨 50%
后的 10 000 美元投
资组合

价值		12 727 美元 ←
	配置比例	价值
国内股票	44%	5 727 美元 ←
发达国家国际股票	12%	1 500 美元 ←
新兴市场股票	4%	500 美元 ←
房地产投资信托基金	16%	2 000 美元 ←
政府债券	12%	1 500 美元 ←
通胀保值债券	12%	1 500 美元 ←

新投资组合
价值

	第 2 个月		第 3 个月		第 4 个月	
价值	13 727 美元		14 727 美元		15 727 美元	
	配置比例	价值	配置比例	价值	配置比例	价值
国内股票	42%	5 727 美元	39%	5 727 美元	36%	5 727 美元
发达国家国际股票	12%	1 710 美元	13%	1 920 美元	14%	2 130 美元
新兴市场股票	4%	610 美元	5%	720 美元	5%	830 美元
房地产投资信托基金	16%	2 260 美元	17%	2 520 美元	18%	2 780 美元
政府债券	12%	1 710 美元	13%	1 920 美元	14%	2 130 美元
通胀保值债券	12%	1 710 美元	13%	1 920 美元	14%	2 130 美元

注：由于进行了四舍五入，表格中有些数字加起来不到100%。

我来教你变富

鉴于你的国内股票现在占投资组合的 44%，而不是目标的 30%，你必须进行调整。先停止对国内股票的自动供款，然后重新分配这 30%，将其平均分配给其他 5 个资产类别（每个类别均增加 6%）。现在每月 1 000 美元的供款分配如下：

0：暂停这一项投资，然后将 30% 的投资平均分配到其他 5 个资产类别（即每个类别增加 6%）

21%：目标是 15%，加上 6%，就是 21%，即每月投资 210 美元。

11%：目标是 5%，加上 6%，即每月投资 110 美元。

26%：目标是 20%，加上 6%，即每月投资 260 美元。

21%：目标是 15%，加上 6%，即每月投资 210 美元。

21%：目标是 15%，加上 6%，即每月投资 210 美元。

第 5 个月		第 6 个月		第 7 个月		第 8 个月	
16 727 美元		17 727 美元		18 727 美元		19 727 美元	
配置比例	价值	配置比例	价值	配置比例	价值	配置比例	价值
34%	5 727 美元	32%	5 727 美元	31%	5 727 美元	29%	5 727 美元
14%	2 340 美元	14%	2 550 美元	15%	2 760 美元	15%	2 970 美元
6%	940 美元	6%	1 050 美元	6%	1 160 美元	6%	1 270 美元
18%	3 040 美元	19%	3 300 美元	19%	3 560 美元	19%	3 820 美元
14%	2 340 美元	14%	2 550 美元	15%	2 760 美元	15%	2 970 美元
14%	2 340 美元	14%	2 550 美元	15%	2 760 美元	15%	2 970 美元

· 别担心税收

税收具有社会群体属性，是最热门的政治话题之一。谈及税收，我知道人们不喜欢听别人说他们 25 年来一直相信的观念是错误的。

所以，我现在分享税收的六种真相可能会惹怒一部分人，但我无所谓。

我想让你们对税收有所了解。我希望你们注意到，有多少人正在不假思索地重复犯这些老掉牙的错误。

税收真相 1：人们认为退税不好，其实退税很好。

谬论： 退税不好，这是给美国政府交了一笔无息贷款。

现实： 我们知道你会花掉那笔钱。因为数据显示，逐渐加到工资中的小额退税会被人们花掉，大笔退税则会被存起来或偿还债务。

惊人事实： 这就是政客在减税问题上难以抉择的原因。每年退还人们少量税费让他们花这笔钱，这样可以刺激经济……但给他们大笔退税，他们不会因为得到的退税越来越多而感谢政客（或者，给予人们一大笔退税的政府会得到他们的认可）。他们会把大笔退税存起来或偿还债务，而不是用来刺激经济。

税收真相 2：美国不是"世界上税收最高的国家"。

谬论： 美国是世界上税收最高的国家。

现实： 还差得远。

惊人事实：请注意，有多少这样的基本事实还在误传。如果我们就基本事实都不能达成一致，又怎能在税收政策上达成共识呢？此外，如果你是个税务狂，想用电子邮件给我发 30 页的各种奇怪理论和 YouTube 视频证明这种谬论，那就别劳神了。我是对的。

税收真相 3：人们认为，赚得越多缴税越多。这种观点错了。

谬论：赚得更多税级也更高，导致你要交更多的税，实际收入减少。

现实：看在上帝的分儿上，拜托你花 3 分钟学习一下什么叫"边际税级"。如果你的收入到了高税级，那么"边际"金额或者更高税级内的钱将按更高税级纳税，而不是按你的全部收入。

一位名叫克里斯季的网友在我的博客留言：

> 我认识一些人，他们多年来不愿加薪，认为新的税级会降低自己的收入。如果你向他们解释真相，他们就会勃然大怒。他们固执己见，宁可满腹牢骚也不愿学习税收原理。在这一点上，如果知道自己的观念一直是错的，他们就等于承认自己很愚昧，所以宁愿继续相信谬论，他们也不想知道真相。我认识一个人，他认为每次看医生都必须预付 3 000 美元的免赔额。如果你给他解释什么是免赔额，他会异常愤怒，不愿接受。他宁可抱怨自己的健康状况也不去看医生，因为他负担不起每次看病要花费的 3 000 美元。他碰到任何人都要抱怨奥巴马医改毁了他的生活，我想他就是喜欢发牢骚罢了。

惊人事实：相信这种谬论的人一辈子都不会花 5 分钟去学习税

收原理。在某种程度上，他们的错误观念根深蒂固，他们根本不可能承认错误并接受真相。这真有意思啊。

税收真相 4：人们不知道缴的税用在了何处，因而非常愤怒。

谬论： 我们将大量资金用于对外援助。

现实： 在你缴纳的联邦税中，每 100 美元大约有 1% 被用于对外援助，这比大多数人想象的要低得多。

惊人事实： 人们不知道税收去向，却喜欢说："只要不用做 XYZ，我不介意缴税。"谢谢，但民主国家的税收不是个人能决定的。

税收真相 5：人们认为富人利用税收漏洞逃税。

谬论： 富人可以利用很多税收漏洞逃税。

现实： 我知道存在税收漏洞。有一些是合法的，比如投资账户的税收效率、充分利用税收优惠账户，以及其他一些方法，但并没有你想象的那么多。总的来说，这些漏洞其实非常少，基本上只有那些通过资本利得（非普通工资，律师和银行家的高薪也无法企及）赚取数百万美元的超级富豪才能钻这些漏洞。

惊人事实： 还有一些超级富豪专用的逃税漏洞，你可能闻所未闻。如果你的收入超过六位数，请到我的网站学习高级个人理财课程。

税收真相 6：政治立场影响你对税收的理性判断。

谬论： 人们自认为对税收的看法理性、公正。是的，你也这么认为！

现实： 个人心理以及信息来源，会极大地影响人们的税收观念。《今日心理学》指出："人们对于纳税标准有一些先入为主的看法，他们希望税法与自己的认知相符。两者一旦起了冲突，人们就会认为税收不公平。"给你出个主意，下次听到有人对税收问题大吵大闹，你就问他们："你好像对税收不满，你认为纳税能给你带来什么？"这句话起两个作用：（1）把话题从人们普遍认为税收是一种剥削，转移到把税收视为你为民主做出的一部分贡献；（2）你很快就能确定这个人是否值得一起理性探讨（例如，如果他们说"我们应该将道路私有化"，或者说"所有税收都是盗窃"，你就站起来默默走开）。

一提到税收问题，你就会听到很多废话。请注意理性分析，并自己做出决定。

这是我的看法。

我很乐意缴税。我会利用所有合法的避税方法，比如税收优惠账户，但我知道，个人纳税有助于维护社会的整体稳定。我也知道以后还能赚更多的钱，所以不会把税收作为个人决策的主要决定因素。最后，如果你还是忍不住抱怨税收，那就去其他国家的公路上兜兜风。你发现其他国家的基础设施有什么不同吗？拜托你好好纳税，做一个对社会有贡献的人吧。

85% 解决方案刚好适用于税收问题。（快速复习一下 85% 解决方案：做几个重要决定，大多数事情做到"足够好"就可以了。）方法就是，充分利用你的递延税账户（详细内容见下文）。这样做的话，你每年可以少交数千美元的个税。

一旦深入了解个人理财问题，你就会发现有很多稀奇古怪的逃税方法。我聘请了收费昂贵的顾问，也研究了所有方法，但发现几乎都是胡扯。

如果每年赚几十万美元，你可能会有一些额外的避税方法。但只有从现有投资中赚到数百万美元，你才能享受真正的"富人"税收优惠。所以，我们要专注于财富增长，在税收上做到 85% 解决方案。

关于税收和投资你需要知道的一件事

尽可能多地投资 401K 计划和个人退休账户等递延税账户。因为退休账户享有税收优惠，可以获得可观的回报。你的 401K 计划账户里的钱在提取出来之前的多年里不会被征税，而罗斯个人退休账户的收入也不会被征税。更重要的是，你不必担心细枝末节的问题，包括选择节税基金，或者何时以高于年终分红的价格卖出。通过投资税收优惠的退休账户，你可以避开绝大多数税收问题。

投资税收优惠的退休账户就是税收方面的 85% 解决方案，就这样做，然后进行下一步。

年度财务检查表

自动理财系统的维护至关重要，每年我都会花几个小时重新审查理财系统并做出必要的调整。例如，我是否订阅了一些不需要的东西？我应该调整有意识消费计划来适应新的短期目标吗？我建议你每年留出一些时间完成下面所有步骤，最好是在 12 月完成，这样就可以迎来新一年的生活。

评估有意识消费计划（3 小时）

请认真对待下列通用指南：如果你的资金是按照这个比例分配的，你离富足人生就不远了。

- ☐ 固定支出（50%~60%）
- ☐ 投资（10%）
- ☐ 储蓄（5%~10%）
- ☐ 无负罪感消费（20%~35%）
- ☐ 重新评估当前订阅（必要时取消订阅）
- ☐ 重新考虑有线电视费和网费
- ☐ 重新审视支出目标：这些目标准确吗？你是否为此积极存钱？
- ☐ 如果固定成本太高，那是时候考虑租金更便宜的地方了（要么去爱彼迎租房，要么赚更多钱）
- ☐ 如果你的投资不足 10%，那就从其他项目中匀出钱，通常可以把无负罪感消费的钱重新分配到投资上

协商降低费用（2 小时）

如果你提出要求，许多公司就会提供入门利率，或者降低月租。你可以使用我在网站 iwillteachyoutoberich.com/negotiate 上的模板。

- ☐ 电话账单
- ☐ 汽车保险
- ☐ 有线电视费和网费
- ☐ 银行费用

投资（2 小时）

- ☐ 确保 401K 计划账户的供款达到上限，并且钱已

经投到适合的基金上（而不是仅仅入账闲置）

☐ 确保罗斯个人退休账户的供款达到上限，并且钱已经投到适合的基金上（而不是仅仅入账闲置）

☐ 确保所有税收优惠账户都得到充分利用

债务（2小时）

☐ 重新审视债务偿还计划，看其是否步入正轨。能早点儿还清债务吗？

☐ 查看信用报告和信用评分

☐ 重新协商信用卡年利率

信用卡（1小时）

☐ 制订信用卡积分使用计划（有些积分可能会过期，有些则不会，既然已经得到这些积分，那就畅快地用掉吧！）

☐ 打电话咨询你的信用卡还可以享受哪些福利

☐ 确认你没有支付不必要的费用。如果有，可以试着协商解决

赚更多的钱（持续进行）

☐ 协商加薪

☐ 兼职赚钱（可以访问网站 iwillteachyoutoberich.com 获得灵感、案例和课程，iwillteachyoutoberich.com 网站提供了更多的赚钱方法。）

其他事项

☐ 检查保险需求，包括租房保险和人寿保险

☐ 如果你有家属，请立一份遗嘱

出售投资前应三思

我从未出售任何一笔投资。我做的是长期投资，为什么要出售呢？但还是有人问我这类问题。总的来说，只要出售投资，到了4月15日缴税限期大家都得缴税。政府颁布了鼓励长期投资的措施：如果出售持有不满一年的投资，你就要缴纳普通所得税，税率通常是25%~35%。大多数人买了一只股票，在9个月内赚了1万美元就傻傻地卖掉了，实际上只赚了7 500美元。

但是，如果持有投资超过一年，你只需支付资本利得税，这比一般税率要低得多。仍以这类人（9个月后卖掉股票，并缴纳25%的普通所得税）为例，如果持有股票超过一年再卖掉，他们只需要支付15%的资本利得税，那么净收入就是8 500美元，而不是7 500美元。（现在设想一下，如果投资10万美元、50万美元或数百万美元能赚多少。如果你按照本书的建议存够了钱并做了足够多的投资，那极有可能收入不菲。）这是从长期投资中节省大量税收的小例子。

还有个技巧，如果使用享有税收优惠的退休账户进行投资，那么你出售投资那一年不需要缴税。这是401K计划账户的递延纳税政策，很久以后取钱时才缴税。相比之下，你存到罗斯个人退休账户的钱是税后收入，所以取钱时不用缴税。

既然你可能做了一笔不错的投资，那么为什么不长期持有呢？在第6章，我们讨论了人们为什么无法把握市场时机。在第3章，我教你如何买入并持有投资，赢得比频繁交易更高的回报率。一旦考虑税收问题，出售投资对你就是不利的。还有一个建议是，不要购买个股，而应该购买目标日期基金或指数基金，建立能够节税的简单投资组合。请记住，所有行动的前提是，你做了一笔不错的投资。

最关键的一点：投资退休账户，并长期持有。

· 何时出售投资

年轻人只有三个理由可以出售投资：急需用钱，投资市场表现不佳，实现了特定的投资目标。

急需用钱

你如果突然急需用钱，请按以下步骤筹钱。

1. 使用你在第2章建立的储蓄账户。

2. 赚更多的钱。你可以给优步开车，卖旧衣服，当家教。虽然可能无法在短期内赚到很多钱，但卖掉自己的一些物品是很重要的心理步骤，这能证明你对自己和家人有多重视（如果你向家人求助，这或许有用）。

3. 问问家人能不能借钱给你。注意，如果你的家人会因借钱而生气，那就不管用了。

4. 使用退休账户里的钱。尽管会严重影响复利增长，但是你仍然可以随时免费提取存在罗斯个人退休账户中的本金。如果是401K计划账户，你可以提出"困难提款"申请，这通常包括支付医疗费、购房款、学费、避免丧失抵押赎回权和丧葬费，但你可能还是要支付提前取款罚金。如果是这样，请咨询你的人力资源专员。我强烈建议你避免从退休账户中取现，因为你会被罚款，还要缴税。

5. 万不得已才使用信用卡。这一点再怎么强调都不为过，还款的时候，信用卡公司很有可能宰你没商量，所以除非真的走投无路，否则不要这么做。

超级理财达人的财务观：制订 10 年计划

我喜欢收到那些优化了个人理财的人发来的电子邮件，他们想知道"下一步该做什么"。我的回答是：问问比你大 5 到 10 岁的人，他们后悔没有早点儿做什么，你就照着做。你会立刻得到三个答案：

1. 应急备用金。 应急备用金只是另一个储蓄目标，用来应对失业、残疾或突发状况。特别是当你背负抵押贷款或需要养家糊口时，应急备用金是财务安全的重要保障。要建立应急备用金，你只须设定一个额外的储蓄目标，然后像实现其他目标一样往里面投钱。最后，应急备用金应该覆盖 6~12 个月的开销（包括抵押贷款、其他贷款、食物、交通、税收、礼物，以及你能想出来的其他所有支出）。

2. 保险。 人一旦上了年纪，就容易胡思乱想，你会想买各种保险以预防损失。包括房屋保险（防止火灾、洪水和地震）和人寿保险。有房一族确实需要保险，但是年轻的单身人士不需要买人寿保险。首先，从统计数据来看，年轻人的死亡率很低，而且保险赔付只对那些依赖你过活的人有用，比如你的配偶和孩子。除此之外，保险的其他功能不属于本书的讨论范围，若是真的感兴趣，建议你和父母及长辈谈谈，并通过网络搜索研究各种"人寿保险"。你可能现在还不需要买一大堆保险，但是可以设定一个储蓄目标，以备不时之需。最后一点建议：不管销售员（或一无所知的父母）怎么推销，保险几乎从来都不是一种明智的投资。因此，保险应该用来防范家庭火灾或意外死亡等下行风险，你不能将其当作一种增长型投资。

3. 孩子的教育。无论是否有孩子，你的首要目标都应该是拥有过人的财力。当在网上看到有人债台高筑却又想为孩子的教育存钱时，我总是感到困惑。这是在搞什么？这种人首先应该还清债务，为自己准备养老的钱，然后操心孩子的问题。即便如此，就像罗斯个人退休账户是很好的退休账户一样，"529 计划"也是一项享有重大税收优惠的教育储蓄计划，对孩子的教育很好。如果你有孩子（或者计划要孩子），并且也有一些闲钱，你可以加入"529计划"。

如果你还年轻，这些可能只是 10 年后你才需要考虑的一些事情。最好的准备方法是，和较年长的理财达人交谈，和他们一起行动。他们的建议十分宝贵，能让你在未来 10 年的规划中取得优势。

投资市场表现不佳

如果投资了一只或一系列指数基金，你就不大可能出现这种状况，因为这些基金反映了整体指数表现。简单来说，如果你持有的"全市场指数基金"在下跌，那就说明整个市场都呈下跌趋势。如果你相信市场会复苏，那么即使投资的基金价格比以前更低，此刻你也不应抛售，而应该以低价买入。

我们来讨论一下概念问题，便于你理解何时卖出表现不佳的投资。如果你发现自己持有的股票价格下跌了35%，你会怎么做？

你可能气得抓狂："拉米特，这只股票糟透了！我得在赔光钱之前卖掉它！"

别急着卖。在做决定之前，你必须看看行情。如果这是一只消费品股票，那么其他同类型的股票表现如何？

通过观察这类股票和周边产业，你会发现整个行业都在下滑。不仅仅是你的投资表现不佳，同类投资整体表现都很低迷。这说明是整个行业的问题，但也解释了你的股票为什么会暴跌。股价暴跌并不意味着你应该立即抛售。所有行业都经历过衰退期，你应该了解这个行业现状。还有发展空间吗？会被竞争对手取代吗？（例如，如果持有一家生产CD播放机的公司的股票，那么你的生意很难有起色了。）如果你认为该行业或投资只是陷入周期性低迷，那就坚持投资，继续定期买进股票。如果你认为该行业不会好转，那就考虑卖掉股票。

现在，如果你的股票价格暴跌，但该行业其他公司的股价很高，你就应该考虑卖出。

你一旦决定卖出一项投资，接下来的过程就很简单了。你只需登录投资账户，找到你想出售的投资，然后点击"出售"。如果是出售退休账户以外的其他投资，你就要考虑诸多税务问题，如税收亏损收割（可以抵销资本利得与损失），但是我们大多数人都把钱投到节税的退休账户上，所以我不打算详细探讨这些问题。我想强调的是，我几乎不需要出售投资，因为我很少投资特定股票。如果选择了一只目标日期基金或建立了一个指数基金的投资组合，那么你几乎不需要考虑卖出的问题。我的建议是：保持头脑清醒，把精力集中在更重要的事情上。

实现了特定的投资目标

买入并持有是进行超长期投资的良好策略，但是很多人为了实现特定投资目标而选择中期或短期投资。例如，"我要投资赚钱，去泰国旅游……我短期内不打算去，所以只需要每个月往投资账户里存 100 美元"。请记住，如果想在 5 年内实现目标，你应该在储蓄账户中设立一个储蓄目标。但如果你为实现长期目标而进行的投资已经赚到了钱，那就马上卖掉投资。这项投资大获成功，你应该把钱用来实现最初的目标。

· 离成功越来越近

我们还剩最后一章内容要讲。在这些年收到的数千封电子邮件和博客评论中，我了解到很多人都有一些共同问题。我将在第 9 章介绍一些有趣的细节，例如金钱和感情的关系、购买汽车和第一套房子，以及处理日常生活中出现的财务问题。最后一章了！

让我们开始吧。

开启富足人生

恋爱、结婚、买车、拥有第一套房子……

我永远不会忘记以前和女朋友（现在的妻子）卡斯的对话。那是在感恩节前，我们决定是时候谈谈孩子、婚姻、金钱这些家庭大事了。

我说过我喜欢什么都系统化，所以一如既往，我为谈话要点创建了一个议程。议程如下：

生几个孩子	婚礼
什么时候生孩子？	住在哪里？
孩子的名字	生活方式：谁去工作？

首先是订婚。我们已经恋爱好几年，卡斯也准备好要结婚。事实上，她说："我真想在明年春天订婚。"当听她谈论我们在财务方面的关系时，我非常确信自己找到了真爱。

我们讨论了想要几个孩子，谁去工作，想住在哪里，还有我们想过什么样的生活等问题。

谈话接近尾声时，我深吸一口气，说出了我考虑很久的事情。"还有一件事我想谈一谈。这对我很重要，我们要签一个婚前协议。"

稍后我会介绍更多关于婚前协议的内容。

在书中，我写了很多有关金钱的内容，我认为这是富足人生中微小但重要的部分。

那其他方面呢？

我们来讨论一下感情和金钱这样具有挑战性的话题怎么样？就像我和卡斯的对话那样。是决定买房，还是协商你的薪水？实现自动理财之后，接下来你该怎么做？

富足生活无法靠电子表格实现。人们每年都想用在线计算器进行资产分配，但对那些学了我的课程，已经实现自动理财的读者来说，到了一定程度，他们就能实现自己的目标。你赢了这场比赛，现在只是需要时间和耐心，继续充实系统。

富足人生的另一层面并不是重新计算你的复利收益，而是规划你想要的生活。想要孩子？每年花两个月时间度假？让你的父母坐飞机去见你？增加储蓄率，以便在 40 岁的时候退休？

我在肯尼亚的野生动物园区的旅馆写了这篇文章——这是我和卡斯为期 6 周蜜月旅行的一部分。我们的梦想之一就是邀请双方的父母参加我们的蜜月之旅，即一起到意大利旅行，好好款待他们，一起创造新的美好回忆。这确实是一次令人难忘的"富足人生"体验。

对我来说，富足人生应是自由的，不需要总是考虑钱的问题，能够去想去的地方旅行，做想做的事情。我可以用钱做任何我想做的事情，不用舍不得花钱打车或是在餐厅点我想吃的美食，也不用担心买不起房子。

这只是我的看法。富足对你来说或许意味着不同的东西。

现在是时候专心打造你的富足人生了。

· 如何处理学生贷款

美联储报告显示，大学毕业生平均有大约 3.5 万美元的学生贷款。那些背负这种债务的人可能会发现这是阻止他们实现富足人生的一大障碍。但令人惊讶的好消息是，学生贷款可能是一个很好的财务决定。

数据显示，大学毕业生挣的钱远比那些只有高中文凭的人多。（尽管如此，你还是要认真研究大学的专业及其平均薪资水平。）不要听信那些专家的话，他们总是跳出来说学生贷款"很邪恶"，还让你别上大学。天哪，如果再听到这种废话，我就跳起来用洋葱打人。（这样的话，他们就不知道为什么会痛哭流涕了。）

我们已经在第 I 章谈到摆脱债务的问题，但还有一个我经常被问到的问题："我应该是先投资还是先偿还我的学生贷款？"

我曾经很焦虑，不知道自己怎样才能还清学生贷款，怎样才能有存款，并制订一个退休计划。现在我的学生贷款几乎全部还清了，我有不止一个储蓄账户和两个退休账户，在储蓄和退休问题上没有任何压力。我完全实现了自动理财，知道进账多少，用在哪里，花销多少。

——迪安娜·比顿，30 岁

先投资还是先还贷

如果你每个月还在急于凑齐 500 美元或 1 000 美元来偿还学生贷款，别人就不可能给你提"尽早投资"的建议。但关于是先偿还贷款还是先投资，你有以下三个方案可以选择：

- 每个月支付学生贷款的最低还款额，其余的用来投资。
- 先尽可能多地偿还学生贷款，一旦还清，就开始投资。
- 采用对半分的方法，一半的钱用来偿还学生贷款（总是支付最低还款额），另一半则存入你的投资账户。

严格来讲，你的决定取决于利率。如果你的学生贷款利率很低，比如只有 2%，你会想选择方案一，尽可能慢慢地偿还，因为你可以通过投资低成本的基金来获得平均 8% 的收益。

请注意，我说的是"严格来讲"，这是因为，资金管理并不总是理性的。有些人不愿背负债务，想尽快还清。如果背上债务让你睡不着觉，请遵循方案二，尽快还清——但要明白，为了让自己更心安，你可能会失去很多增值的机会。

我建议你仔细研究一下方案三，原因是：现在大多数学生贷款的利率与你在股票市场上投资获得的利率差不多，所以坦率地说，你的决定需要碰运气。在同等条件下，你通过投资赚到的钱与你支付的学生贷款利息差不多，所以基本上相互抵消了。无论你是选择偿还学生贷款还是投资，其实都无所谓，因为你会得到大致相同的回报，除了两件事：复利和税收优惠型退休账户。如果在 20 多岁和 30 岁出头时进行投资，你会从复利中获得巨大的利益。如果等到年纪大了再投资，你赚到的钱就永远赶不上这些收益。另外，如果正在投资像 401K 计划和罗斯个人退休账户（见第 3 章）这类税收优惠账户，你就会从中获得收益。这就是为什么我会考虑采用混合拆分的方式，用部分资金偿还债务，用其余资金进行投资。具体的拆分方式取决于你的风险承受能力。为了省事，你可以选择五五分；但如果比较激进，你可以提高投资占比。

· 感情与金钱

在了解个人理财的基本知识后，利用电子表格规划生活对你来说不是什么难事，难的是如何与身边的人（朋友、父母和伴侣）处理好金钱关系。

感情和金钱在很多情况下纠缠不清：和从不给小费的朋友出去吃饭、发现父母欠了很多债，或者和伴侣的钱混在一起理财。我相信，处理感情和金钱之间的关系是富足人生最复杂，也是回报最多的一部分。

这就是为什么我想花一些时间来讨论如何与你身边的人处理金钱关系。当然，有一些简单的规则适用于某些情况，比如，当一方的收入高于另一方时，可以分摊租金。

但那仅仅是支出。我相信，真正的挑战和机会在于更温和的话题讨论。例如，你应该告诉朋友你挣多少钱吗？你可以告诉父母吗？金钱在婚姻中扮演的是什么角色？你应该拟一个婚前协议吗？

我无法解答所有问题，但我会告诉你我的选择和理由。

· 忽略噪声

现在你已经掌握了个人财务的基本知识，你会发现投资理财的世界是多么"嘈杂": 有你叔叔的"热门股提示", 随机的资产管理应用程序, 还有你的朋友嘲笑你没有用某种隐蔽的避税方法。(说来也好笑, 连一袋糖豆都买不起的人, 竟然在理财上对你评头论足。)

每个人都有自己的建议, 每个人都有不同的理财方式, 只是有些人懂的知识比别人多一点儿, 但每个人对你应该做什么都有自己的看法。突然, 你对其他人的理财方式变得了如指掌。

你还会注意到, 一旦听到你能自如支配金钱, 他们就会表现得很怪异, 为自己做不到找各种借口, 贬低你的努力付出。

· 啊, 飞黄腾达是不可能的……

· 退休? 太好笑了! 我一辈子都退不了休……

· 要是像你一样有积蓄当然很好啊……

我花了超过 15 年的时间来思考如何回应。以下是我的想象:

我想象的情景: 一个不会理财、负债累累的人告诉我, 我"需要"放弃正在做的一切, 转而投资房地产、比特币, 以及接受其他各种愚蠢的投资建议。

我的回应: 我把视线从泰式木瓜沙拉上移开, 抬起头来, 放下叉子, 用布餐巾擦了擦嘴唇, 从头到脚打量了他一番, 说道:"我为什么要听从你的建议?"音乐停止, 餐厅里的每个人都在鼓掌, 厨师走出来和我握手, 还送了我免费甜点。

听了这么多年的评论, 我终于知道了真实情况。当你第一次开始自如支配金钱的时候, 人们会注意到这种变化。(坦率地说, 你可能比以前谈论得更多了。你知道那句话吗?"如何知道一个人是不是素食主义者? 别担心, 他们会告诉你的。"这其实和掌控你的财务是一个道理。我的建议是: 留意你是如何谈论金钱的, 以及和谁谈论。) 通过自如支配你的金钱, 你打乱了你与他人的正常关系模式，这会让他感到不舒服，让他们做出奇怪的反应。不要认为这是针对你个人的。你可以笑一笑，然后说："谢谢。"随着你周围的人逐渐适应了不一样的你，这些评论的噪声将逐渐消失。

但在这一点上，你还会听到其他噪声：网上那些乱七八糟的建议。随着我的读者在实施本书理财系统时更加得心应手，他们开始寻求更多投资和个人理财的信息。也许你最终会在红迪网或投资论坛上收到大量的匿名评论，向你灌输各种各样的"进阶"策略。

· **税收亏损收割是世界上最重要的事情！**

· **等一下，你没有专属自保保险吗？**

· **哈哈，我不敢想你还相信指数投资。真可爱。很明显苹果公司要上月球了。(是特斯拉，是比特币，还是区块链的首次代币发行？)**

如果说有什么改变，那就是我学会了同情。请记住，就在几周前，你对理财还不太了解。你可能花了很长时间才做好心理准备买了一本理财书，从头到尾读一遍——现在你明白了这些概念，比如自动理财和个人退休账户，它们几周前对你来说似乎还很陌生。如果有人想要你的建议，那就和他们分享这本书，你能做的最好的事情就是成为别人心目中的好榜样。

忽略他人的噪声。请记住，投资不应该是戏剧性的，更不应让你觉得好玩——它应该是有条不紊的、平静的，就像看着小草慢慢生长一样。(你可以用你的投资做些什么——你的富足生活——很有趣的！)

每月只要登录一次投资账户就够了。如果设置好了资产配置，并且持续投入，你就坚持下去。你是在做长期投资，当你回头看时，每天的变化就像小插曲——它们确实如此。

我理解你想要搜集更多信息，那就去搜集吧。只要保持清醒的头脑，并认识到每个人都有自己的观点就行了，但是长期的个人理财没有诀窍和技巧。当读完第 100 篇令人窒息的帖子，内容都是说指数投资只适用于新手（并不是）时，你会意识到，你比大多数人更了解这个问题。那是个神奇的时刻：你不再需要"生活在电子表格中"、捣鼓随机的数据、不眠不休地在红迪网上查找个人理财的帖子，你每月只需要花不到 90 分钟来理财，而且，你可以在电子表格之外做更重要的事情，享受富足人生。

· 如何帮助负债的父母

发现年迈的父母陷入财务困境，是你财务生活中面临的最困难的情况之一。

很可能他们不会站出来承认（根据我与成千上万读者交流的经验，你的父母永远不会寻求帮助，因为这太尴尬了）。但他们可能会在某些地方留下蛛丝马迹，比如，他们说"现在手头很紧"。

讨论他们的财务状况可能是最有挑战性，也是最有必要的一次对话。你的父母养育你几十年，已经形成了很难改变的模式。你比他们更有可能聊起金钱的话题，而且理由更完美——这本书。你可以这样说："妈妈，我一直在读这本个人理财的书，学到了很多以前不知道的事情。您如何看待金钱？"然后看着话匣子被打开。

如果你的父母身陷债务，那么你和他们的关系会非常艰难。最大的挑战不是为他们的问题提出一个专业的个人理财解决方案；相反，你要多问问题，仔细倾听，然后判断他们是否真的需要帮助，或者是否准备好接受帮助。

如果他们需要，那就太好了！你可以帮助他们。但如果他们不需要，即使他们的处境会变得更糟糕，你也要尊重他们的决定，这是最难做的事。

根据我的经验，如果你以一种谨慎的、富有同情心的方式与你的亲人谈论钱的话题，他们会向你敞开心扉。

情况各不相同，但这里有些你可以问的问题。（记住：问的时候要小心谨慎，没有人喜欢谈论钱，尤其是让父母向孩子承认他们需要帮助。）

- 他们从哪里学习理财？他们的父母又教给了他们什么？
- 如果他们可以挥动魔杖，改变自己的财务状况，那么会是一种什么样的状况？（让他们幻想一下吧。如果他们说"中彩票"，请鼓励他们。但是这意味着什么？他们会怎么做？然后现实一点儿："好吧，让我们假设你没有中彩票，5年后你理想的财务状况会是什么样子？"大多数父母的梦想都很切合实际。）
- 他们一个月挣多少钱？花多少？
- 他们的收入占存款多大比例？（几乎没人知道这一点。要放宽心，别去评判。）
- 他们是否支付银行账户和信用卡的费用？
- 他们平均每月的信用卡余额是多少？出于好奇（用这个词），为什么不是零呢？他们怎样才能做到呢？
- 他们有进行任何投资吗？如果有，他们是如何选择的？
- 他们是否有一只或多只共同基金？要支付多少费用？
- 他们是否最大化地利用了401K计划账户，至少投入与公司配比相同的金额？
- 其他的退休理财工具呢，比如罗斯个人退休账户，他们有吗？
- 他们浏览过iwillteachyoutoberich.com这个网站吗？没有吗？爸

爸，你为什么不看看？！（注意：我强烈建议你对他们大声喊出这句话。）

你的父母或许不能回答所有问题，但你要仔细听他们想表达的内容。我鼓励你运用 85% 解决方案，找出一两个他们可以采用的方法来改善财务状况。也许这意味着他们要设立一个自动储蓄账户，或者专注于偿还一张信用卡的债务，这样才能有成就感。回想一下，当对金钱一无所知时，你是不是压力山大？现在你能用所学的理财知识帮助父母，哪怕是小小的改变，结果也会大有不同。

· 应该与父母或朋友分享自己的资产细节吗？

几年前，我开始觉得应该和父母谈谈钱的问题。我的生意蒸蒸日上，在经济上，我变得比自己想象的更有安全感。当父母问我生意如何时，我会笼统地回答："一切还好！"而实际上，我知道告诉他们我确切的收入会比我说的其他任何东西都更具体。

我打电话给我的朋友克里斯，寻求他的意见。

"我应该告诉父母吗？"

克里斯是一位作家，家庭背景与我相似。他一下子就明白了我的意思。

他问："为什么你要告诉他们？"我告诉他这需要回答很多更深层次的问题。我很会理财吗？我的父母移民美国是正确的吗？他们为我感到骄傲吗？

但我很紧张，因为我认为，分享成功的具体细节可能会改变我和父母的关系。"这可能会很奇怪。"我用了"奇怪"这个带有偏向性的词，任何父母是少数族裔的人都能理解其含义。克里斯几乎比任何人都清楚，出身节俭家庭的亚裔孩子，挣的钱超乎想象是什么感觉。

父母养育我成人，我从他们身上学到了很多，最终，我还是希望父母知道我做得很好，不用为我操心。

克里斯指出，我一直以为一个数字就能解决这一切，但事实上，我可以用很多种方式让父母放心。我可以简单地告诉他们我的生意做得很好，我要感谢他们教会我做生意的原则。我还可以做一件对父母来说最有意义的事情，那就是花时间陪伴他们。

克里斯说得没错。他告诉我，我的想法没问题，但是不需要说出确切的资产来告诉父母自己生活稳定。实际上，我的父母并不在意我银行账户上的数字，他们只想知道我过得是否幸福（当然也关心我是否结婚，是否有了孩子，印度父母尤其在意这一点）。

后来，我的父母问我过得怎么样，我特意跟他们表达了感恩之情，感谢他们教会我的一切，多亏了他们，我才能幸运地拥有梦想的事业，并过上幸福的生活。

我从中学到了：

- 随着你在经济上变得更成功，你与他人的关系可能会改变。要意识到这一点。（例如，我非常在意别人请客吃饭或旅游度假的消费能力。如果我和朋友一起吃饭，我总是会选择一家大家都能负担得起的餐厅。我最担心选择一个让他们感到有经济压力的地方。）

- 你可能想说出自己的具体资产。如果是与你的伴侣、非常亲密的朋友或者家人分享，那是可以的。但除了这些人，问问你自己为什么要这样做：是为了表现自己的成功吗？或者只是为了炫耀？有其他方式能传达这一点吗？记住，在不恰当的场合说自己资产有多少不是明智之举。你的出发点可能是好的，但告诉那些年收入6万美元的人你拥有100万美元（或更多）的投资组合，并不能传递你的安全感，反而表现了你的傲慢。

· 一场重要的对话：与你的伴侣谈理财

我的梦想是主持一个电视节目，让情侣们就财务问题展开首次对话。我不是要进行调解。我只是坐在后台，疯狂地抛出金钱问题来搅局（"你有什么金钱上的秘密没有告诉你的伴侣？"），吃着薯片和辣沙司，看着他们紧张发抖的手、冒汗的额头，结结巴巴地讲话，我在一旁咧嘴笑。我天生就是干这个的。HBO 鼎级剧场快给我打电话吧。

当然，你和另一半或许偶尔聊过金钱的话题。但是，当你们开始认真对待的时候——也许你们刚刚同居，或者刚结婚，并且你们的钱开始混用，花些时间谈论你们的钱和财务目标是很重要的。与你的伴侣谈钱可能听起来很尴尬，但我向你保证，这不一定是痛苦的。虽然听起来很老套，但如果你知道该问什么并保持冷静，它实际上可以使你们的关系更亲密。

态度比具体的战术更重要。

关键是不要去评判，多问问题。以下是一些示例问题：

· 我一直在思考个人理财问题，很想和你达成共识。我们能谈谈这个问题吗？

· 你怎么看待金钱？有些人愿意花更多的钱租房，而有些人喜欢存一部分钱。我觉得我在外面吃饭的花销太大了。大体上说，你对金钱有什么看法？（请注意，我一开始提出的问题就很宽泛，然后举了一些例子，接着坦白自己做得不好的地方。从自己财务上的薄弱环节开始。）

- 如果你有魔法，你想用你的钱做什么？于我而言，我想我应该投资401K计划账户，但说实话，我连文件都还没有填。（另一句大实话——当然，如果这是真的。）
- 我们应该如何一起用钱呢？你想过要做些改变吗？（这里你可以讨论如何分担开支、是否为共同的目标存钱，或者你们想用钱做哪些有趣的事。）

请注意，我们不是在讨论不同的投资选择，也不是让彼此为"应做却没做的事"感到难过。谈话的目的应该是达成一种共识：钱对你们来说很重要，你们想在财务上一起努力，彼此帮助。就这样，高调地结束。

重要的对话

这是重要的一天，双方坦白各自的财务状况，然后一起解决问题。但请记住，这不是戏剧性的一步，你们为这次对话努力了几个星期。

准备这次对话要花 4~5 个小时，双方都要准备以下内容：
- 账户和资产清单
- 负债清单和贷款利率
- 每月开销（如何确定细节，参见前文）
- 你的总收入
- 借出去的钱
- 短期和长期理财目标

我和妻子在理财方面就是这样做的。首先从大的方面入手，讨论我们挣了多少钱，存了多少钱。几个月后，我们更深入地了解手头的账户和我们对钱的态度。（摸清账户可能不会花很长时间，但完全了解彼此对钱的态度可能需要几年时间。）

先把资料放一旁，坐下来开始谈谈你们的目标。从财务角度讨论，你想要什么？你期望什么样的生活方式？明年的假期怎么计划？你们需要赡养父母吗？

然后公开你的月开销。这会是一次敏感的对话，因为没有人愿意被评判。但请记住，保持一种开放的心态。先说明自己的开销情况，然后问对方："你认为我可以在哪些方面做得更好？"最后轮到你的伴侣来谈。

花些时间谈谈你们对金钱的态度。你如何对待金钱？你花的比挣的还多吗？为什么会这样？你的父母怎样谈论钱？他们是如何管理的？（我的一个朋友理财能力很差，这让人很不解，因为她非常自律，也很聪明。认识她多年后，有一天她告诉我，她父亲曾经两次破产，这让我终于理解了她的理财方式。）

这次对话最重要的目标是，让谈钱这件事情常态化，这也是我们希望尽可能保持谈话轻松的原因。第二个目标是，让双方都坦白理财的"底线"，确保你们都在储蓄、投资和偿还债务（如果有债务）。必要的话，你要和你的伴侣一起阅读这本书。你们可以一起处理所有复杂的事情，比如建立联名账户，这些后面会谈到。

现在，本着积极向上的精神，我希望你设立一些短期和长期的储蓄目标，比如年终旅行。这时，最好不要把大笔支出的金额都算一遍，那样会让人不知所措。只要设定一两个储蓄目标，并为你们俩设置每月自动转账。从长远来看，你和你的伴侣应该一起努力，在金钱的态度上达成共识。当你们共同设定一个目标（如"我们要存够 3 万美元的房子首付"）后，你们都会为之努力奋斗。

· 如果伴侣的收入比你多

一旦和另一半开始分摊开销，你就不可避免地会面临一个问题：如何处理日常开销，特别是当你们中一个人比另一个人收入更高的时候。要分摊开销，有以下几种选择。

第一种，也是最直观的一种，将所有账单对半分。但这对挣得少的一方真的公平吗？收入和支出不成比例，可能会导致夫妻双方不满，而且往往会出现糟糕的财务问题。

还有一种方案，个人理财顾问苏茜·欧曼倡导根据收入比例分摊开销。这个想法怎么样？

例如，如果你们的月租金是 3 000 美元，你的收入比另一半高，那么你们可以这样分摊：

根据收入分摊开销		
	你	你的伴侣
月收入	5 000 美元	4 000 美元
房租	1 680 美元	1 320 美元
	(5 000/9 000 = 56%)	(4 000/9 000 = 44%)

还有很多其他选择。你们可以各自按比例向夫妻联名账户内存钱，并用该账户支付。或者，一个人支付某些固定费用，如日常用品开支；另一个人负责房租。

这里的关键是要讨论，以达成一个双方认为公平的协议（记住，平分并不一定意味着"公平"），然后每半年到一年检查一次，以保证你们的协议仍然对双方有效。

· 伴侣乱花钱，你该怎么办？

这是我从已婚读者那里最常听到的抱怨。"拉米特，"他们写道，"我丈夫在电子游戏上花了太多钱。我们该如何省钱？当我和他谈这些时，他就不搭理我，第二天，他又花钱买别的东西。"

解决办法就是，对话不要针对你们两个人，而是提升到人类共性的高度。如果你总是说你的伴侣不要在某事上花钱，对方会很反感，不想理你。人们绝对讨厌被人指摘爱花钱，所以如果你继续针对个人进行说教（"你不能每个月花那么多钱买鞋！"），那就是白费力气。

相反，简单一点儿——用食物打比方，不用唠叨他们吃了多少甜点，先在盘子里装满大部分蔬菜和蛋白质类的食物再说。翻到第4章，看看假期、圣诞礼物或新车等日常开销需要花多少钱，然后谈谈你们的储蓄目标，以及为达到这些目标你们需要存多少钱，最终制订一个双方都同意的储蓄计划。

如果这样做了，下次再因为开销问题发生争执，你就可以把争论点从你和伴侣身上引开，重新审视一下储蓄计划。当你指着一张纸（而不是指着对方）时，没有人会产生抗拒心理。这与你决定花钱吃一顿豪华晚餐，或者他想花钱坐直飞航班无关，而与你们的计划有关。注意，你们肯定会有不同的方法来实现你们的储蓄和投资目标。例如，你可能想先买有机食品，而你的伴侣可能会优先考虑旅游。只要你们都能达到目标，实现目标的方式就可以灵活多变。关注计划而非个人，你更有可能避开主观评判，努力使支出符合你的目标。这就是处理金钱应有的方式。

· 价值3.5万美元的问题：婚礼

本书第一版出版后，我在全美各地举行了巡回签售会，在纽约、旧金山和盐湖等城市和读者见面。我永远不会忘记我在波特兰签售会上遇到的一位年轻女士。

她在讲座结束后走过来，对我说："我只是想感谢你对婚礼的建议。"我非常激动。她告诉我，她为自己的婚礼设立了一个子储蓄账户，每个月自动为婚礼存钱。

我很开心。我希望人们能够在生活中采用我书中的建议。我问她是否可以拍一段视频，分享一下自己的故事。

一下子，她明显变得不太自在。

我可以看出她不想拍，但不明白为什么。我问她。她低下头说："因为我还没有订婚。"

想一想：她觉得还没有订婚就为婚礼存钱很奇怪，人们会对她评头论足。

我喜欢她的做法！

你知道我认为什么事情才是奇怪的吗？明明知道将来会有一笔开销，却没有存钱。这些事情太遥远，或者花费太大，我们考虑不了那么多，所以我们干脆就不做计划，但这些大头开支对我们的财务状况影响很大。

做好准备，我将要打破我们对婚礼的成见。很多人认为我的观点很"奇怪"，但我不在乎别人的看法。我关心的是如何一起设计富足人生。

你的婚礼当然可以很简单

我姐姐打电话告诉我她订婚了，当时我正和朋友们在外面。我为大家点了香槟。另一个姐姐也告诉我，几个月后她要结婚了，我又点了一轮香槟。然后我发现，她们都要在东海岸和西海岸各举办一场婚礼——几个月内共有4场印度婚礼！天哪，这居然是真的。

这让我开始思考婚礼这个问题。《华尔街日报》指出，美国人的婚礼平均花费近3.5万美元，这"远远超过美国家庭年收入中位数的一半"。在你开始翻白眼之前，先等一下。你可能会脱口而出："这些人应该认识到，婚礼只是一个特别的日子，不是为了让自己背负沉重的债务。"

但你猜怎么着？你希望自己的婚礼一切都很完美。是的，你我都这样想。这一天对你来说很特别，所以为什么不花钱买超长茎的玫瑰花或菲力牛排？我并不是要批评人们举办昂贵的婚礼，恰恰相反，那些在婚礼上花费3.5万美元的人，几年前和你现在说着同样的话："我只想要一个简单的婚礼，仅仅为了这一天而让自己背负债务，这太荒谬了。"然而，为了这个特别的日子，他们的花费慢慢地超出了计划，甚至超过了他们的承受能力。希望婚礼这一天很完美并没有错，让我们先承认这一点，并想想如何去实现我们的目标。

你该怎么做？

既然婚礼的费用高得惊人，你该怎么做？
我知道三个选择：

削减开支，办一个简单的婚礼。 好主意！但坦白讲，很多人都不够自律，难以做到这一点。我这么说不是贬低任何人，因为从数据来看：大多数人的婚礼动辄花费数万美元。

什么都不做，以后再考虑。 这是最常见的策略。我和一个最近结婚的人谈过，她8个月前就开始筹备婚礼，但最后还是花了很多钱。现在，结婚几个月了，她和丈夫仍不知道如何偿还婚礼欠下的债务。如果你也这样做，那就大错特错了。但也并非你一个人如此，几乎所有人都会犯这个错。

认清现实，为婚礼做计划。 问10个人他们会做哪种选择，每个人都会选择第三种。然后，问问他们每个月为婚礼存多少钱（无论他们是否订婚）。不管他们是结结巴巴还是沉默不语，都值得一问。话说回来，我就是喜欢在谈话时给人出难题。

但你想一想，我们实际上掌握了需要的所有信息。男性平均结婚年龄大约为29岁，女性大约为27岁（我假设的是异性婚姻，因为这方面的长期数据更多）。我们也了解到，一场婚礼的平均费用大约是3.5万美元。因此，如果你不想因为结个婚而负债累累，那么无论是否订婚，你都应该有足够的存款。

我们中的大多数人甚至没有想过要为自己的婚礼存这笔钱。我们反而会说：

- 哇，这太多了。我没办法存那么多钱。或许我的父母可以帮忙……
- 我的婚礼不会那样。我只打算办个小而简单的婚礼……
- 等我订婚的时候再考虑这个问题。
- 现在开始为婚礼存钱很奇怪。我甚至还没有订婚……
- 我想我必须嫁个有钱人。（我听人半开玩笑地这样说过。）

但更常见的情况是，我们根本没考虑过这个问题：它是我们一生中最大的开支之一，而且这笔开支几乎肯定会在未来几年内发

你应该为未来的婚礼存多少钱？		

根据平均数计算，如果你是女性：

年龄（岁）	距婚礼月数	每月需储蓄金额
22	60	583.33 美元
23	48	729.17 美元
24	36	972.22 美元
25	24	1 458.33 美元
26	12	2 916.67 美元
27	1	35 000 美元

根据平均数计算，如果你是男性：

年龄（岁）	距婚礼月数	每月需储蓄金额
22	84	416.67 美元
23	72	486.11 美元
24	60	583.33 美元
25	48	729.17 美元
26	36	972.22 美元
27	24	1 458.33 美元
28	12	2 916.67 美元
29	1	35 000 美元

这可能让人望而生畏，但我不这么想。这些数据让人大开眼界。记住，这些数据仅仅是平均值。你可以提前、推迟结婚或不结婚。我 36 岁结的婚！这里的关键点是，早做计划，时间就站在你这边。

生，而我们甚至都没有坐下来花 10 分钟思考这个问题。结果肯定是一团糟。

令人惊讶的婚礼数学

我做了一个模拟实验，看看哪些方法对降低婚礼成本最有用。说实话，我以前以为，减少客人数量可以最大限度降低婚礼成本。

结果我错了。

有趣的是，你可能想不到，客人数量和成本之间的变化并不成正比。在下面这个表格中，减少 50% 的人数只减少了 25% 的成本。

婚礼费用示例		
可变成本	150 位客人	75 位客人
开放式酒吧 / 人	20 美元	20 美元
午餐 / 人	30 美元	30 美元
接待费 / 人	120 美元	120 美元
小计	25 500 美元	12 750 美元
固定成本	150 位客人	75 位客人
主持人	1 000 美元	1 000 美元
摄影师	4 000 美元	4 000 美元
桌椅、餐布租赁费	1 500 美元	1 250 美元
鲜花	750 美元	600 美元

宾客住宿费	750 美元	750 美元
请帖	1 000 美元	750 美元
固定成本	**150 位客人**	**75 位客人**
婚前晚宴	1 500 美元	1 500 美元
蜜月旅行	5 000 美元	5 000 美元
礼服	800 美元	800 美元
车辆	750 美元	750 美元
婚戒	5 000 美元	5 000 美元
伴手礼	4 000 美元	4 000 美元
其他杂项	2 000 美元	2 000 美元
小计	28 050 美元	27 400 美元
总计	53 550 美元	40 150 美元

　　除了常见的方法——在婚礼场地和食物费用上谈到更优惠的价格，我听到的削减婚礼成本最好的建议是解决固定成本。例如，我的一个朋友为他的婚礼从菲律宾请来了一位摄影师。这听起来很奢侈，但即使算上机票，也比请本地摄影师少花 4 000 美元。另一个例子，我妹妹在印度设计和印刷她的结婚请柬，费用比在美国便宜多了。

· 应该签订婚前协议吗？

我的一个朋友最近举办了一个"婚前协议之夜"聚会，他邀请了几位高净值人士来交流对婚前协议的看法。在他邀请的人中，有男人也有女人，有单身的也有已婚的，还有一位律师，主要负责回答他们的常见问题。其中一位回信拒绝了邀请。

"兄弟，这是我最不愿意谈的事情。"他说。他已结婚，并在几年前签了婚前协议。我的朋友问他为什么，他回答："想象一下，你带着你爱的人，找一个律师，与对方沟通几个月……所有这些都是为了拟定一份协议，规定将来两人离婚该怎么办。那是我一生中最糟糕的时刻。"

我没有那么糟糕的经历。但在我们商量婚前协议的那几个月里，与卡斯的财务对话是我所经历的最艰难的事情。事实上，在开始一段认真的感情之前，我从未想过婚前协议的事情。我不知道谁签过婚前协议，但我觉得我不需要，而且也不喜欢"对婚姻失败要做好准备"的提醒。

但我后来改变了想法。经过几个月的研究和无数个小时的讨论，在花费了数万美元的法律咨询费后，我最终与妻子签订了婚前协议。同时，我也学到了一些东西。

我想知道的第一件事是：谁需要签订婚前协议？在大众眼里，只有名人、商界大亨和富有的继承人才需要签订协议，而我并不属于这三个群体。

随着进一步研究，我发现大多数人不需要婚前协议，除非你们中的一个人相对于另一个人有不成比例的资产或负债，或者处在某些复杂的情形中，比如拥有企业或遗产。99% 的人都不需要。我知道，在电影和电视中，婚前协议被描绘成一个人（较富裕的那个）

用来提防对方的工具。实际上，婚前协议是关于婚前累积资产的协议，而不仅仅是婚姻存续期间共同积累的资产，另外，还有关于婚姻结束该怎么办的协议。

当然，我拥有自己的事业，所以理论上我应该有婚前协议，但这个决定不仅关乎财产，还涉及身份。我是那种应该签婚前协议的人吗？我给父亲打电话，问他印度人是否会签婚前协议。我百分之百确定他会反对婚前协议，因为我们从未谈论过婚前协议——从未——而且我父亲对钱向来看得开。想象一下，我本来是想让父亲来验证我的疑虑，但当他回答"我们没有婚前协议，但我理解人们为什么要这样做"时，我是多么震惊。

当我与更多的朋友交谈，并告诉他们我和卡斯正在认真交往时，令人惊讶的是，他们中的很多人，特别是那些企业家都说："你会签婚前协议吧？"

我开始思考这件事情。

接下来我发现，有关婚前协议的有用信息并没有公开。例如，我试着搜索一些婚前协议样本，但几乎一无所获。网上的许多信息都是由红迪网匿名用户写的，糟糕的是，很多都是错的。后来我发现，由于婚前协议给人的感觉是为富人定制的、具有高风险的法律协议，因此没有人会把协议样本搬到网上。你要慎重对待在网上读到的内容。

我意识到，在投资、买房、选择定居地、争取加薪等生活的其他方面，我们都会提前计划。但不知何故，当涉及我们的关系时，我们被告知提前计划是"不浪漫的"。正如一位离婚的朋友所说："我从未想过我会用到这个协议，但我很高兴当初签了。"

最终，在研究了几个月之后，考虑到在婚姻中要经营自己的事业，会有更高的净资产，我决定签一份婚前协议。

婚姻是为了找到一个你爱的伴侣，并希望与之共度余生。它也可以说是一份具有重大财务影响的法律契约。面对其他可能的财务突发事件我都会做计划，所以在接受教育和咨询了很多专家之后，我觉得我当然应该为婚姻这一最大的财务决定做规划。正如一位朋友所说："我们尽最大努力签了婚前协议，为最坏的情况做准备。"

你怎么向另一半提婚前协议这个问题？网上的大部分信息都是教你如何向另一半提出这个问题（而且几乎总是从"一个男人应该如何提出这个问题而不让妻子生气"的角度出发）。有一些常见的建议，让你把责任推到律师身上（"是他们让我这样做的！"）。我讨厌这种做法。

以下是我的做法。

卡斯和我都决定谈论一下我们的未来：孩子、婚姻、金钱和工作。那次谈话我提出："我有些事情想和你谈谈，这对我很重要。我们要在结婚前聊一聊婚前协议并签一份。"

卡斯坐了下来，她显然没有料到这个。"哇，"她说，"我正想听听你的意见。"

我们谈了很多，我说了想签婚前协议的原因。

我向她保证，我们的婚姻会幸福长久。"我爱你，我很高兴能和你结婚，相守到老。"

我告诉她我们为什么要讨论这个问题。"出于一些决定和事业上比较顺利的原因，当我们结婚时，我的财产比大多数人都要多。我希望永远不要用到婚前协议，但对我来说，保护婚前积累的资产是很重要的。"

我强调，婚姻就像创建一个团队。"我们结婚后就是一个团队。我想让你知道，我们会相濡以沫、相互扶持。"

我强调了我们的生活方式。"你和我的成长经历几乎一样。你的母亲和我的母亲都是老师。你知道我一般把钱花在什么地方,我不追求跑车,也不喜欢泡吧,我看重的是生活舒适(偶尔会买一些好东西)。我喜欢与你、与家人分享这种生活方式。"

但我坚定地表示希望签婚前协议。"我为自己在事业和理财方面所取得的成就感到自豪。如果出现离婚这种最坏的情况,保护这些资产对我来说很重要。"

注意:

· 一开始我就强调了我爱她,想和她共度一生。

· 我对提出的这个问题负责。这不是我的律师或会计师或其他任何人强迫我的。这是我想要的东西,它对我来说很重要。

· 我花了很多时间谈论我为什么想要签婚前协议(而不是协议的内容或财产数字)。

卡斯告诉我,她对此持开放态度,想了解更多。因此,我们花了数月来讨论。我们讨论了钱对我们的意义,然后回过头讨论我为什么想要一个婚前协议;当谈到具体的财产数字时,我们又讨论了这些数字的意义。

有一次,卡斯说:"你知道,我的财务状况一直都是公开的。但我觉得很不安,因为我对你的财务状况一点儿都不了解。"

是的,我从未告诉她我的资产有多少。事实上,只有我的记账员和会计知道。这是我犯的一个很大的错误。当天我就把我的财务情况告诉了她。

我们讨论了要如何旅行。如果我想住更好的酒店,而她想省钱该怎么办?

我们谈论了我们的事业。我的事业经营了很多年,而她的事业才刚起步。如果她某个月没有达到她的目标该怎么办?万一连续3

个月都没有达到目标呢？如果我的收入减少了又该怎么办？

我们讨论了风险和安全问题。对财务状况感觉如何？需要在银行账户里有一定的存款才有安全感吗？是不是不愿意承担风险？我敢打赌，你的伴侣对风险和安全的思考方式与你不同。请找出不同之处。

现在回想起来，我真的应该在求婚前6个月就开始进行这种谈话。我应该更早地与卡斯分享我的财务情况，花更多时间讨论我们对金钱的看法。对我来说，金钱意味着努力和运气，也代表着我们有机会携手设计我们的富足人生。

15年来，我一直在考虑金钱问题，特别是当我的资产开始增长时。但卡斯没有。我对某些开支比较随意，因为我知道，哪怕是一分钱，我的财务团队都会想办法进行归类和对账。但卡斯没有。

我会花时间定期和她讨论不同的财务问题——不只是告诉她我的一些财务决定，而是会询问她的情况。例如，"我会打电话给记账员，让他预付我的税款。我喜欢这样做的原因是……"，"你为什么要把钱花在这些方面？值不值得？我是这么想的……"。

这样一来，对她而言，钱就不会成为"突然出现"的意外，而是日常的谈话内容。

几个月过后，事情变得不再那么顺利。我有些不满，她也觉得被误解了。我们的谈话陷入僵局。这时卡斯提出，我们应该寻求帮助。她一提出这个建议，我就同意了。最后我们询问了咨询师，他帮我们解决了金钱带来的棘手的情绪问题。想象一下，得到新的对话工具来谈论你们对金钱的希望、对金钱的恐惧、对金钱的自豪感，以及婚姻对你们的意义。这一点非常有用，我们应该早点儿这样做。我听说有专门从事财务咨询的咨询师，但我们当时很着急，就在Yelp（美国最大的点评网站）上找了一个咨询师。

现在回想起来，我应该谈谈如何管理双方的律师。你的律师自然希望保护你免受各种突发事件的影响，而你伴侣的律师则希望保护她。但最终，你们需要管理好自己的律师，而不是让他们来主导整个过程。

婚前协议规定了离婚情况下的条款。你的婚前财产（你在结婚前赚的钱）怎么处理？如果你们买了房子，谁该搬走？搬离期限是多久？如果你们结婚一年就离婚了怎么办？20年后离婚呢？如果你们有孩子怎么办？

这些都是很复杂的问题。不仅有婚前协议，还有婚后协议、修正协议，以及更多东西。我们都没有简单的方案，所以需要律师的帮助。

最终，我们签订了一份双方都满意的婚前协议。

这些个人经历让我非常震惊，因为没有人公开谈论这个问题——婚前协议完全成了一种禁忌。然而，在跟朋友和顾问私下讨论这个问题时，我发现其实有很多人都签了婚前协议！我提出这个话题，是想鼓励你与你的伴侣公开讨论这个问题。

相较于其他做法，签婚前协议能让我更了解我和妻子对金钱的看法。我们都希望永远不会用到它。

· 工作与金钱

从根本上说，有两种方法可以获得更多的钱。你可以多挣钱，或者少花钱。减少开支很好，但我个人认为，还是增加收入更有趣。因为我们的大部分收入都来自工资，这给了我们从工作中挣更多钱的机会。事实上，在新工作中协商加薪是最快的合法挣钱方式。你的起薪比你想象中还重要，因为它为将来加薪设定了标准，而且很可能是你未来工作的起薪。换句话说，你可以在职业生涯中多次获得 1 000 或 2 000 美元的加薪。现在让我告诉你如何谈判，以获得更高的薪水。

· 加薪

在第 4 章，我写了怎样和现在的老板协商加薪，但协商加薪的最佳时机是你开始新工作的时候。这时你有最大的筹码，只要做些基本准备，你就可以在仅仅 10 分钟的谈话中多挣 5 000 或 1 万美元。数千名学生利用我的 YouTube 视频、网站课程以及下面的脚本来学习如何协商加薪。

我在指导人们如何谈判时，会假装是招聘经理，提出一些求职者可能会被问到的最棘手的问题。四五个小时的培训结束后，他们都筋疲力尽，烦躁不安。但我指导过的那些人最终平均让自己加薪 6 000 美元。我的网站上有一门课程，其中包括实际谈判的视频和稿子，但现在，我能给你们提供一些最好的材料。

谈判的成功 90% 靠心态，10% 靠战术。大多数人认为，他们不应该和老板谈，担心冒犯老板，或者害怕自己的要求被驳回。事实上，基本上不会发生这种事情，特别是公司考虑到在你身上可能花了高达 5 000 美元的招聘成本。如果提出加薪，你就要明确地传达出你比普通员工更看重自己。你是普通员工吗？如果不是，你为什么要满足于普通的工资？

因为读了你的书，加上后来的培训指导，我的年薪已经从 2.5

万美元涨到了 8 万美元。不管是旧货甩卖、买新车,还是加薪,我都会做好准备,认真谈判。每次谈判,我都有时间或金钱上的额外收获。你的书让我的工作步入正轨。

——贾森·弗拉姆,35 岁

协商加薪的基本原则非常简单。

1. 请记住,没有人在意你。大多数新员工在应聘时一上来就说他们想赚多少钱。说实话,作为招聘经理,我并不关心你想赚多少钱。就我个人而言,我喜欢遵令行事。那又怎样?在谈判时,你要记住这一点。对于你,你的经理只关心两件事:你如何帮助他把工作做好以及如何帮助他把公司经营好。

谈判策略:在提出谈判请求时,始终说明公司将如何从中受益。不要关注公司会付你多少钱,相反,要说明你能为公司带来多大的价值。如果你的工作能够帮助他们推动一项可以给公司创收 100 万美元的项目,请说明这一点。将你的工作和公司的战略目标联系起来,让老板知道你能给公司带来什么,强调你可以让老板工作得更轻松,因为你是值得信任的得力助手。请记住,你对公司的贡献将远远超过他们给你的报酬,所以要强调你将如何帮助公司实现目标。"让我们想办法达成一个对双方都有利的公平薪资",这句话很关键。

2. 利用好换工作的机会。这是提高工资最有效的方法。当你手握另一个工作机会时,你的潜在雇主会对你的技能另眼相看。雇主都喜欢抢手的人。

谈判策略:一次面试多家公司。当得到工作机会时,你一定要让每家公司都知道,但不要透露确切的工资金额——你没有义务这样做。理想情况下,这些公司都会抢着要你,你可以从这些跨国公司的抢人大战中获利。我想不出还有比这更好的谈判方式了。

3. 有备而来（99% 的人都没做到）。不要凭空谈薪资。首先，访问 salary.com 和 payscale.com，了解一下应聘岗位的平均工资。然后，可以的话，与该公司在职员工交流，并询问该工作的薪资范畴（你如果认识最近离职的人就更好了，他们更愿意告诉你真实的信息）。最后这一点很重要，把你如何实现目标的计划带到谈判会议上。

谈判策略：大部分谈判都不是在会议室进行的。打电话给你的联系人，弄清楚你的期望薪资、你的实际薪资，以及你能接受的薪资。而且，不要只谈薪资，带上一份书面的战略计划，交给招聘经理。你知道有多少人是带着自己对职位的工作计划来谈判的吗？基本上没有。仅此一项就能为你赢得 2 000~5 000 美元。当然，在谈判时，你可以强调你会为公司带来哪些价值，而不仅限于他们给你的薪资报酬。

4. 准备好谈判技巧。就像在求职面试中一样，你要在脑海中列出一个可以用来增强谈判能力的清单。想一想什么是你的强项，你可以通过什么方式让招聘经理注意到这些强项。例如，我经常问："什么品质能让一个人在这个职位上表现出色？"如果他们说："这个人应该非常关注指标。"我会说："你这么说太好了，我们真的是英雄所见略同。事实上，我在上一家公司时，推出了一个产品，就是使用分析包来……"

谈判策略：了解自己的成就和能力，在回答常见的问题时，补充这些内容。具体应包括：

- 介绍以前工作中的成功案例，以此说明你的主要优势。
- 如果谈判偏离主题，应向面试官提出问题（"您最喜欢这份工作的哪一方面？……噢，真的吗？挺有趣的，因为我在做上一份工作时发现……"）。

5. 谈判不仅仅是为了钱。不要忘记讨论公司是否提供奖金、股票期权、弹性上下班制度或深造机会。你还可以就假期，甚至职务进行谈判。注意：初创企业不太看好那些谈判休假的人，因为这给人印象不好；但他们喜欢和你商量股票期权，因为优秀的员工总是想要更多，这能使他们与公司的目标保持一致。

谈判策略：你应该说"让我们谈谈总薪酬"，这指的是你的总体薪酬，不仅仅是工资，还包括所有福利待遇。把每一项都当成杠杆：拉起一端，就可以让另一端沉下去。要有策略地使用杠杆，例如，在一些你不在意的东西上做出让步，这样你们就能愉快地达成协议。

6. 要合作，不要对抗。如果开始谈薪资了，那就说明公司想要雇用你，你也想要这份工作。现在你只需要弄清楚如何达成共识。这并非让你要求更多，或者他们想给你更少的薪水。谈判是为了合作求解，创造一个对双方都有利的公平方案。因此，请审视一下你的态度：你应该自信，而不是自大；应该积极主动去寻找一个对双方都有利的交易条件。

谈判策略：这时你应该说："我们已经很接近了……现在让我们看看如何达成共识。"

7. 微笑。我不是在开玩笑，这是谈判中最有效的技巧之一。微笑可以打破紧张气氛，表现出你的真诚。当年我参加大学的奖学金评比面试，因为不会微笑总是遭到拒绝。在开始面带微笑参加面试之后，我就收获了一堆奖学金。

谈判策略：微笑。真的，就这样做。

8. 与多位朋友进行模拟谈判。这感觉像是胡闹，但其实效果比你想象的要好。如果大声练习，你就会对自己的飞速进步惊讶不已。但从未有人这样做过，因为这让人感觉很"奇怪"。我猜你口袋里要是多了 1 万美元，你也会感觉很"奇怪"，别傻了。例如，我的一个朋友认为模拟谈判太奇怪而不愿去尝试，所以当面对一个专业的招聘经理时，他根本没有成功的机会。他后来向我求助，一脸悲观沮丧的样子，很像屹耳驴。他抱怨自己不会谈判，我能说什么呢？缺乏谈判训练会让你平均损失 5 000~1 万美元。

谈判策略：叫来你最强势且最有经验的朋友，让他们刁难你。在角色扮演过程中不要笑场，要把它当作一次真正的谈判。最好把它录下来，你会惊讶地发现，你由此学到了很多东西。如果这听起来很荒唐，那么想想这一点：经过精心设计的专业谈判训练，不仅可以让你得到更高的薪水，还能赢得老板的尊重。

9. 如果这个方法不管用，你就给自己留点儿面子。有时招聘经理根本不会让步。在这种情况下，你要做好准备，要么离开，要么接受一份薪资低于期望值的工作。如果真的接受了这份工作，你一定要为自己争取一个重新协商的机会，并以书面形式提交。

谈判策略：在这里你的台词是："我理解您现在无法提供我想要的薪资。如果我在接下来的 6 个月里工作业绩优秀，那么我想重新沟通薪资问题。我认为这很公平，对吧？"（让招聘经理同意。）"太好了。让我们把这点写下来，然后就可以开始了。"

当我第一次读这本书时（大约在 2012 年），我在酒店前台做全职工作，每小时挣 10.25 美元。在读完协商加薪那一节后，我第一次加薪成功。尽管不是大幅加薪，但如果不读您的书，我根本就不会有这个想法。我的薪资因此涨了 520 美元。从那时起，我用您的建议争取了两次加薪，一次是从年薪 3.5 万美元涨到 4.2 万美元，一次是从 4.9 万美元涨到 5 万美元（我换了工作，从事一个新的行业），我共涨薪 8 000 美元（7 000+1 000）。正是因为买了您的书，光加薪一项，我就赚了大约 8 500 美元。

——伊丽莎白·沙利文 – 伯顿，30 岁

如果你想学习更多谈判知识，我整理了一套深度谈判的视频和技巧。详细内容请见 iwillteachyoutoberich.com/bonus/。

谈判中千万不要做的 5 件事

1. 不要告诉他们你现在的薪资。他们为什么要知道？如果知道了，他们提供的薪资就只会比你目前的高一点儿。如果他们问你，你就说："我相信我们可以找到一个对我们双方都公平的数字。"如果他们向你施压，你就回击："我不愿意透露我的薪水，所以我们继续吧。我还能回答你什么问题？"（注意，一线招聘人员通常会有这些要求。如果他们不肯让步，请要求与招聘经理谈。没有一个招聘人员愿意为失去一位优秀的候选人而负责，所以这通常会让你通过第一关面试。如果一线招聘人员坚持要知道你目前的薪资，我建议你斡旋一下，可以稍后进行谈判。）在纽约，问求职者目前的薪资实际上是违法的。

2. 不要先开口提理想薪资。那是他们的工作。如果他们要求你给出一个数字，你可以微笑着说："这是你的工作。来说一个我们都能接受的合理薪资吧。"

3. 如果你收到了一个很一般的公司的入职邀请，不要透露该公司的名称。当被问到公司名字时，你就说一些宽

泛但真实的话，比如"这是另一家专注于线上用户应用的科技公司"。如果你说出那家公司的名字，对方就会知道他占据了上风。他会极力诋毁该公司（我也会这样做），这都是事实。他不会和你谈判，而是告诉你他们公司有多好。所以不要透露这个信息。

4. 不要问别人只能回答是或不是的问题。 不要问："你们给我的薪资是 5 万美元，能涨到 5.5 万美元吗？"而要说："5 万美元起薪还不错，跟我的心理预期差不多，但怎么样才能达到 5.5 万美元呢？"

5. 永远不要说谎。 当没有其他工作机会时，你就不要说你有；不要夸大你目前的薪资；不要承诺你办不到的事情。在谈判时你应该诚实。

案例分析

提前做好功课，我的朋友成功涨薪 28%

我帮 25 岁的朋友雷切尔谈成了一个工作，在我的要求下，她记录下了这个过程。以下是她的描述：

首先是大的方面。我的基本薪资提高了 28%，根据我找这份工作所花的时间计算，相当于每小时 1 000 多美元。再加上股票期权，这至少让我可以梦想成为一个大富翁了。

我应聘了很多工作，但都杳无音信，我都不好意思分享出来。尽管如此，几个月前，在为旧金山的一家大型酒店做完营销工作后，我决定重新找工作。我在一个网站上看到了一个营销经理的职位，投简历后得到了电话面试的机会，之后就是面谈，最后拿到了录用通知书。

听起来很容易，是吗？事实上，营销副总裁后来告诉我，在她面试的人中，我的经验最少，但她还是录用了我。我无法准确解释为什么之前总是失败而这次却能如愿以偿，但我想，给我带来转机的可能是如下几件事情。我的策略并不是什么高深的学问，但需要付出时间和努力，能做到这两样，你就可以脱颖而出。

1. 我将岗位要求逐一进行分析，并写下与其职务描述直接相关的技能和参与过的项目。

2. 我广泛研究了这家公司的网站，阅读了相关文章，查阅了管理团队的背景，这样在面谈时我才不会显得很外行，也能给出我为什么适合这家公司的充分理由。

3. 我准备了一份演讲稿，介绍自己不拘一格的履历，如果没有恰当的介绍，它看起来可能没有重点。

4. 我打电话给那些创业、金融、议价，以及其他方面的专家，寻求一些外界的意见。拉米特给了我一些重要的建议，包括"告诉他们你是踏实肯干的人"和"提出三件你能做的事情以加强他们的营销业绩"。是的，这些建议他在博客上也写过。

5. 我确实采纳了拉米特的建议，这是我很多工作的切入点。我想出了三个建议，以激发人们对商品交易会产生更大的兴趣，以便对直销做出更好的回应，并提高它们在公众中的知名度。

（哇！这样面试一定非常顺利，是吗？不完全是……雷切尔对自己的描述是一个典型的案例，她将错过的机会转化为胜出的机会。）

实际上，我并未找到一个好时机来提出我的想法（尽管面试长达4个小时）。我把这些想法或建议通过电子邮件发给了我潜在的老板，然后单独给那天与我交谈的每个人发了电子邮件，感谢他们抽出时间面试我。我可能有些做过头了，但话说回来，我群发的邮件可能是我被聘用的关键。

我的推荐人后来告诉我，副总裁对我的活力和智慧印象深刻，由此她决定，宁愿培训一个有潜力的人，也不愿意雇用一个更有经验但可能不太灵活的人。我花了三周研究和规划，换来了一个全新的职业。我投入的时间让我得到了相当可观的回报。

请注意，这恰恰体现了本书的所有内容。雷切尔仔细研究了自己的选择，并付诸行动，向更多有经验的人征求意见，带着比其他人准备得更好的演讲稿（好到她实际上不需要去谈薪资）参加面试。在没有机会展现所有内容时，她便通过邮件将其发送给相关人员，尽管这样做难免会让一些人觉得"奇怪"。

致富并没有什么万能技巧或者秘密武器，它通过有规律的、单调的、有纪律的行动而产生。大多数人只看到这些行动的结果——成功的瞬间或媒体的报道，但真正使你变富的是背后的努力。

　　说到省钱，大件商品采购是你大显身手的机会，也是改变你那些无知朋友的机会，他们为在外面吃饭不点可乐而感到自豪，却在购买家具、汽车或房子等大件商品上浪费了好多钱。当购买大件商品时，你可以省下一大笔钱，比如买车省 2 000 美元或买一栋房子省 4 万美元，这样一对比，你在其他方面省下的钱不过是九牛一毛。然而，购买这些大件商品往往是人们最常犯错误的地方。他们没有货比三家，还因销售人员的推销花了更多钱，最糟糕的是，他们还认为自己占了大便宜。不要成为这样的人！

· 聪明人的买车指南

　　奇怪的是，许多人在衣服和外出就餐等方面努力省钱，但当涉及汽车等大件物品时，却做出了糟糕的决定，让辛苦积攒的储蓄打了水漂。

　　首先，我告诉你，买车最重要的决定因素不是品牌或里程数。从财务角度看，最重要的是你在卖车之前会开多久。这一点令人惊讶。你本可以得到世界上最划算的交易，但如果 4 年后卖掉汽车，你就亏了。你应该在了解自己的经济能力后挑选一辆质量可靠的汽车，好好保养，尽可能长期使用。是的，这意味着你至少要开 10

年，因为只有在还完车贷后，你才开始真正省钱。好好保养你的车，你不仅会拥有一辆好车，还可以节省更多的钱。

买车有四步：做预算、选车、像印度人一样砍价，再加上保养。

先问问买车是否符合你的支出和储蓄优先次序（见第4章）。如果你对二手丰田卡罗拉满意，宁愿把买车省下的钱用于投资，那就太好了。另一方面，如果真的喜欢宝马，也买得起，你就去买吧。这是有意识消费。

如果认为买车属于优先支出，你就需要看看你的有意识消费计划，决定你每个月愿意为汽车分配多少钱。这是你能够存下来买车的钱。理想情况下，你不用花那么多钱。（注意，不要理会"199美元/月"的随意报价，这些都是骗人的先期利率。）

因此，当知道买车的总费用中还会有其他费用后，你就要决定想花多少钱在汽车上。例如，如果能负担得起每月500美元的用车花销，你就能负担得起每月分期付款200~250美元的汽车。（例如，在旧金山时，我的车贷是每月350.75美元，算上保险、汽油、维修和每月200美元的停车费，实际上加起来约为1000美元。）如果你买车每个月分期付款的预算约为200美元，这意味着你能买得起一辆5年内花费约1.2万美元的汽车。与大多数人认为他们能买得起车相比，这是不是很理性？这也说明，人们在买车这件事上很容易超支。

不要买一辆糟糕的车

请选一辆好车。任何人应该都不会买一辆糟糕的车。可悲的是，我认识的许多人都被经销店里闪亮的新车诱惑了。你要记住很重要的一点，买车不是为了今天开一下，一辆车要开上十几年。我有些朋友买了很贵的车。他们中有的人是真爱车，每天都离不开车。但对另一些人来说，新鲜感过了，车就只是一个日常的代步工具，他们后悔当初花那么多钱买个代步工具。

首先，评估任何车都应该基于你的预算，这会自动帮你排除大部分汽车。不要看那些你买不起的车。

其次，买车就要买好车。你可能会说："但谁能说哪一款车就是好车呢？你眼中的宝贝在别人眼中可能就是垃圾。"有人能告诉你什么是好车，那就是我。以下是判断一辆好车的标准。

- **质量可靠。** 我如果买车，首先考虑的是车子不能坏。我的事情已经够多了，我不想把时间和金钱都浪费在修车上。这是我的首要要求，我愿意为此多花一点儿钱。

- **真心喜欢。** 我在书里多次写道，要有意识地把钱花在自己喜欢的事情上。对我来说，车子要伴随我很长时间，所以我想挑选一辆真心喜欢的车。我希望我的爱车像印度家庭中尽心尽责的儿子一样，不必时常担心它会出故障。

- **转售价值。** 我的一个朋友买了一辆2万美元的本田讴歌，开了大约7年，然后半价卖掉了。这就是说，她买了一辆好车，开了7年，然后还卖了个好价钱。要了解自己喜欢的车转手可以卖多少钱，可以访问凯利蓝皮书网站kbb.com，计算5年、7年和10年后的转售价格。你会惊讶地发现，大多数汽车贬值很快，但有些汽车（尤其是丰田和本田）比较保值。

- **保险。** 新车和二手车的保险费率可能大不相同。即使看上去略有不同（比如每月相差50美元），这个费用累积很多年后也会相差很多。

- **燃油效率。** 把这个因素考虑进去是很有意义的，特别是如果你经常开车。这可能是决定汽车长期价值的一个重要因素。

·　**首付**。这很重要。如果你没有太多现金付首付，那么二手车会更有吸引力，因为其首付通常比较低。而如果你零首付购买新车，那么还贷利息会高很多。对我来说，我会用现金付首付。

·　**利率**。汽车贷款利率取决于你的个人信用等级，所以，拥有良好的信用评分很重要。如果有多个良好的信贷来源，你就可以享受比较低的贷款利率。对长期贷款来说，这一点更为重要。每家汽车经销商的谈判方式都不同。如果经销商想在最后时刻修改贷款条款，你不要害怕被拒绝，这是他们常用的把戏。

买车注意事项

要做的事

·**计算总拥有成本（TCO）**。这意味着你要算清楚车辆使用寿命的总成本，这些费用会对你的财务状况产生很大影响。除了汽车的成本和贷款的利息，总拥有成本还应包括保养费、燃油费、保险费和转售价值。通过了解这些"隐性"成本，你就能够更精准地储蓄，下次就不会为600美元的汽车维修费而感到措手不及了。

·**买一辆至少能开 10 年的车，而不是看起来很酷的车**。车子外观总会变旧，但你还是要为其买单。从长远考虑，购买性价比最高的车。

不要做的事

·**租车**。租车受益的几乎总是经销商而不是你。但有两个例外，一个是那些想要试驾最新款汽车并愿意大方掏

钱的人，还有那些为了税收优惠偶尔租车的企业老板。对本书的大多数读者来说，租车不是一个好选择，建议你买一辆车长期使用。几年前，消费品测评类杂志《消费者报告》指出，购买一辆本田雅阁这样的普通轿车，"5 年内比租赁完全相同的车型少花 4 597 美元"。我对新款丰田凯美瑞做了同样的计算，发现情况相同：与租车相比，买车在 6 年内可以节省 6 000 美元，而且时间越长，节省越多。

·**开了不到 7 年就把车卖掉。**当还清车贷之后，就到了真正省钱的时候，所以要尽可能多开。但很多人开了没多久就把车卖了。好好保养你的车，要舍得开车上路，这比早早卖车要划算。

·**购买二手车。**计算一下是否划算。长期来看，如果你以合适的价格买到一辆合适的新车，并且开很长时间，那么买新车可能更省钱。

·**增加买车预算。**为买车做一个切合实际的预算，不要超支。诚实面对买车费用，也许还会有其他相关或不相关的费用，你肯定不想因为无力支付每月的车贷而陷入困境。

通过谈判征服汽车销售人员

除了我经历的谈判，我还见过更多的谈判场面。我曾经目睹父亲和汽车经销商进行了多日的谈判，甚至记得有一次我们在经销商那里吃早餐。

和经销商谈判必须毫不留情。我从未想过有那么多人在经销商办公室里做出不明智的购买决定。如果不是强硬的谈判者，你就带上一个强硬的人。可以的话，建议年底买车，那时经销商正在冲业绩，会比平时更愿意谈判。他们冲业绩，正好可以替你省钱。

我也强烈推荐使用 Fighting Chance 网站，它为买车人群提供资讯服务，可以让你在谈判前做好准备。该网站要收费，但服务对得起价格。如果想了解某款汽车，你就可以到该网站订购一份报告，它会告诉你汽车经销商的成本是多少，包括鲜为人知的"经销商预扣税款"的细节。例如，我花了一个月时间在网站上研究和计划，然后以低于标价 2 000 美元的优惠价格买了一辆车。他们的服务还包括，告诉你如何舒适地坐在沙发上进行谈判，甚至在成交之前你都不需要踏入经销商的大门。

我是这样做的：我决定在年底买车，那时正值销售人员急于完成销售任务。我联系了 17 家汽车经销商，并明确地告诉他们我想要哪辆车。我说我准备在两周内买下这辆车，而且，我非常清楚他们卖这辆车能赚多少钱，所以我只接受最低报价。同一天，我坐在家里喝着伯爵茶，吃着三份墨西哥玉米饼配哈瓦那辣椒酱，经销商们的回复一个接着一个。在得到所有报价后，我给经销商打电话，告诉他们我收到的最低价格，并给他们每个人一次机会。竞标战由此爆发，降价近乎疯狂。

最后，我选择了帕洛阿尔托的一个经销商，他以低于标价 2 000 美元的价格把车卖给了我，这几乎是闻所未闻的价格。我不必浪费时间去多个经销商那里，也不必和那些狡猾的汽车销售人员周旋。我只进了中标的经销商那一间办公室。

无趣但有利可图：保养你的汽车

我知道，让你好好保养爱车这种建议听起来一点儿都不吸引人，但最终在卖车时你可能会大赚一笔。因此，要像对待你的退休储蓄一样认真保养你的汽车。一旦买了车，你就要在日历上记下每次大保养的时间，免得忘记。这里有一个提示：一辆车的年平均行驶里程数约为 1.5 万千米，你可以以此为基础，根据汽车制造商的说明制订一个保养计划。

当然，你也需要定期更换机油，注意胎压，并保持汽车清洁。我保留了每次服务的记录和票据。这样等卖车的时候，我就会把这些拿给买家看，来证明我对车的保养有多精细（并向买家收取相应费用）。人们常常忘记这一点，当他们去卖车的时候，因为拿不出详细的保养记录而被买家（包括像我这样的人）讨价还价，然后拍着额头直呼后悔。不要因为缺少保养记录而让车卖不上好价钱。

· 最大的大件商品：房子

如果我问人们："嘿，你想一年赚 10 万美元吗？"谁会不想？如果我加大诱惑，说有一种赚钱方法，每周只需要花 10 个小时就能年收入 10 万美元，我保证每个被问的人都会跃跃欲试。那么，为什么人们不花同样的时间去研究买房这一人生中最大的消费支出呢？只要做其他 99% 的人不愿意去做的研究，你就可以在房贷期限内节省数万美元。

买房是你所做的最复杂和最重要的一件事，所以事先了解买房的方方面面很有必要。我是说，要了解方方面面。买房可不像买一条 Banana Republic 品牌的裤子那么简单。当购买一套价值数十万美元的房子时，你应该成为一名专家，了解大多数购房者常犯的错误。你必须知道所有常见的房地产术语，以及如何讨价还价从而获得最优惠的价格。而且你应该明白，房子主要是用来住的，不是用来炒的。

还有，如果不用电子表格测算一下就买房，你就是个傻子。请记住，如果通过自学，能在 30 年的房贷期限内节省 7.5 万美元或 12.5 万美元，你当然值得花这个时间。我会帮你分析你是否适合买房，然后简单说一下你在接下来的几个月里（至少 3 个月，也许是 1 年）需要做的事情。在这里我无法涵盖所有技巧，但我会让你了解基本的东西。

谁应该买房？

我们从小就被告知，美国梦是拥有一栋房子、两三个孩子，到退休年龄就退休。事实上，我有一些朋友，他们大学一毕业就想要买房。这是怎么回事？没有消费计划，没有 401K 计划账户，就想买房？当我问一些年轻朋友为什么要买房时，他们茫然地盯着我。"买房是一项很好的投资。"他们在回答时就像无脑的机器人，害怕被我揍一顿。

实际上，买房并不是很好的投资。我马上会讲到这个问题。先回到谁应该买房这个问题上。

最重要的是，只有在经济允许的情况下，你才应该买房。在过去，这意味着你买房的费用不应超过你年收入的 2.5 倍，有能力支付至少 20% 的首付，每月总支出（包括抵押贷款、维修、保险和房产税）占总收入的 30% 左右。如果你的税前年薪为 5 万美元，这意味着买房要花 12.5 万美元，首付 2.5 万美元，每月总支出 1 500 美元。是的，没错。如果住在欧扎克，那么你也许可以。

现在情况有些不同了，但这并不能解释有些人为什么以高于自己工资 10 倍的价格买房，且不付首付的愚蠢行为。当然，你可以放宽这些传统标准，但如果买了根本买不起的东西，你就会被拖累。

说得更清楚一点儿：你是否有能力支付至少 20% 的房子首付？如果不能，就设定一个储蓄目标，在达到这个目标之前不要考虑买房。即使存够了首付，你也要确保你能挣到足够的钱来偿还月供。你可能会想："我每月支付公寓租金 1 000 美元，所以我肯定能负担得起月供 1 000 美元的房子！"大错特错。首先，你可能想买一套比你现在租的房子更好的房子，这意味着月供可能会更高。其次，买房后，你要交房产税、保险和维修费，每月又会增加数百美元的费用。如果车库门坏了或马桶需要修理，你就得从自己而不是房东的口袋里掏钱维修，而且房屋维修费高得离谱。因此，即使每月还房贷的钱与付租金的钱一样为 1 000 美元，你的实际成本也会高出 40%~50%。在这种情况下，如果你把所有因素都考虑进去，每月差不多要支出 1 500 美元。

结论：如果没有足够的钱支付首付和还月供，你就需要设定一个储蓄目标，并推迟买房计划，直到你证明自己每月都能达到目标。

接下来要考虑的事情：你所看的房子在你能承受的价格范围内吗？可笑的是，我认识的很多人都只想住在最豪华的房子里。当然，你的父母现在可能住在这样的房子里，但他们可能花了三四十年才存了足够的钱买了房。除非很有钱，否则你需要重新调整期望值，从便宜的过渡房开始。这种房子之所以叫过渡房，是因为它们设施简单，可以让你在过渡时住一下，所以你需要做出权衡。你的第一套房子可能不会有你想要的那么多间卧室，也不会在最好的地段，但它会让你开始持续月供并建立资产。

最后，你能在这个房子里住至少 10 年吗？买房意味着你要在一个地方长期居住。有些人说会住 5 年，但你住的时间越长，就越省钱。有几个原因：当通过传统的房地产经纪人买房时，你要付一大笔中介费，通常是售价的 6%。中介费除以居住年限就是交易成本，住的年份越长越划算，所以至少要持有房子 10~20 年。搬家也有成本。而且根据你以后的卖房方式，你有可能要支付一大笔税款。一句话，只有打算在一个地方生活 10 年甚至更长时间，你才能考虑买房。

我必须强调，买房不是每个人在人生某个时期必须做的事。但太多人会这样认为，然后就陷入了困境。买房会永远地改变你的生活方式。不管怎样，你必须每月还月供，否则你就会失去房子，眼睁睁地看着你的信用崩溃。它还会影响你将来从事的工作类型和你的抗风险能力。这意味着，你需要存一笔能够应付 6 个月的应急基金，以免你丢掉工作后还不起房贷。简言之，你真的要确定自己是否做好了准备，能承担起买房的责任。

当然，买房肯定有它的好处，就像我说的，多数美国家庭都会在一生中购买一套房产。如果你能负担得起，并且确定会在某一个地方长时间居住，那么买房将是一个很好的购置重大资产的方式。有了稳定的居所才能安居乐业。

真相：对大多数个人投资者来说，房地产是一项糟糕的投资

美国人最大的"投资"是房子，但房地产也让美国人赔钱最

我来教你变富

多。读完这一章节后，房地产经纪人（和大多数房主）都不会喜欢我，但事实上，房地产在美国是最被高估的投资。它首先是一种昂贵的消费，其次才算投资。

如果你把基本住宅当成一种投资，房地产充其量只能提供一般性的回报。首先，有一个风险问题。如果房地产是你最大的投资，那么你的投资组合如何实现多元化？倘若每月需要偿还 2 000 美元的房贷，你还会在其他方面投资 6 000 美元来平衡风险吗？肯定不会。其次，房地产给个人投资者的回报率非常低。耶鲁大学经济学家罗伯特·席勒发现，1915—2015 年，房价平均每年只增长 0.6%。

我知道这听起来不可思议，但这是事实。我们欺骗自己，以为自己在赚钱，其实根本没有。例如，有人如果以 25 万美元买了一套房子，20 年后以 40 万美元卖出，他们会想："太好了！我赚了 15 万美元！"但实际上，他们忘了一些重要的成本，比如房产税、维修费，以及把这些钱放在股市中的机会成本。事实是，随着时间的推移，股票市场投资已经胜过了房地产投资，这就是为什么租房是一个明智的决定。我选择租房！

我并不是说买房总是错误的决定。（实际上，我知道将来还是要买房的，所以创建了一个名为"未来买房首付"的子储蓄账户。）只是，你应该把它视为一种消费，而不是一种投资。而且，就像其他任何购买行为一样，你应该买房并尽可能长时间地保有房产。买房前先做好功课，然后谈价格。记住，你还有租房这个备选方案。

买房还是租房：令人惊讶的数字

我想告诉你，为什么租房对许多人来说是一个明智的决定，特别是如果你住在纽约或旧金山这样的高房价地区。但首先，让我们丢掉租房者没有建立资产所以是在"浪费钱"的想法。任何时候听到这样的陈词滥调，不论其来自个人理财的哪个领域，你都要小心。这不是真实情况，我会给你看一组数字来证明这一点。

购买和拥有一套房子的总成本远远高于房子本身的市价，让我们来看一些数据。

买房超过 30 年的成本	
购买价格（典型独栋住宅）	220 000 美元
首付（10%）	22 000 美元
买卖手续费	11 000 美元
私人抵押贷款保险（保险费率为 0.5%，保费 82.5 美元，分 76 次支付）	6 270 美元
利率（4.5%）	163 165.29 美元
房产税和保险（3 400 美元 / 年）	102 000 美元
维修费（2 200 美元 / 年）	66 000 美元
重大维修和改造	200 000 美元
总成本	778 408.73 美元
注意：贷款利率会随时间而变化，可在 mortgagecalculator.org 网站上计算你的买房成本。	

在以上的例子中，价值 22 万美元的房子实际上花费了你 40 多万美元，而且还不包括搬家费、新家具费、装修费和卖房时付的房地产中介费，这些费用加起来将达到数万美元。

你可以同意或反对我给出的数字。无论如何，你都可以自己算一下。我希望你了解其中涉及的所有隐性成本。

当租房时，你不需要支付其他各种费用，这就有效地释放了原本要用于抵押贷款的大量现金。关键是，这笔额外的钱要用于投资。如果什么都不做（或者更糟糕的是将其全部花掉），那么你不如买一套房子，把它作为一种强制储蓄。但如果读到这里，很有可能你会把每个月多余的钱拿去投资。

当然，和买房一样，租房并不适合所有人，这一切取决于你的个人情况。你应该租房还是买房，最简单的方法是使用《纽约时报》一款名为"租房好还是买房好？"的在线计算器。它会将维护、翻新、资本利得、买卖成本、通货膨胀等因素产生的费用都计算出来。

成为房主：购买新房的秘诀

与个人理财的任何领域一样，买房也没有什么秘诀。虽说如此，你还是要用与众不同的方式思考，大多数人在未充分了解真实成本的情况下，就进行了人生中最大的交易。虽然我在资产配置方面可能比较激进，但在房地产方面，我还是保守的。我会敦促你坚持经过证明切实可行的规则，比如选择首付20%、30年固定利率抵押贷款，每月总付款不超过你总收入的30%。如果做不到，那就等你存够钱再说。适当增加也是可以的，但不要超过你的实际支付能力。如果之前做了错误的理财决定，那么最终你会陷入困境——在整个贷款期间，问题可能会变得更加复杂、更加严重。不要让这种情况发生，因为这会让你在其他理财领域的努力功亏一篑。

如果在买房时做了明智的理财决定，你就会处于非常有利的位置。你会清楚地知道每个月在房子上花了多少钱，你能控制好开支，你会有钱还贷、投资、度假、买电视，做任何你想做的事情。

要想做出一个合理的决定，下面是你需要做的一些事情。

1. 检查你的信用评分。 分数越高，抵押贷款利率越低。如果你的信用评分很低，那就等你提高了信用评分再买房。信用良好不仅可以降低总成本，还能降低每月的还款额。下面这张 myfico.com 网站的表格显示了信用评分对按揭还款（贷款 22 万美元，30 年期固定利率）的影响。

信用评分对按揭还款的影响			
FICO 评分	年利率	每月还款	所付利息总额
760~850	4.18%	1 073 美元	166 378 美元
700~759	4.402%	1 102 美元	176 696 美元
680~699	4.579%	1 125 美元	185 021 美元
660~679	4.793%	1 153 美元	195 200 美元
640~659	5.223%	1 211 美元	216 022 美元
620~639	5.769%	1 287 美元	243 146 美元

这些数字会随着时间的推移而变化，请搜索"我的 FICO 贷款储蓄计算器"了解最新的数字。

2. 尽可能多地攒钱付首付。 通常，你必须付 20% 的首付。如果不能攒够 20% 的首付，你就要购买 PMI（私人抵押贷款保险），这是一种防止你拖欠月供的保险。PMI 的费率通常是抵押贷款的 0.5% 到 1%，外加年费。你付的首付越多，需要交的 PMI 费用就越少。如果还没能攒下至少 10% 的首付，你就不要考虑买房了。连 10%

的首付都攒不下来，你如何负担昂贵的按揭还款？还有一大堆维修费、房产税、保险、添置家具和装修的费用……为首付设定一个**储蓄目标**，在达到这个目标之前，不要看房子。

对房子的迷思

"**房地产价格永远在涨。**"（或"**房子的价值每 10 年翻一番**"。）并非如此。如果考虑到通货膨胀、税费和房主的其他费用，净房价并没有涨。房屋的标价会让房价看起来涨了，但你必须深入探究现象背后的原因。

"**你可以利用杠杆来赚钱。**"房主往往会利用杠杆原理创造主要的房产收益。换句话说，你可以付 2 万美元的首付买一套 10 万美元的房子，如果房价涨到 12 万美元，你的钱实际上就翻了一番。不幸的是，如果房价下跌，杠杆效应就会对你不利。如果你的房子价格下跌 10%，那么你损失的不仅是 10% 的资产。一旦把 6% 的房产中介费、过户费、新家具和其他费用计算在内，你的损失就可能高达 20%。

"**我可以从税费中抵扣房贷利息，省下一大笔钱。**"这里尤其要注意。减税固然很好，但人们忘了省下来的钱他们通常是不会花的。这是因为，当把维护、装修和更高的保险费用等计算在内时，你为拥有一套房子而支付的费用比你租房的费用要高很多。此外，2018 年颁布的税法已让减税的好处变少了不少。

---

3. 计算购买新房的总额。 你是否曾经在买车或买手机时，发现它比广告上说的要贵得多？我碰到过这种情况，大多数时候我还是会买，因为我早有心理准备。但是，买房的金额实在太大了，即使是很小的意外费用，也会让你花上一大笔钱。例如，如果突然发现每月要多付 100 美元，你真的会放弃买房吗？肯定不会。但是，在 30 年的贷款期限内，这笔小费用会达到 3.6 万美元，还要加上投资的机会成本。请记住，行政费用和其他开支加起来产生的过户费，通常是房价的 2%~5%。因此，对一套总价 20 万美元的房子来说，过户费就是 1 万美元。另外，在理想情况下，房子总价不应超过你年收入的 3 倍 (如果你没有任何债务，总价高一点儿也是可以的)，不要忘记把保险、税收、维修和装修等因素考虑进去。如果这一切听起来让你有些不知所措，你就应该提高警惕，买房前认真研究一下。你应该向你的父母和其他房主询问他们是否碰到过意外费用，或者直接在网站上搜索 "拥有一套房子的意外费用"。

4. 尽可能使用最保守、最普通的贷款。 我喜欢 30 年的固定利率贷款。是的，与 15 年的贷款相比，你要支付更多利息。但 30 年贷款更灵活，因为你可以用整整 30 年来偿还贷款。你如果愿意，也可以每月多还一些，这样就能更快地还清贷款。但你也许不该这样做，《消费者报告》做了一个模拟实验，比较了每月多还 100 美元和拿 100 美元投资回报率为 8% 的指数基金之间的收益差别。在 20 年里，该基金获得了 100% 的收益，正如报告所显示的，"……你拥有房子的时间越长，提前还款就越不划算"。

5. 别忘了查看福利待遇。 美国政府想让那些首次买房的人买房更容易，许多州和地方政府为首次购房者提供优惠。可以登录 hud.gov/topics/buying_a_home，看看你所在州的购房优惠政策，有问题可以直接在线询问。最后，不要忘记查询你所属的任何协会，包括当地信用社、校友会和教师协会，你可能会获得特别低的抵押贷款利率，甚至还可以查查你的开市客会员资格（他们也为会员提供特别优惠）。

6. 利用网络比较买房资讯。你可能听说过 zillow.com 网站，它涵盖了美国各地房价的丰富数据。你还可以查看 redfin.com 和 trulia.com，它们为你提供了更多的买房信息，包括税务记录和社区评论。对于房主保险，请登录 insure.com 查看比较。不要忘了给你的汽车保险公司打电话，如果你从他们那里购买房主保险，请他们给你一个优惠的价格。

· 为未来的开销做计划

我们已经讨论了婚礼、汽车和房子，但还有很多其他的重大开支，比如生孩子，人们对此难以提前做计划。问题是，如果不提前计划，你最终会付出更大的代价。好消息是，有一种方法可以预测和处理你在生活中遇到的几乎所有重大开支。

1. 承认你的某些打算不太实际，然后逼着自己脚踏实地。如果读了整本书（甚至采纳了我一半的建议），你就可能比其他 95% 的人更擅长理财，但你还是常人，仍然会出错，比如婚礼花费超过预期，没有考虑到某些买房的费用。然而，不正视现实是你最糟糕的选择。咬紧牙关，坐下来，为你未来 10 年的大头开支制订一个可行的计划。随便找一张纸就可以，不需要追求完美，花 20 分钟把你想到的写下来。

2. 设置一个自动储蓄计划。因为几乎没有人会采纳我的建议，去做一个预算预测大头开支，所以我建议你直接走捷径，制订一个**自动储蓄计划**。假设你的婚礼预算是 2.5 万美元，汽车 2 万美元，你的第一个孩子头两年的花费是 2 万美元，以及在你的城市购买房子的首付，然后算出你需要存多少钱。你如果 25 岁，计划 3 年后买车、结婚，就是 4.5 万美元 /36 个月 =1250 美元 / 月。我知道，你可能负担不起每月 1000 多美元的支出，但早知道总比晚知道好。现在问问自己：我每个月能付得起 300 美元吗？如果能，那就比以前有进步。

    3. 你不可能拥有一切最好的东西，所以要安排优先顺序。 优先顺序是至关重要的。就像我前面说的，我们都希望自己的婚礼或第一套房子是最好的，这是人类的天性。但也要承认，我们根本做不到事事完美。你希望婚礼上有菲力牛排和开放式酒吧？你想要一个有后院的房子，或是一套更好的学区房？如果把费用写在纸上，你就会清楚地知道在预算范围内你该如何取舍。但如果没有写下任何东西，你就会觉得没什么需要权衡和取舍的，而这就是人们欠下巨额债务的原因。

    对于那些你认为不那么重要的事情，你要想方设法省钱。如果认为结婚地点很重要，你就不要吝惜花这个钱，但要选择最便宜的椅子、餐具和鲜花。如果想购买理想的车型，你就可以考虑不带天窗的车。不管买什么，你都要学会讨价还价，在购买大件商品时尤其如此。要提前做计划，时间就是金钱。

· 富足人生：超越目标

    大多数人一生都在处理与金钱有关的日常问题，却从未真正实现目标。你会听到他们说："哦，天哪，我为什么要买那件 300 美元的夹克？""该死，我以为我取消了那个订阅。"

如果已经按照本书的步骤展开行动，那么你应该解决了这些基本问题，让账户自动为你工作。你知道外出时可以花多少钱，以及每月想存多少钱。如果出了问题，你的自动理财系统可以让你更清楚地知道是削减成本、增加收入，还是调整你的生活方式。一切都清清楚楚。

这意味着，现在是时候考虑超越你的日常目标了。大多数人可能会为大大小小的金钱问题而苦恼，以至从未想过要变富（"我只想还清这笔债"），但你可以设定更大的目标，用金钱帮助自己做喜欢的事情。

我相信，变富还应包括回报曾帮助你成长的社区。有很多传统的方法可以做到这一点，比如，在施食处做志愿者，或者成为慈善组织 Big Brothers Big Sisters 的"大哥哥"或"大姐姐"。你不需要很有钱才能回报社会，哪怕捐赠 100 美元，对他人也是一种帮助。像"希望的铅笔"或 kiva.org 这样的非营利性网站可以让你直接向贫穷的发展中社区捐款。（令我非常自豪的是，本书的读者已经为"希望的铅笔"筹集了 30 多万美元，给世界各地的贫困儿童建造了 13 所学校。）或者你可以捐钱给你的高中、当地图书馆、环境行动小组，只要对你来说有意义的都可以。如果缺钱，你就花时间去帮助他人，这往往比捐钱更有价值。

如果仔细想想，你就会发现慈善事业反映的正是你从书中读到的"我来教你变富"的原则：从最简单的事情做起。选择支持某个组织，或者在某个地方做志愿者。你不一定要有钱才能成为一位慈善家，就像你不一定要有钱才能投资一样。

关键是，现在你拥有了其他很多人没有的个人理财系统。这能让你超越日常目标。回首去年，你帮助他人完成了一件什么样的大事？你今年的目标又是什么？

如果你问我希望这本书能帮人们做什么，那么我希望你能成为一个有意识消费的大师，然后用这些技能帮助你周围的人。也许是辅导一名需要关怀的孩子，设立一个奖学金，或者只是免费帮助你的朋友理财。不管是什么，你现在都是投资理财的行家里手了。你已经不仅仅是为短期目标而理财，还在对你的钱进行战略性规划，并在思考如何运用这些策略致富，然后与他人分享这些知识。

如果这是一部电影，此时的场景应该是：天下着雨，小提琴声回荡，一个年轻的士兵慢慢地举起手向一位年老的将军敬礼，将军的脸颊上滑下一滴眼泪。

· **一起变富**

如果我成功了，本书结尾就是你富足人生的开始。我们都知道，富有不仅仅是有钱。我们身边的很多人对钱都有着强烈的渴望，却对个人理财一无所知。我们更知道，有意识消费很有趣（尤其是实现自动理财以后）。现在你知道了如何理财，但还有一件事：很多人还不知道如何变富。变富不仅仅是发生在常春藤盟校毕业生和彩票中奖者身上的神话，任何人都可以变得富有，问题在于富有的意义是什么。你明白金钱是富足人生很小但很重要的一部分，你知道生活不是电子表格中的数字，你也学会了如何利用金钱设计自己的富足人生。

能不能帮我一个忙，把这个消息传递给你的朋友，使他们也关注自己的目标？富足人生不仅仅关乎金钱，它始于自我理财，并在帮助他人变富的过程中得以延伸。

我想与你分享一些额外的资源帮你变富。获取方式：iwillteach youtoberich.com/bonus。

还有最后一件事：给我发封邮件（邮箱：ramit.sethi@iwillteach youtoberich.com，主题：我的富足人生），让我知道你从书中收获了什么。我很期待你们的反馈。

致谢

写书从来都不是仅靠一个人的努力就可以完成的事。如果没有研究人员提供难得的数据，没有团队在我全心写作时帮助运营，没有读者朋友分享他们的理财故事，没有家人的支持，没有整个编辑和设计团队的鼎力相助，这本书就不可能出版。

最后，我要感谢所有帮助这本书付梓的人。

感谢图书研究员克里斯·尼尔，他总是面带微笑，帮我找到我能想到的所有主题信息。Palisades Hudson 金融集团的认证理财规划师埃里克·梅尔曼和保罗·雅各布斯替本书做了最后的审订。还要特别感谢本书第一版的研究员郭杰夫。

感谢沃克曼出版公司的朋友们：安娜·库珀伯格、奥兰多·阿迪约、莫伊拉·克里根、丽贝卡·卡莱尔和拉蒂娅·蒙德西尔。当然，还有资深编辑玛戈·赫雷拉，她经常在电话里语气温和地问我下一章书稿何时能写好。

感谢我的家人：普拉巴和尼兰·塞蒂、罗伊和特里西娅、纳吉娜、易卜拉欣、拉奇、哈吉、尼基、卡洛斯和所有的孩子，你们是我学习的好榜样。

非常感谢我的导师和其他老师，他们教导我要坚持不懈、恪守道德和勤奋工作。

还要感谢我的朋友们，他们给我提供了许许多多疯狂的理财故事。

感谢我的经纪人莉萨·迪莫娜，让我们再创佳绩！

感谢我的妻子卡斯，她以无与伦比的耐心，支持了我人生的每一个决定。

最后，我要感谢读者朋友，希望这本书能帮助你们打造自己的富足人生。